Schrecklich *nette* FRAUEN

Christoph Nettersheim

Schrecklich *nette* FRAUEN

Christoph Nettersheim

30 KRIMINELL GUTE PORTRÄTS

⧓B BUCHER

Inhalt

Vorwort

Sie sind sanft. Zartfühlend. Liebreizend. Wesensgut. Können keiner Fliege etwas zuleide tun. Die Rede ist, natürlich, von Frauen. Der Verfasser dieser Zeilen ist zutiefst überzeugt von dem, was er da schreibt: Er hat sogar gewagt, eine zu heiraten.

Und doch: Es muss sie geben, die weiblichen Gegenstücke zu Jack the Ripper, Fritz Haarmann und Charles Manson. Durchtriebene Miststücke, die kalt lächelnd ihre Ehemänner um die Ecke bringen, um von dem Erbe in Saus und Braus zu leben. Pistolenschwingende Banditinnen, die ohne Skrupel eine Bank nach der anderen ausrauben. Brutale Serienmörderinnen, die aus Habgier oder Hass über Leichen gehen – oder auch nur, weil sie auf den Geschmack des Tötens gekommen sind.

Und tatsächlich: Es gibt sie, die außergewöhnlich kriminellen Frauen. Und zwar viele. Weit mehr, als man glaubt. Natürlich sind männliche Täter bei so gut wie allen Delikten mit großem Vorsprung in der Überzahl (die einzige Ausnahme dürften Giftmorde sein), doch trotzdem muss man nicht lange suchen, um auf Frauen mit eindrucksvollen kriminellen Karrieren zu stoßen. Nach ein paar Tagen Recherche kommt es einem vor, als habe man im Wald einen Stein umgedreht, und diverses lichtscheue Ungeziefer krabbelte hektisch hervor: Man ist überwältigt von der schieren Anzahl und verliert fast den Überblick über die Mengen an fiesen Frauen, die böse Dinge getan haben.

30 solche schrecklich netten Frauen aus der jüngeren und ferneren Geschichte porträtiert dieses Buch, darunter berühmte Verbrecherinnen wie Bonnie Parker (von *Bonnie & Clyde*), die ungarische »Blutgräfin« Erzsébet Báthory oder die legendäre Bandenchefin »Ma« Barker, aber auch eine ganze Reihe eher unbekannter Damen. Der Scheinwerfer richtet sich dabei auf Fallgeschichten, die eine besondere Faszination ausüben: durch die Skurrilität des Tathergangs oder des Motivs beispielsweise, durch die Kaltblütigkeit oder Raffinesse, mit der die Täterin zu Werke ging, oder auch durch die Dimension der Verbrechen, die einem einen Schauder über den Rücken jagt: bei zigfachen Serienmörderinnen etwa.

Dem Verfasser ist dabei sehr wohl bewusst, dass ein Mord immer und vor allem etwas Schreckliches ist, dem man mit Respekt und Pietät dem Opfer gegenüber begegnen sollte. »Traurige« Fälle oder Verzweiflungstaten (etwa Mütter, die ihre Neugeborenen töten, oder auch misshandelte Frauen, die keinen anderen Ausweg sehen als den Mord an ihrem Peiniger) finden daher keinen Eingang in dieses Buch; ebenso wenig Täterinnen, die als geisteskrank gelten müssen. Wobei man natürlich darüber streiten kann, ob nicht jede Mörderin in irgendeinem Sinne gestört ist, und die Grenzziehung ist hier durchaus schwierig, wie so mancher Fall zeigen wird ... Ebenso ist dieses Buch streng darum bemüht, sich davor zu hüten, Verbrechen zu bagatellisieren oder die Täterinnen auf den Thron einer mythischen Heldenverehrung zu heben – auch das wäre ein Unrecht an den Opfern ebenso wie am Prinzip von Recht und Gesetz.

Und doch: All diesen Einschränkungen zum Trotz bleiben mehr als genug Verbrechen übrig, begangen von schrecklich netten Frauen, über die zu erzählen sich unbedingt lohnt: Frauen, die hinter einer lächelnden Maske von Wohlanständigkeit so abgrundtief böse sind, dass es einen fröstelt; Frauen, die mit einer Unerschrockenheit Verbrechen begehen, dass man insgeheim doch den Hut vor ihnen zieht; oder auch Frauen, deren Geschichten so schräg sind, dass man sich bei aller Schwere der Tat das Schmunzeln nicht verkneifen kann.

Es sind Geschichten wie die von Becky Cotton, die hier als kleiner beispielhafter Appetithappen nur kurz skizziert werden soll: Diese Frau war 1806 in Colorado wegen Mordes an ihren drei Ehemännern vor Gericht gestellt worden; einen hatte sie erstochen, einen vergiftet, einen mit der Axt erschlagen und die drei Leichen in einem nahen Tümpel versenkt. Die Indizienlage war erdrückend. Doch Becky war so bezaubernd schön, ihr tränenreicher Auftritt vor Gericht so anrührend, dass die Geschworenenjury es nicht über sich brachte, sie zu verurteilen – sie wurde tatsächlich freigesprochen. Und als Krönung der Geschichte heiratete sie kurz darauf einen der Geschworenen ...

Geschichten dieser Art sind es, mit denen dieses Buch gefüllt ist – Geschichten, die zum Teil so unglaublich sind, dass sie nur das Leben geschrieben haben kann. Sortiert sind sie locker nach den Motiven, die die Frauen zu ihren Taten antrieben, wobei das nicht zu akademisch gesehen werden darf: Die Dinge sind selten eindeutig, vielen Taten liegt naturgemäß eine Melange mehrerer Motive zugrunde, und manche Frauen haben auch mit wechselnden Beweggründen gemordet. Die Reihenfolge der Porträts innerhalb der Kapitel ist weitgehend willkürlich; sie folgt keinem tieferen Sinn, sondern nur dem Versuch, möglichst abwechslungsreich zu sein.

Becky Cotton wurde übrigens nicht lange nach der erwähnten Hochzeit mit dem Jurymitglied von ihrem eigenen Bruder umgebracht – ob er Gerechtigkeit herstellen wollte oder ob das Töten einfach in der Familie lag, ist nicht bekannt. Auf jeden Fall eine schaurig-schöne Pointe – nicht die einzige in diesem Buch.

Ich wünsche Ihnen damit ein paar schrecklich nette Stunden!

Nürnberg, im Sommer 2011
Christoph Nettersheim

Habgier und Luxussucht

Habgier und
Luxussucht

»Hack dir mal das Bein ab, Schatz!«

Martha Marek (1897–1938)

Das war dann doch zu auffällig: Nachdem Martha Marek am 11. Juni 1925 ihren Ehemann gegen Invalidität versichert und er sich nur einen Tag später beim Kleinholzmachen mit einer Axt ein Bein abgehackt hatte, verweigerte die Versicherungsgesellschaft die Zahlung. Es kam zum Prozess. Trotz eigentlich klarer Sachlage legte die bildschöne Marek vor Gericht einen bühnenreifen Auftritt als unschuldiges Opfer des Versicherungskonzerns hin und kam mit einer kaum erwähnenswerten Strafe davon – ja, sie bekam sogar einen Teil der Versicherungssumme ausgezahlt. Es war der Beginn eines kriminellen Weges, der bald von Leichen gepflastert sein würde.

Ein Leben in Saus und Braus – das war es wohl, was die 1897 geborene Wienerin Martha Löwenstein zeitlebens anstrebte – und mit immer skrupelloser werdenden Methoden auch verwirklichte.

Es fing an, als sie gerade einmal zwölf war, initiiert durch ihre Frau Mama, die offenbar ein ganz eigenes Verständnis von mütterlicher Sorge um das Wohlergehen des Kindes besaß: Martha umgarnte einen begüterten 62-jährigen Textilgroßhändler, und als dieser auf die Avancen des anmutigen Mädchens einzugehen begann, drohten Martha und ihre Mutter dem armen Mann umgehend mit einer Anzeige wegen Verführung einer Minderjährigen. Einer der ältesten Tricks der Welt – er verfing. Der Pensionär »schenkte« Martha Schmuck, verpflichtete sich zu regelmäßigen Zahlungen, ließ das Mädchen zwei Jahre später, als sie nicht mehr minderjährig war, bei sich in seiner Villa wohnen (ob er über diesen Teil des Arrangements wirklich böse war, ist nicht bekannt ...), und das Wichtigste: Er setzte sie als Universalerbin ein.

14 Jahre verstrichen, der Erste Weltkrieg begann und ging vorüber, und Martha wurde von Jahr zu Jahr hübscher. Wie die Made im Speck lebte sie im Haus ihres 50 Jahre älteren Gönners, der vermutlich zwischenzeitlich auch ihr Liebhaber war (insofern hatte sich das Ganze für

Habgier und Luxussucht

ihn doch auch irgendwie gelohnt). Als er im August 1923 starb, wartete Martha, nun stolze Erbin einer Villa in Mödling im schönen Wienerwald und eines Haufen Geldes, nicht lange und heiratete wenige Wochen später den Studenten Emil Marek. Der war nicht nur fünf Jahre jünger als sie, sondern ihr auch völlig ergeben, um nicht zu sagen: hörig. Das sollte ihn bald ein Bein kosten.

Doch zunächst lebte das junge Ehepaar ein sorgloses Luxusleben. Geld war da, ein schickes Haus und Liebe vermutlich auch – was soll man sich da um die Zukunft sorgen? Zwei Jahre ging das gut, dann war das Geld ausgegeben.

Martha Mareks Plan war einfach: Am 11. Juni 1925 schloss sie eine außergewöhnlich hohe Lebens- und Unfallversicherung auf ihren Mann ab (in der Police machte sie ihn zehn Jahre älter und trug ihn als Ingenieur ein, um den Eindruck zu erwecken, er könne die teuren Prämien auch bezahlen) – und nicht einmal 24 Stunden später hatte er ein Bein weniger. Wie sie ihn dazu brachte, wird wohl ein Geheimnis bleiben (befahl sie's ihm mit strengem Blick, bat sie ihn augenklimpernd, erpresste sie ihn mit Liebesentzug?), wie auch immer: Am 12. Juni 1925 vormittags griff Emil Marek zur Axt und hieb sich in den linken Unterschenkel. Dumm nur, dass er nicht kräftig genug zuschlug, denn er musste dreimal ausholen, sich dreimal überwinden, dreimal die Axt niedersausen lassen, bis das Bein endlich abgetrennt war. Martha verband ihn, brachte ihn ins Krankenhaus, das grässlich zertrümmerte Bein wurde notamputiert.

Aber die Versicherung durchkreuzte Marthas schönen Plan: Die Umstände der Verletzung seien zu merkwürdig, die Frist zwischen Abschluss der Versicherung und dem »Unfall« von nicht einmal einem Tag zu kurz – man verweigerte die Auszahlung der Versicherungssumme. Und schlimmer noch: Gegen Martha und Emil Marek wurde ein Strafverfahren wegen Versicherungsbetrugs eingeleitet. Also kam es zum Prozess vor dem Wiener Landgericht. Der nahm einen denkbar eigentümlichen Verlauf. Die Gerichtsmediziner konnten zweifelsfrei nachweisen, dass die Abspaltung des Unterschenkels mit genau drei Axthieben erfolgt war (das abgehackte Bein wurde, eingelegt in Formalin, im Prozess als

Beweismittel gezeigt!). Drei Axthiebe – das konnte kein Unfall mehr sein, das war Selbstverstümmelung.

Doch Martha ließ sich nicht beirren: Zum einen versuchte sie, einen Spitalsdiener zu bestechen, um das medizinische Gutachten als gefälscht darzustellen; zum anderen becircte sie das Gericht und vor allem auch die Zuschauer (sowie die anwesenden Gerichtsreporter, die als Multiplikatoren eine bedeutende Rolle spielten!) mit ihrem Charme und ihrer engelsgleichen Schönheit. Das gelang dermaßen gut, dass ihr alle bald willig abnahmen, sie und ihr Mann seien unschuldige Opfer eines kalten, profitorientierten Versicherungskonzerns, der sich mit juristischen Winkelzügen um die Zahlung drücken wolle. Der Prozess erregte große mediale Aufmerksamkeit, und die schöne Martha Marek hatte dabei die Öffentlichkeit hinter sich. Das war damals – nicht anders als heute – die halbe Miete.

Und so kam ein grotesker Urteilsspruch heraus: Martha wurde zu einer geringfügigen Gefängnisstrafe verurteilt, jedoch nicht wegen Versicherungsbetrugs, sondern wegen Verleitung zur falschen Zeugenaussage. Vom Verdacht des Betruges hingegen wurde sie – obwohl besagte Bestechung ja erwiesen war! – tatsächlich freigesprochen. Doch nicht nur die Justiz beugte sich der öffentlichen Meinung, sondern auch die Versicherungsgesellschaft: Sie bot einen Vergleich an und bezahlte einen nicht unwesentlichen Teil der Versicherungssumme aus, 180 000 Schilling – enorm viel Geld.

Also ging Martha für ein paar Tage ins Gefängnis, und als sie wieder herauskam, hatten sie und ihr Mann ein zweites Mal in ihrem Leben keine Geldsorgen mehr. Es folgte eine zweite Phase exzessiven Lebens, und von einem ausschweifenden außerehelichen Liebesleben Marthas darf ausgegangen werden. Zwei Kinder wurden geboren, ein Junge und ein Mädchen, und der einbeinige Emil Marek versuchte, sich eine Karriere als Erfinder aufzubauen. Doch seine hochtrabenden Pläne scheiterten, verschlangen vermutlich viel Geld, und von einem gewöhnlichen Broterwerb schienen beide ja nichts zu halten – es kam also, was kommen musste: Fünf Jahre nach dem Prozess, 1932, waren die Mareks ein zweites Mal pleite, hatten die Villa verloren und hausten im Schrebergartenhäuschen von Emils Eltern im Westen Wiens.

Wieder wusste sich Martha zu helfen, und diesmal verlor ihr armer Mann, der nach seiner Amputation die meiste Zeit kränklich war und den sie inzwischen nur noch als Last empfand (sowohl als Kostenfaktor als auch im Bezug auf ihre Affären), mehr als nur ein Bein: Während ihrer kurzen Zeit im Gefängnis hatte sie die Zelle mit einer Frau namens Leopoldine Lichtenstein geteilt, die wegen Mordes saß, weil sie ihren Mann mit dem Rattengift *Zelio* vergiftet hatte; und was die Zellengenossin erzählt hatte, inspirierte Martha offenbar. Ab Anfang 1932 verabreichte sie ihrem Mann unbemerkt die thalliumhaltige *Zelio*-Paste. Nach Monaten schwerer Magenkrämpfe, Schluckbeschwerden, Lähmungserscheinungen und Sprachstörungen starb Emil Marek am 31. Juli. Der Arzt schrieb »Lungenentzündung« in den Totenschein. Doch Martha wusste es besser. Sie war zur Mörderin geworden.

Und weil sie gerade dabei war, ihr Leben von störendem Ballast zu befreien, und das bei ihrem Mann so gut geklappt hatte, ohne dass irgendwer Verdacht geschöpft hätte, bekamen die Kinder auch ihre tägliche Dosis Rattengift. Der dreijährige Alphons hatte großes Glück: Er wurde ins Spital eingeliefert, erholte sich dort langsam wieder und überlebte. Aber seine kleine Schwester Ingeborg, noch nicht einmal ein Jahr alt, starb am 2. September, nur zwei Monate nach ihrem Vater, an den gleichen Symptomen. »Erstickungstod nach schwerer Lungeninfektion«, hieß es in ihrem Totenschein.

Trotz dieser Häufung von zwei Todes- und einem schweren Krankheitsfall binnen weniger Wochen kam kein Verdacht auf. Im Gegenteil: Die Medien erinnerten sich wieder der schönen Martha Marek mit dem Engelsgesicht, die nun die Rolle der von Schicksalsschlägen gebeutelten, leidgeprüften Witwe spielte, der kurz nach dem Ehemann auch noch die kleine Tochter genommen worden war. Sie hatte auf den beiden Beerdigungen bittere Tränen geweint, war am offenen Grab zusammengebrochen – und die Leute zerflossen vor Mitleid. Martha stand ein zweites Mal in ihrem Leben im Rampenlicht, und ein zweites Mal hatte sie die Öffentlichkeit auf ihrer Seite. Eine Welle des Mitgefühls schwappte über sie; sie erhielt sogar Geldzuwendungen von wildfremden Menschen, die von ihr lediglich in der Zeitung gelesen hatten.

Eine von denen, die Mitleid mit Martha hatten und ihr gerne helfen wollten, war ihre Großtante Susanne Löwenstein, eine gutsituierte ältere Dame. Sie bot ihr eine Stelle als ihre Gesellschafterin und Haushälterin an, die Martha, froh um jedes Einkommen, annahm. Martha pflegte die alleinstehende Witwe in deren Haus im Wiener Vorort Hietzing so vorbildlich und aufopferungsvoll, dass diese sie Anfang 1934 voller Dankbarkeit in ihrem Testament als Alleinerbin einsetzte – ein verhängnisvoller Fehler: Zwei Tage nach der Unterzeichnung des Letzten Willens begann sie sich unwohl zu fühlen, sechs Monate später starb sie. Es muss kaum erwähnt werden, dass ihrem Tod wochenlange Magenkrämpfe, Schluckbeschwerden und Lähmungserscheinungen vorausgegangen waren.

Und wieder hatte Martha Geld. Die vergangenen drei, vier Jahre in relativer Armut wollte sie so schnell wie möglich hinter sich lassen; wie hatte ihr das geschehen können, dass sie, die schöne, vielbewunderte Martha Marek, hatte arbeiten müssen, gar als Haushälterin? Wie unwürdig! Das sollte ihr nicht noch einmal passieren. Im Gegenteil, jetzt wollte sie diejenige sein, die eine Haushälterin hatte. Die würde ihr nicht nur bei den profanen Verrichtungen des Alltags zur Hand gehen, sondern ihr auch noch Geld einbringen. Martha hatte wieder einen Plan, und wieder sollte das bewährte Rattengift dabei eine Rolle spielen.

Zunächst mietete sie sich in Hietzing eine hübsche Villa, wo sie nun wieder ein Leben führte, das ihren Ansprüchen genügte. Die gewünschte Haushälterin fand sie in der Schneiderin Felicitas Kittenberger, die bald bei ihr einzog. Zu vererben hatte diese arme Frau natürlich nichts, aber es gibt ja noch andere Wege: Im April 1936 versicherte Martha das Leben ihrer Hausangestellten – ein eher absurder Vorgang – auf 5000 Schilling, im Fall des Todes der Kittenberger auszuzahlen an sie, Martha Marek. Und weil Geduld noch nie ihre Stärke war, muss sie quasi noch am Tag der Unterzeichnung der Police zur *Zelio*-Tube gegriffen haben. Wenige Wochen später, am 2. Juni 1936, war Felicitas Kittenberger tot.

Doch diesmal war Martha zu plump vorgegangen, diesmal flog die Sache auf. Der Sohn der getöteten Haushälterin wollte sich nicht damit abfinden, dass seine Mutter kurz nach Abschluss dieser ominösen Lebensversicherung eines natürlichen Todes gestorben war, und erstattete Anzeige. Obwohl die Beamten zunächst abwinkten, bestand er hartnäckig auf einer Untersuchung des Todes seiner Mutter. Seine Standhaftigkeit hatte Erfolg: Er erwirkte eine Exhumierung der längst bestatteten Leiche. Und tatsächlich fanden die Pathologen deutliche Rückstände des hochgiftigen Metalls Thallium im Körper der Toten.

Martha wurde verhaftet. Die Leichen ihrer Großtante, ihrer Tochter und ihres Mannes wurden ebenfalls exhumiert, auch in ihnen fand sich das Rattengift. Das reichte der Staatsanwaltschaft, sie erhob Anklage gegen Martha Marek. Elf Jahre nach dem Prozess wegen Versicherungsbetrugs stand Martha ein zweites Mal vor Gericht, diesmal wegen vierfachen Mordes. Die vierzehn Verhandlungstage des Verfahrens vor dem Wiener Landgericht im Frühjahr 1938 wurden zum ersten Sensationsprozess Österreichs nach dem »Anschluss« an Nazideutschland. Die Medien überschlugen sich, und Martha tat das, was sie am besten konnte: Sie zog eine Show ab. Sie täuschte Schwächeanfälle vor, behauptete, erblindet zu sein (woran sie während des Prozesses vom Richter mehrfach erinnert werden musste ...), ließ sich an manchen Tagen in den Gerichtssaal tragen, an anderen im Rollstuhl hereinschieben. Sie beteuerte wortreich ihre Unschuld und beschwor, nie im Leben Rattengift besessen zu haben – doch ein von der Staatsanwaltschaft als Zeugen bestelltes Drogistenehepaar aus Hietzing erinnerte sich, dass Martha wenige Wochen vor dem Tod der Haushälterin vier Tuben der *Zelio*-Paste gekauft hatte, und konnte dies sogar durch Vorlage der Geschäftsbücher beweisen. Martha war geliefert.

Und die Öffentlichkeit, auf die sie sich ihrer Anmut, ihrer Schönheit und ihres charmanten Wesens wegen schon zwei Mal hatte verlassen können? Die wandte sich gegen sie. Radikal. Genauso radikal, wie sie beim Prozess wegen des Versicherungsbetrugs 1927 und beim Tod von Mann und Kind 1932 Stellung für sie bezogen hatten, verachteten und verurteilten die Leute sie nun als kaltblütige, seelenlose Mörderin. Dass sie »Halbjüdin« war, kam hinzu; das gereichte ihr in diesen Zeiten nicht gerade zum Vorteil. Die Leute forderten Marthas Kopf – und sie sollten ihn bekommen.

Am 19. Mai 1938 wurde Martha Marek von den Geschworenen zum Tode verurteilt. Allerdings ging das Gericht davon aus, dass sie vom Staatsoberhaupt zu lebenslanger Kerkerstrafe begnadigt werden würde – so war es seit langem bei zum Tode verurteilten Frauen in Österreich üblich. Doch das Staatsoberhaupt war nicht mehr der Kaiser oder der Bundespräsident, sondern seit dem »Anschluss« wenige Wochen zuvor Reichskanzler Adolf Hitler. Zur Überraschung aller und zum Entsetzen nicht weniger beschied er im November 1938 höchstpersönlich, »von dem Begnadigungsrecht keinen Gebrauch zu machen, sondern der Gerechtigkeit freien Lauf zu lassen«. Damit war das Schicksal von Martha Marek besiegelt.

Am 6. Dezember 1938 wurde die vierfache Mörderin im Hof des Wiener Landgerichts hingerichtet, vollstreckt durch das Fallbeil, das im Nazi-Jargon »Gerät F« hieß, im Volksmund »Kopfmaschine«. Das Hinrichtungsgerät war erst kurz zuvor eilig aus der Strafanstalt Berlin-Tegel nach Wien verbracht worden, es war sein erster Einsatz am neuen Bestimmungsort. Das 70 Kilogramm schwere Fallbeil funktionierte tadellos.

Lizenz zum Töten

Linda Burfield Hazzard (1867–1938)

Ihre Schriften sind in gewissen Zirkeln heute noch verbreitet, und ihre obskuren Theorien finden weiterhin Anhänger: Linda Burfield Hazzard gelangte zu Beginn des 20. Jahrhunderts in den Ruf, eine Pionierin der Naturheilkunde zu sein, Spezialgebiet: Hungerkuren. Doch in Wahrheit war sie eine sadistische, habgierige Quacksalberin. In den von ihr verordneten und überwachten martialischen Fastenkuren verhungerten mindestens ein Dutzend Menschen, wahrscheinlich sogar mehr als 40 – und Hazzard bereicherte sich an allen von ihnen. Wenn die Patienten merkten, dass sie zu Tode gehungert werden sollten, war es meist zu spät: Sie waren zu schwach, um sich wehren zu können.

Dora und Claire Williamson waren wie Töchter für Margaret Conway. Die Eltern der beiden Schwestern waren früh gestorben, hatten ihnen aber ein beträchtliches Vermögen hinterlassen; von diesem Geld war seinerzeit Margaret engagiert worden, um die verwaisten Mädchen großzuziehen. Das war lange her: Die Schwestern waren inzwischen Anfang, Mitte 30 und befanden sich die meiste Zeit auf ausgedehnten Reisen durch die Welt. Dennoch fühlte sich das ehemalige Kindermädchen ihnen immer noch zutiefst verbunden.

Entsprechend beunruhigt war Margaret, als sie am 30. April 1911 – sie war gerade auf Verwandtenbesuch in Australien – ein Telegramm der beiden erhielt: Sie solle so schnell wie möglich in die Vereinigten Staaten reisen und ihnen zu Hilfe kommen. Margaret bestieg das nächste Schiff, das sie von Sydney über den Pazifik brachte, und kam am 1. Juni in Seattle an. Jetzt musste sie nur noch mit einer Fähre den Puget Sound überqueren, um in das einsam gelegene Örtchen Olalla zu gelangen. Hier, das wusste sie, machten die beiden jungen Frauen eine Fastenkur bei der berühmten Ärztin Dr. Linda Burfield Hazzard.

Doch Margaret Conway kam zu spät. Claire Williamson war tot, erklärte ihr Dr. Hazzard, bedauerlicherweise gestorben an Leberzirrhose, wie die von ihr selbst durchgeführte Autopsie ergeben habe. Und ihre Schwester Dora, führte die Ärztin aus, sei leider »hoffnungslos geisteskrank«.

Margaret konnte nicht glauben, was ihr da gesagt wurde, und bat, Claires Leiche sehen zu dürfen. Den toten Körper, den die Ärztin ihr präsentierte, erkannte sie nicht wieder. Das Gesicht war so eingefallen, dass es Claires charakteristische Züge nicht mehr zeigte, und der Rumpf war nur Haut und Knochen – man konnte durch den Bauch das Rückrat ertasten. Zum Zeitpunkt ihres Todes hatte die zuvor kerngesunde, normalgewichtige junge Frau nur noch 25 Kilogramm gewogen. Margaret bestand darauf, zu Dora geführt zu werden. Die Frau, zu der man sie brachte, lebte, war aber bis auf die Knochen abgemagert – sie wog etwa 30 Kilogramm. Einzig weil sie Doras Kleider und Schmuck wiedererkannte, war sich Margaret überhaupt sicher, dass es ihre ehemalige Ziehtochter war.

Margaret wollte Dora schleunigst von diesem Ort abtransportieren lassen (selber gehen konnte sie nicht mehr), doch Dr. Hazzard verweigerte dies: Dora sei, wie gesagt, geisteskrank, und ihre Schwester Claire habe kurz vor ihrem Ableben noch ein Dokument unterzeichnet, in dem sie Dr. Hazzard die Verfügungsgewalt über ihre Schwester übertrug. Sie allein dürfe bestimmen, was mit Dora geschehe. Margaret Conway muss verstanden haben, dass sie keine echte Ärztin vor sich hatte, der das Wohl ihrer Patienten am Herzen lag. Sie bot ihr an, Dora freizukaufen. Kein Problem, antwortete Dr. Hazzard. Margaret selbst hatte kaum nennenswerte Ersparnisse, aber sie verwies auf das Vermögen der beiden Schwestern, von dem die entsprechende Summe ja bezahlt werden könne. Da erfuhr sie die nächste Hiobsbotschaft: Claire hatte Hazzard nicht nur die Vormundschaft ihrer Schwester, sondern auch den Zugriff auf ihr Vermögen übertragen. Das Geld, mit dem Margaret Conway die halbverhungerte Dora Williamson hätte auslösen und retten können, hatte Dr. Linda Burfield Hazzard bereits an sich gebracht.

Die Frau, die sich dieses perfide System ausgedacht hatte, war ein Star der seit dem Ende des 19. Jahrhunderts aufblühenden Naturheilkunde. Im Zuge der industriellen Revolution waren aufgrund der ungesunden Arbeitsbedingungen die Krankheitsraten teilweise erheblich gestiegen, was das Misstrauen gegenüber der Schulmedizin hatte wachsen lassen: Medikamente geben oder aufschnibbeln – viel mehr hatten die Ärzte jener Zeit nicht zu bieten. Da kamen den Leuten Lehren, in denen von gesundem Leben, Vegetarismus oder Kuren die Rede war, gerade recht; es wurde fast eine Mode unter den wohlhabenden Menschen jener Zeit, sich statt eines gewöhnlichen Urlaubs für ein paar Wochen in dieses oder jenes angesagte Sanatorium zu begeben – auch bei völliger Gesundheit. Auf dieser Welle ritt Linda Burfield Hazzard.

Der 1867 in einer Kleinstadt in Minnesota geborenen Linda Burfield war die Abscheu gegen herkömmliche Behandlungen mit Medikamenten schon in die Wiege gelegt worden: Ihr Vater bestand darauf, dass sie und ihre sechs Geschwister permanent Pillen schluckten, die Durchfall und Erbrechen auslösten und angeblich Parasiten bekämpften (die gar nicht vorhanden waren). Ein gestörtes Verhältnis zu Medikamenten aller Art und der dahinterstehenden »Ideologie« war vorprogrammiert. Es sollte ihr Leben prägen.

Mit 18 heiratete Linda. Sie brachte zwei Kinder zur Welt und spielte brav die von ihr verlangte Rolle als Hausfrau und Mutter; doch das genügte ihr nicht. Als ihr Mann sie und die Kinder 1898 sitzen ließ, ergriff Linda die Chance, reichte die Scheidung ein, nahm wieder ihren Mädchennamen an und schob die Kinder ohne mit der Wimper zu zucken zu deren Großmutter ab. Sie war wieder frei und konnte endlich ihren Traum verwirklichen: Sie eröffnete in Minneapolis eine Praxis als »Fastenspezialistin«. Eine medizinische Ausbildung besaß sie nicht, sie hatte lediglich einen Kurs in Osteopathie besucht – trotzdem setzte sie ihrem Namen nun dreist den »Dr.« voran. Und weil die Alternativmedizin so jung und von der Schulmedizin noch so wenig beachtet war, dass es ihr gar nicht möglich gewesen wäre, darüber zu promovieren, wurde diese Anmaßung von den Gesundheitsbehörden sogar abgesegnet – ein Schlupfloch im System, das Linda schamlos ausnutzte. Dr. Linda Burfield war die erste Frau, die offiziell einen Doktortitel der »Fastenheilkunde« trug, ohne ihn je erworben zu haben.

Ihre »Kur«, die sie mit der religiösen Inbrunst eines Gurus vertrat (was deren Attraktivität sicher steigerte), bestand aus einer Verbindung aus strengem Hungern – die Patienten bekamen nur eine spezielle Tomaten-Spargel-Brühe sowie frischen Orangensaft, von beidem nur ein paar Löffel pro Tag! – und täglichen, meist sich über Stunden hinziehenden Einläufen, bei denen bis zu 25 Liter Wasser in die Därme gepresst wurden. Mit dieser Höllentherapie sollten die Selbstheilungskräfte des Körpers entfacht, das »unreine Blut« gereinigt und die Organe entgiftet werden. Prinzipiell ist das ja vielleicht kein falscher Ansatz, aber Linda fehlte das grundlegende medizinische Wissen, um ihre Patienten wirklich überwachen zu können, zudem trieb sie es auf fanatische Art zu weit. Und so kam, was kommen musste: Am 18. November 1902 verhungerte erstmals eine ihrer Patientinnen. Gertrude Young starb am 39. Tag ihrer Burfield-Kur, völlig abgemagert. Ihre Wertgegenstände hatte Linda an sich genommen, doch das bemerkte niemand.

Erstmals wandte Linda nun eine Vorgehensweise an, die sie bei allen folgenden Todesfällen wiederholen sollte: Sie führte die Autopsie selbst durch (um es noch einmal zu sagen: ohne die geringste schulmedizinische Ausbildung!) und gab als Todesursache irgendetwas an, das nur nicht »Verhungern« hieß, in diesem ersten Fall: »Lähmung«. Die Behörden wurden zwar misstrauisch, konnten aber nichts unternehmen, denn der Pferdefuß war: Die Patientin hatte freiwillig gehungert, Dr. Burfield besaß eine Lizenz für alternativmedizinische Behandlungen, und es gab kein Gesetz gegen Fastenkuren. Dass bei aller Freiwilligkeit irgendwann der Punkt erreicht war, an dem die Patientin zu schwach war, um gegen die Fortsetzung der »Kur« zu protestieren, wurde nicht gesehen. Linda Burfield hatte eine Lizenz zum Töten.

Ihrer zu dieser Zeit schon recht großen Popularität tat der Todesfall keinen Abbruch – jeder Arzt verlor hin und wieder einen Patienten. Auch ihre zweite Eheschließung, die in den Medien für Schlagzeilen sorgte, kratzte kaum an ihrem Image: Linda heiratete am 13. November 1903 den smarten Sam Hazzard; doch der verschuldete, alkoholkranke Mann hatte gerade einmal ein halbes Jahr zuvor in einem anderen Bundesstaat schon eine Frau geheiratet – prompt wurde er verhaftet, angeklagt und zu einer zweijährigen Gefängnisstrafe wegen Bigamie verurteilt. Linda störte das wenig, sie wartete die zwei Jahre ab und zog nach seiner Entlassung 1906 mit Sam nach Seattle. Hier, am schönen Puget Sound, würden sie so richtig durchstarten.

Und tatsächlich strömten die fastenwilligen Patienten in Scharen in die Praxis von Dr. Linda Burfield Hazzard, die sie in dem so malerischen wie abgeschiedenen Örtchen Olalla an einem Seitenarm des Sunds gegenüber von Seattle eröffnete. Nachdem sie 1908 das Buch *Fasting for the Cure of Disease* (Fasten als Heilmittel für Krankheiten) veröffentlicht hatte, in dem sie behauptete, mit ihrer Hungerkur so ziemlich jede Krankheit heilen zu können – von Zahnschmerzen über Tuberkulose bis hin zu Krebs, ja selbst Blindheit! –, war sie endgültig ein Star am Himmel der Alternativmedizin. Die Patienten, deren Hungerkuren meist 40 Tage dauerten, brachte sie in ihrem eigenen Haus oder in nahegelegenen Hotel- und Fremdenzimmern unter. Sam und sie träumten davon, in Olalla ein eigenes großes Sanatorium zu errichten. Doch dafür brauchten sie Geld.

Ihre Patienten hatten Geld. Natürlich zahlten sie ordentlich für die »Therapie«, aber bei ihnen war ja sichtlich noch viel mehr zu holen. Und so starben sie – längst nicht alle, das wäre dann doch zu auffällig gewesen, aber immerhin jedes Jahr ein paar. Wie viele Menschen genau Linda Burfield Hazzard zu Tode hungerte, ist schwer zu rekonstruieren, ein Dutzend waren es sicher, manche Quellen sprechen von über 40. Und immer nahm Linda sie aus: indem sie sie banal der Barschaft, des Schmucks und der Kleider beraubte, die sie mit nach Olalla gebracht hatten, oder indem sie sich Kontovollmachten ausstellen oder gleich das ganze Vermögen überschreiben ließ. Jemanden zu einer Unterschrift zu bringen, der sich im Hungerdelirium befindet, war nicht schwer.

Natürlich gab es Schlagzeilen, bei fast jedem Toten. Doch es war wie bei einer Sekte: Je größer die Gerüchte und Verdächtigungen, desto entschiedener und fanatischer der Zulauf der »Jünger«. Die Behörden versuchten immer mal wieder einzugreifen, doch es war zwecklos: Linda hatte eine Lizenz, und die Leute begaben sich ja freiwillig in ihre Hände. Der Chef der örtlichen Gesundheitsbehörde gab nachfragenden Journalisten immer wieder die Antwort, er habe ein Auge auf Dr. Hazzard, und wenn sie je ein Kind in Therapie nehme, werde er sofort einschreiten – aber das war es dann auch schon.

Als die aus England stammenden Schwestern Dora und Claire Williamson während einer Reise durch Kanada von Dr. Hazzards Fastenkur lasen, waren sie begeistert, obwohl ihnen gesundheitlich nichts fehlte. Sie meldeten sich an und reisten im Februar 1911 nach Seattle. Mit den Bauarbeiten an ihrem imposanten Sanatorium hatten die Hazzards bereits begonnen, aber es war noch nicht fertiggestellt, also brachte die vermeintliche Ärztin die Schwestern in einem Apartment unter. Die Kur schlug voll an; nach etwa fünf Wochen konnten Dora und Claire sich nicht mehr auf den Beinen halten und wogen nur noch gut 30 Kilogramm. Doch sie waren weiterhin überzeugt vom Erfolg der Therapie. Erst als sie in einen Zustand gerieten, in dem sie immer wieder das Bewusstsein verloren, bekamen sie es mit der Angst zu tun. Es gelang ihnen, von Dr. Hazzard unbemerkt, ein Telegramm an ihr ehemaliges Kindermädchen Margaret Conway in Australien zu schicken.

Dem Eingreifen der tapferen Margaret ist es zu verdanken, dass Dr. Hazzard das Handwerk gelegt wurde. Claire war bereits tot, als sie ankam, doch wenigstens Dora wollte sie um jeden Preis retten. Als Margaret herausfand, dass die vorgebliche Ärztin sich das Vermögen der beiden Schwestern unter den Nagel gerissen hatte, verkomplizierte das zwar ihr Vorhaben, Dora freizukaufen, doch es eröffnete ihr zugleich die Chance, die Quacksalberin eines kriminellen Vergehens anzuzeigen. Margaret telegrafierte an einen Onkel der Schwestern in Portland, Oregon, und der stellte die 875 Dollar zur Verfügung, die Linda Hazzard als Gegenleistung für den vorzeitigen Abbruch von Doras »Therapie« haben wollte. Dora war frei, und Margaret konnte ihre 30 Kilogramm wiegende Schutzbefohlene langsam wieder aufpäppeln. Aber das genügte ihr nicht. Margaret zeigte Linda Burfield Hazzard an, und sie bearbeitete Dora, als Zeugin auszusagen.

Im August 1911 wurde Dr. Hazzard verhaftet, im Januar 1912 begann der Prozess. Sie stritt jede Schuld ab, behauptete, Claire habe wie alle Patienten immer freien Zugang zu Essen gehabt und habe ihr zudem ihr Geld und ihren Schmuck freiwillig geschenkt – überhaupt sei dieser ganze Prozess eine Verschwörung des medizinischen Establishments, das ihr als Frau den Erfolg ihrer Methoden missgönne. Tatsächlich konnte nicht bewiesen werden, dass Claire nicht an Leberzirrhose gestorben war, wie Dr. Hazzard selbst nach der Autopsie diagnostiziert hatte, da sie nach der Leichenöffnung die inneren Organe weggeworfen hatte. Viele Zeugen traten zudem zu ihrer Verteidigung auf, darunter sogar Menschen, die Angehörige in Dr. Hazzards Kuren verloren hatten. Doch das nützte ihr alles nichts: Nach 24-stündiger Beratung sprachen die Geschworenen sie des Totschlags an Claire Williamson schuldig. Linda Burfield Hazzard wurde die Lizenz entzogen, endlich, und sie musste ins Gefängnis. Noch während ihrer Untersuchungshaft verhungerten in Olalla zwei weitere Menschen.

Nach zwei Jahren Haft ließ sich der Gouverneur des Staates Washington auf einen Deal ein: Er begnadigte Linda vorzeitig, dafür versprach sie, das Land zu verlassen. Am Zweiten Weihnachtsfeiertag 1915 war sie wieder auf freiem Fuß. Linda ging mit ihrem Mann Sam nach Neuseeland. Sie eröffnete eine Praxis als Ärztin, Diätetikerin und Osteopathin, publizierte weitere Bücher und verdiente gutes Geld, so viel, dass sie nach nur vier Jahren nach Olalla zurückkehrte, um endlich ihr Sanatorium fertigstellen zu können, von dem sie immer geträumt hatte.

Das 1920 eröffnete »Hazzard Institute of Natural Therapeutics« fand regen Zulauf. Bei den Bürgern von Olalla hieß es »Starvation Heights« – Hügel des Hungerns. Noch Jahrzehnte später sollten sich die älteren Anwohner schaudernd an die lebenden Skelette erinnern, die unsicheren Schrittes durch die Straßen spazierten. Eine ärztliche Lizenz besaß Linda ja nicht mehr, doch erstaunlicherweise schien das niemanden zu stören. 15 Jahre lang ging sie ungestört ihrem Geschäft nach. Nur einmal, 1925, als wieder einer ihrer Patienten verhungert war, kam sie mit den Behörden in Konflikt: Sie wurde zu einer Geldbuße von 100 Dollar verurteilt. 1935 brannte das Sanatorium ab. Es wurde nie wieder aufgebaut. Linda war Ende 60, da lohnte sich das wohl nicht mehr.

Drei Jahre später fühlte Linda sich krank. Obwohl sie nicht mehr im Rampenlicht stand und die alternativmedizinischen Fanatiker längst andere Moden als ihre drakonischen Hungerkuren für sich entdeckt hatten, wollte sie noch einmal beweisen, dass ihre Therapie Krankheiten heilen könne: Sie begann zu fasten. Im Juni 1938 fand ihr Mann Sam den toten Körper seiner Frau. Linda Burfield Hazzard war verhungert.

Sechs Namen und ein falscher Vater

Cassie Chadwick (1857–1907)

Arbeit war wohl nicht ihr Ding: Die Frau, von der hier die Rede ist, schwindelte sich durch ihr komplettes Leben. Die ›ehrlichsten‹ Tätigkeiten, denen sie nachging, waren Hellseherei und das Betreiben eines Bordells – ansonsten alles eine einzige Abfolge von Betrügereien. Dabei ging sie durchaus phantasievoll vor, was man schon an der Fülle der Namen ersehen kann, die sie führte. Ihr größter Coup erschütterte die Finanzwelt der halben USA und trieb sogar eine Bank in den Bankrott.

Die Frau, die wir hier Cassie Chadwick nennen, hieß mal Elizabeth Bigley. Cassie Chadwick war nur einer der vielen Namen, die sie trug – wir könnten sie beispielsweise auch als Lydia DeVere oder Marie LaRose bezeichnen. Doch da die Hochstaplerin, Fälscherin und Betrügerin als Cassie Chadwick ihr größtes, mit Abstand spektakulärstes Ding drehte, ist sie unter diesem Namen in die Verbrechensgeschichte der USA eingegangen. Daran wollen auch wir uns halten – Vorhang auf also für Cassie Chadwick.

Geboren wurde sie 1857 als Elizabeth Bigley in einer Kleinstadt in Ontario, Kanada. Sie war eines von fünf Geschwistern, der Vater arbeitete bei der Eisenbahn, daneben bewirtschafteten die Eltern eine kleine Farm. Dass das Mädchen eine Tagträumerin war und schon als Kind viel flunkerte, wird gerne kolportiert – ob das wirklich stimmt, wissen wir nicht, vielleicht ist auch das ja ein Lügenmärchen.

Mit 14 beging Elizabeth ihren ersten dokumentierten Betrug. Im Nachbarort spazierte sie in eine Bank, legte dort einen gefälschten Brief eines angeblichen Onkels aus England vor, in dem sie zu dessen Erbin erklärt wurde, und verwandte diesen Brief als Sicherheit, um ein Konto zu eröffnen. Als frischgebackene Inhaberin eines – freilich leeren – Kontos verfügte sie nun über Schecks, mit denen sie in der Folgezeit fröhlich ihre verschwenderischen Einkäufe bezahlte. Nicht sehr ausgeklügelt, und selbstverständlich flog der Schwindel bald auf, aber es war ein Anfang. Elizabeth wurde verhaftet, aufgrund ihres zarten Alters aber wieder freigelassen.

Mit ungefähr 20 zog sie von Kanada in die USA, und zwar nach Cleveland in Ohio, wohin ihre ältere Schwester geheiratet hatte. Nach ein paar Tagen im Haus der Schwester und des Schwagers mietete sie eine Wohnung unter dem frei erfundenen Namen Lydia DeVere. Sie gab sich als Witwe aus (vermutlich um bei der Vermieterin bessere Karten zu haben); die Kaution und die Möbel bezahlte sie mit einem Bankkredit, bei dem sie dreist die Wohnungseinrichtung ihrer Schwester als Sicherheit angab. In ihrer Wohnung arbeitete sie als Wahrsagerin (daher auch der klangvolle Name), ihr Talent zum Erfinden von Lügengeschichten dürfte ihr bei dieser Tätigkeit nicht gerade im Weg gestanden haben.

Im November 1882, Elizabeth alias Lydia war 25 Jahre alt, heiratete sie den angesehenen Clevelander Bürger Dr. Wallace S. Springsteen. Über die Hochzeit wurde in der Zeitung berichtet – nicht gut für Mrs. Lydia Springsteen, wie sie jetzt hieß, denn kaum war der Artikel mitsamt Foto erschienen, standen zahlreiche Menschen vor Dr. Springsteens Haus, um Schulden einzufordern, die seine Angetraute in den letzten Jahren angehäuft und nicht beglichen hatte, oder auch um Geld zu verlangen, um das Lydia sie betrogen hatte. Der wohlanständige Dr. Springsteen war entsetzt, was für eine Frau er sich da angelacht hatte, und warf sie ganze elf Tage nach der Hochzeit aus seinem Haus. Die Scheidung wurde einige Wochen später rechtskräftig; ganz Gentleman beglich Springsteen vorher aber tatsächlich noch all ihre Schulden.

Unter dem Namen Marie LaRose versuchte Elizabeth sich anschließend erneut als Wahrsagerin. Kurz darauf heiratete sie ein zweites Mal, einen Farmer namens John R. Scott. Vier Jahre hielt Lydia Scott, wie wir sie jetzt kurz nennen müssen, es auf der Farm aus, dann reichte sie die Scheidung ein, selbstverständlich unter erfundenen Gründen und nicht ohne bei der Trennung einen guten Schnitt zu machen.

Einmal mehr arbeitete sie als Wahrsagerin. Konnte man ihre bisherigen Vergehen mit gutem Willen noch unter den beschönigenden Begriff »Schwindeleien« fassen, entwickelte sie sich jetzt zu einer systematischen

Betrügerin und Fälscherin, zu einer Kriminellen. Das ging nicht lange gut: 1889 wurde sie verhaftet und zu neuneinhalb Jahren Gefängnis verurteilt. Nach vier Jahren Haft wurde sie, nicht unüblich, vorzeitig entlassen. Sie versuchte einen Neuanfang, und das war bei ihr – wir ahnen es – mit einem neuen Namen verbunden. Elizabeth nannte sich nun Cassie Hoover, und ihre berufliche Neuausrichtung bestand in der Gründung eines Bordells. In dieser Zeit gebar sie auch einen Sohn, Emil, über den wir nicht viel wissen: Höchstwahrscheinlich wuchs er in der Obhut von Cassies Bordellmädchen auf. Auch über den Vater ist nichts bekannt, vermutlich ein Kunde.

In den 1890er-Jahren, Elizabeth alias Cassie war Mitte 30, lernte sie ihren späteren dritten Ehemann Dr. Leroy Chadwick kennen (wir sind also endlich fast beim Namen »Cassie Chadwick« angekommen). Chadwick war ein honoriger und sehr wohlhabender Mann, und er war frisch verwitwet – was Cassie dazu veranlasste, sich ihm gegenüber ebenfalls in eine trauernde Witwe zu verwandeln. Über das Aufeinandertreffen gibt es mehrere Anekdoten, die alle gleich (un-)wahrscheinlich klingen. Eine geht so: Die beiden begegneten sich in Cassies Bordell, und Cassie stellte sich Chadwick als Leiterin des Hauses vor, das sie als respektable Privatpension für unverheiratete Damen bezeichnete. Als Chadwick erwiderte, man befinde sich ja wohl mitnichten in einer Pension, sondern in einem Bordell, fiel Cassie dramatisch in Ohnmacht – und als sie wieder zu sich kam, bat sie ihn flehend, sie umgehend aus diesem Etablissement zu geleiten, damit niemand den hochnotpeinlichen Eindruck bekäme, sie hätte etwas mit dem verwerflichen Treiben in diesem Haus zu tun.

So absurd und durchschaubar diese Scharade uns erscheinen mag – Chadwick glaubte Cassie, vielleicht wollte er ihr auch einfach gerne glauben. Wie auch immer – 1897 heirateten die beiden. Ein denkbar steiler Aufstieg: Cassie Chadwick befand sich nun im Herzen der besten Gesellschaft Clevelands; zu den Nachbarn in der Euclid Avenue, die allgemein »Millionaires' Row« genannt wurde, zählten Industriellenfamilien wie die Hannas oder die Rockefellers.

Man hätte meinen können, Cassie wäre am Ziel. Sie verkehrte in den feinsten Kreisen der Stadt (sie wurde dort zwar nicht wirklich als standesgemäß akzeptiert, aber dem geachteten Dr. Chadwick zuliebe dennoch zu all den Dinnerpartys und ähnlichen Anlässen eingeladen), und sie warf mit Geld nur so um sich. Doch offenbar war es Cassie immer noch nicht genug. Ihr größter Coup stand noch bevor. Und sie ging unglaublich planvoll dabei vor.

Die Idee war, sich als illegitime Tochter des Stahl-Tycoons Andrew Carnegie auszugeben, des vielleicht reichsten Mannes der USA. Doch bereichern wollte sie sich nicht an dem Multimillionär selbst, sondern sie spekulierte darauf, dass die Banken sich darum reißen würden, ihr Geld zu leihen, wenn sie von dem schwerreichen »Bürgen« erfuhren. Und niemand, so kalkulierte Cassie, würde sich trauen, Carnegie nach seiner unehelichen Tochter zu fragen; in eine solche Verlegenheit brachte man diesen Mann nicht.

Der Plan ging voll auf. Cassie bat einen Anwalt ihres Mannes namens Dillon, sie auf eine Reise nach New York zu begleiten und mit ihr Carnegies Haus zu besuchen – über den Grund schwieg sie geheimnisvoll. Sie spazierte hinein, kam nach einer halben Stunde wieder heraus, und gerade als sie auf Dillon zuging, ließ sie wie aus Versehen ein Schriftstück fallen. Der gut erzogene Anwalt bückte sich, hob das Papier auf – und hielt zu seinem nicht geringen Erstaunen einen Wechsel über zwei Millionen Dollar in der Hand, unterschrieben von Andrew Carnegie. Dass das Dokument gefälscht war und Cassie sich nur unter dem Vorwand einer Bewerbung als Hausangestellte Zutritt zu Carnegies Villa verschafft hatte, konnte der Mann nicht ahnen. Nachdem sie ihm das Versprechen abgerungen hatte, ihr großes Geheimnis für sich zu bewahren, eröffnete sie Dillon, sie sei Carnegies illegitime Tochter und der ansonsten kinderlose Stahlmagnat fühle sich seiner einzigen Tochter so verpflichtet, dass er sie mit Geld nur so überschütte. Dillon solle bitte, bitte verschwiegen mit dieser Information umgehen, und ob er ihr nicht vielleicht ein Schließfach für ihr Schriftstück besorgen könne, das wäre reizend, und, ach ja, Carnegie habe sie übrigens auch als Erbin eingesetzt, 400 Millionen Dollar werde sie nach seinem Tod bekommen.

Das war ungeheuer geschickt eingefädelt. Der Anwalt war so leichtgläubig wie schwatzhaft, und es dauerte nicht lange, bis die Banken in

Cleveland und im gesamten nördlichen Ohio auf Cassie zukamen und ihr ihre Dienste anboten. Genau darauf war Cassie aus gewesen. Sie unterschrieb einen Schuldschein nach dem anderen, über immer größere Beträge – und die Bankiers rieben sich die Hände, nicht nur weil sie sich sicher wähnten, ihr Geld zurückzubekommen (einen solventeren Bürgen als Andrew Carnegie konnte man sich kaum denken, und spätestens nach seinem Tod würde die Tochter die Darlehen ja wohl sicher zurückzahlen können), sondern auch weil sich schnell herumsprach, dass Mrs. Chadwick ohne mit der Wimper zu zucken jeden noch so hohen Wucherzins akzeptierte, bis zu 25 Prozent.

Acht Jahre ging das gut. Die Banken warfen ihr das Geld schier hinterher, und Cassie nahm es ohne Zögern. In keinem Haus in der »Millionaires' Row« wurde so verschwenderisch gelebt wie in dem der Chadwicks; Cassie kaufte mehr Schmuck, als sie je tragen konnte, und ihre Kleider füllten angeblich 30 Schränke. Sie wurde allgemein »Königin von Ohio« genannt, und das traf den Nagel auf den Kopf: Genau wie eine Königin benahm sie sich. Ihre Dinnerpartys kosteten schon mal 100 000 Dollar. Wie viel Geld sie in diesen Jahren insgesamt ergaunerte, lässt sich nicht genau sagen; zehn bis zwanzig Millionen Dollar sind es vermutlich gewesen: nach heutiger Kaufkraft grob 300 bis 600 Millionen Euro. Ergaunert und – fast noch erstaunlicher – ausgegeben von einer einzigen Frau.

1904 wendete sich das Blatt – das Leben als Königin von Ohio nahm ein jähes Ende. Ein Bostoner Bankier namens H. B. Newton, der ihr 190 800 Dollar geliehen hatte, erfuhr von den gigantischen Darlehen, die Cassie bei anderen Banken erhalten hatte, und forderte eilig sein Geld zurück. Cassie konnte nicht zahlen, natürlich nicht. Am 2. November 1904 zeigte der Bankier sie an. Bei den folgenden Untersuchungen flog endlich auf, wie viele Schulden Cassie bei diversen Banken angehäuft hatte, und es kam auch heraus, dass sämtliche Sicherheiten, die Cassie den Banken vorgelegt hatte, gefälscht oder wertlos waren. Als nun auch Andrew Carnegie offiziell über sie befragt wurde, gab er drei Dinge zu Protokoll: Erstens: Er habe keine illegitime Tochter. Zweitens: Er habe diese Frau nie gesehen.

Drittens: Er habe seit 30 Jahren keinen Wechsel mehr unterschrieben.

Nun war es amtlich: Cassie Chadwick war eine Hochstaplerin und Betrügerin der allergrößten Dimension. Ihr entsetzter Ehemann reichte flugs die Scheidung ein und begab sich anschließend auf eine ausgedehnte Europareise, um den peinlichen Geschehnissen möglichst fern zu sein. Cassie unternahm einen halbherzigen Fluchtversuch, wurde aber bald in einem Hotel in New York verhaftet – mit mehr als 100 000 Dollar in bar im Geldgürtel.

Der Skandal erschütterte die Bankenwelt von Ohio. Mehrere Geldinstitute erlitten Millionenverluste. Eine Bank, die Citizen's National Bank of Oberlin, die der Betrügerin bereitwillig 800 000 Dollar geliehen hatte, erlebte einen so massiven Ansturm ihrer

Zeitgenössische Persiflage auf die Hochstaplerin und »Erbin« Chadwick mit ihrem angeblichen Vater Andrew Carnegie

aufgeschreckten Kunden, die um ihr Geld fürchteten und es abheben wollten, dass sie Konkurs anmelden musste. Cassie Chadwick hatte eine ganze Bank in den Bankrott getrieben.

Der Prozess war, das kann man sich denken, ein riesiges Medienspektakel. Viele Nachbarn aus der »Millionaires' Row« waren zugegen, um zuzusehen, wie die Frau an den Pranger gestellt wurde, die sich in ihre Kreise gemogelt hatte, und auch Andrew Carnegie ließ es sich nicht nehmen, sich seine angebliche Tochter vor Gericht anzuschauen. Am 10. März 1905 wurde Cassie wegen sieben Anklagepunkten zu 14 Jahren Haft und einer Geldstrafe von 70 000 Dollar verurteilt, nicht nur wegen Betrugs und Fälschung, sondern auch wegen »Verschwörung gegen die Regierung«, da sich die ruinierte Oberlin Bank in Staatseigentum befunden hatte.

Als Cassie ins Gefängnis ging, nahm sie Möbelstücke, kofferweise Kleider und solche Dinge wie Bettvorleger mit in die Zelle und durfte das tatsächlich auch behalten. Lange dauerte ihre Haft nicht. Am 10. Oktober 1907, auf den Tag genau an ihrem fünfzigsten Geburtstag, starb Cassie Chadwick im Gefängniskrankenhaus.

Beerdigt wurde sie in ihrem Geburtsort in Ontario. Auf ihrem Grabstein stand geschrieben: »Elizabeth Bigley, Ehefrau von L. S. Chadwick, 1859–1907«. Das Problem, mit welchem ihrer vielen Namen man die Verstorbene bezeichnen sollte, hatte man elegant gelöst. Beim Geburtsjahr hatte man sich allerdings um zwei Jahre vertan. Aber dafür muss man wohl Verständnis aufbringen: Bei dieser Dame war es wirklich kaum möglich, den Überblick zu behalten.

Der amerikanische Traum

Belle Gunness (1859–1931?)

Als die aus armen Verhältnissen stammende 21-jährige Norwegerin Bryn-
hild Paulsdatter Storset 1881 mutterseelenallein ein Schiff bestieg, das
sie in die Vereinigten Staaten bringen sollte, wird sie – wie so viele vor
und nach ihr – den amerikanischen Traum geträumt haben: In der
Neuen Welt würde sie zu Wohlstand kommen. Das sollte ihr auch tat-
sächlich gelingen: aber nicht durch ehrliche Arbeit, sondern durch eine
beispiellose Serie schwerer Verbrechen, von Brandstiftungen bis zu vielen,
vielen Morden – so vielen, dass sich ihre Zahl nur schätzen lässt. 45
Menschen hat sie mindestens getötet – und weil sie eine der ganz wenigen
in diesem Buch vorgestellten Frauen ist, die nie geschnappt wurden, kön-
nen es durchaus auch noch mehr gewesen sein.

Am frühen Morgen des 28. April 1908 brannte in La Porte, Indiana,
eine Farm bis auf die Grundmauern nieder. Die Farm hatte der norwegischen Immigrantin Belle Gunness gehört, die seit 1901 in La Porte
lebte. Als die Flammen verloschen waren, wurde die Brandstelle untersucht, und dort, wo einmal das Wohnzimmer gewesen war, fand man
die verkohlten Leichen von vier Menschen: drei Kindern und einer er-
wachsenen Frau. Es lag auf der Hand, dass es sich um die Bewohner der
Farm handelte: um die 48-jährige Witwe Belle Gunness und ihre drei
Kinder Myrtle (11), Lucy (9) und Philip (5).

Ein tragischer Unfall, sollte man meinen. Doch es gab zwei Dinge, die
Sheriff Albert Smutzer dazu veranlassten, genauere Untersuchungen anzu-
stellen: Erstens: Warum befanden sich die Leichen im Wohnzimmer neben
dem Klavier, wo doch das Feuer um vier Uhr früh ausgebrochen war und
die Bewohner des Hauses schlafend in ihren Betten hätten liegen müssen?
Und zweitens: Wo zum Teufel befand sich der Kopf der Frauenleiche? Der
Rumpf war vollständig vorhanden, und eine Zahnprothese, die sich Frau
Gunness eine Weile zuvor beim Zahnarzt hatte anfertigen lassen, lag ebenfalls
in Reichweite, vom Feuer erstaunlich unversehrt, aber wo war der Schädel?

Belle Gunness mit ihren drei Kindern Myrtle, Lucy und Philip, um 1905

Sheriff Smutzer konnte schnell nachweisen, dass die vier Toten nicht dem Hausbrand zum Opfer gefallen, sondern zuvor ermordet worden waren; das Feuer war offenbar gelegt worden, um die Morde zu vertuschen. Den Täter hatte er auch bald ausfindig gemacht: Belles ehemaliger Vorarbeiter auf der Farm Ray Lamphere, dem sie gut zwei Monate zuvor gekündigt hatte, war in den Augen des Sheriffs höchst verdächtig, da Belle sich in letzter Zeit von seiner (auch sexuell) besitzergreifenden Art bedroht gefühlt hatte; genau deshalb hatte sie ihn entlassen. Just am Tag vor dem Brand hatte sie ihrem Anwalt noch gesagt: »Ich habe Angst, dass er mich tötet und das Haus niederbrennt« – merkwürdiger Zufall.

Ray Lamphere wurde verhaftet und wegen Mordes an Belle Gunness und ihren drei Kindern sowie Brandstiftung angeklagt. Der fehlende Kopf wurde ignoriert, ebenso die Tatsache, dass das Skelett der Frauenleiche auf einen kleineren, zierlicheren Menschen schließen ließ, als Belle es gewesen war (sie hatte stattliche 100 bis 110 Kilo gewogen, die verbrannte Frau schätzungsweise nur 75 Kilo). Man hatte ja die dritten Zähne, die sich als Belles identifizieren ließen – das reichte der Staatsanwaltschaft. Ray Lamphere beteuerte zwar seine Unschuld, doch das taten Verdächtige ja oft. Kein Grund, an seiner Täterschaft zu zweifeln.

Wer war diese Belle Gunness, die da am 28. April 1908 mitsamt ihren drei Kindern von ihrem Vorarbeiter getötet und dann verbrannt worden sein soll? Geboren wurde sie am 11. November 1859 als Brynhild Paulsdatter Storset in dem norwegischen Fischerdörfchen Selbu. Die Familie war arm, und so tat Brynhild es 1881 ihrer großen Schwester gleich und emigrierte in die USA – dort hoffte sie, bessere Arbeits- und Lebensbedingungen vorzufinden als an der kargen, einsamen Küste Norwegens. Sie zog zu ihrer Schwester nach Chicago, amerikanisierte bald ihren Vornamen zu »Belle« und fand einen Job als Hausmädchen – doch die Illusion, dass der Weg zu Wohlstand ein einfacher sein würde, wurde ihr schnell genommen.

1884 heiratete sie den Kaufhausdetektiv Mads Sorenson, norwegischer Immigrant wie sie. Das Geld, das die beiden verdienten, reichte gerade eben so zum Leben – so hatte sich Belle ihren »amerikanischen Traum« nicht vorgestellt. 1896 keimte Hoffnung auf, als die beiden ein eigenes kleines Geschäft eröffneten, eine Konditorei – doch der Laden lief von Anfang an viel zu schlecht.

Vermutlich an diesem Punkt muss Belle, inzwischen 36 Jahre alt, einen Gedanken gehabt haben wie diesen: Wenn ich es legal nicht schaffe, versuche ich es eben auf andere Weise. Noch im Jahr 1896, die Konditorei bestand erst ein gutes halbes Jahr, brannte das Geschäft ab. Der Versicherung gegenüber gab Belle an, eine explodierte Kerosinlampe habe das Feuer verursacht – die Versicherung zahlte, obwohl in der Asche keine solche Lampe gefunden wurde. Von dem Geld kauften sich die Sorensons ihr erstes eigenes Haus – 1898 brannte auch das nieder. Es war gut versichert gewesen.

Genau in den Jahren der beiden für Belle und Mads so gewinnbringenden Brände, 1896 und 1898, starben auch die zwei ältesten der vier Kinder des Paares, Caroline und Axel. (Die beiden Jüngeren, Myrtle und Lucy, sollten dann im Feuer in La Porte ums Leben kommen.) Bei beiden Kindern wurde »akute Kolitis« als Todesursache angegeben, und es gibt keinen echten Beweis, dass das nicht stimmt. Jedoch: Die Symptome, die sie vor ihrem Tod aufwiesen, waren exakt dieselben, die auch bei einer Vergiftung aufgetreten wären. Und: Die Leben beider Kinder waren gut versichert.

Am 30. Juli 1900 starb Belles Ehemann Mads. Seine Symptome wiesen auf eine Strychnin-Vergiftung hin, und genau das bescheinigte auch der Notarzt. Doch da Mads seit Jahren wegen eines vergrößerten Herzens in Behandlung gewesen war, erklärte der Arzt der Familie, die Todesursache sei natürlich und eine Autopsie nicht nötig. Belle blieb unbehelligt, und sie strich wieder eine hohe Versicherungssumme ein, sogar eine besonders hohe: Der 30. Juli 1900, Mads' Todestag, war exakt der Tag, an dem sich zwei Lebensversicherungen, die sie auf ihn abgeschlossen hatte, überschnitten: Die eine endete an diesem Tag, die Folgeversicherung begann am selben Tag, und Belle kassierte doppelt ...

Mit dem beträchtlichen Vermögen, das sie jetzt besaß, kaufte Belle die Farm in La Porte, Indiana, und bezog sie mit ihren beiden Töchtern, Myrtle und Lucy, sowie einem etwas älteren Mädchen namens Jenny Olsen, das sie in Pflege genommen hatte. Zwei Nebengebäude, eine Art Garage für die Kutschen und ein Bootshaus, brannten kurze Zeit später nieder. Ob sie versichert waren, ist nicht überliefert, aber man muss wohl nicht lange raten.

Am 1. April 1902 heiratete die mittlerweile 42-jährige Belle den norwegischen Immigranten Peter Gunness, der mit zwei Töchtern aus erster Ehe ebenfalls in La Porte lebte. Nur eine Woche nach der Trauung starb das kleinere der beiden Mädchen unter ungeklärten Umständen, während Belle auf sie aufpasste. Viel Zeit zum Trauern blieb Peter Gunness nicht: Etwa ein halbes Jahr später, im Dezember, starb auch er. Nach Belles Angabe war ihm ein schwerer Fleischwolf vom oberen Bord eines Regals auf den Kopf gefallen. Obwohl viele Nachbarn das nicht glauben konnten und die damals 14-jährige Jenny sogar einer Klassenkameradin berichtete: »Meine Mama hat meinen Papa getötet«, wurde das Untersuchungsverfahren bald eingestellt. Belle erbte das Vermögen ihres Kurzzeit-Gatten und kassierte die Versicherungssumme; Gunness' überlebende ältere Tochter wurde von Verwandten schleunigst in Sicherheit gebracht.

Belle lebte nun allein mit ihrer Ziehtochter Jenny Olsen und ihren drei eigenen Kindern Myrtle, Lucy und Philip (der von Peter Gunness stammte und erst nach dessen Tod zur Welt kam) auf der Farm. Jenny Olsen verschwand 1906; Nachbarn gegenüber gab Belle an, sie habe sie auf ein Internat nach Kalifornien geschickt. Da kein Mann an ihrer Seite war, beschäftigte Belle im Lauf der nächsten Jahre eine Vielzahl von Arbeitern und Tagelöhnern, die kamen und gingen (dass mehr von ihnen kamen als gingen, fiel niemandem auf – davon wird noch die Rede sein ...). Einer dieser Arbeiter war Ray Lamphere, der zu einer Art Vorarbeiter wurde. Und dieser Mann, der sich bald heftig in seine

Arbeitgeberin verliebte (es wird angenommen, dass er, zumindest zeitweilig, auch ihr Liebhaber war), sollte nun sie und ihre drei Kinder getötet und dann das Haus über ihnen angezündet haben?

Falls der Sheriff geglaubt hatte, der Fall sei gelöst, hatte er sich bitter getäuscht. Am 2. Mai 1908, vier Tage nach dem Brand, tauchte in La Porte ein Mann namens Asle Helgelein auf, der auf der Suche nach seinem Bruder Andrew war. Andrew hatte etwa ein halbes Jahr zuvor auf die Heiratsanzeige einer gewissen Belle Gunness geantwortet und nach einem erfreulich verlaufenden Briefwechsel all seine Besitztümer verkauft, um mit dem erklecklichen Startkapital von 3000 Dollar nach La Porte zu gehen und die Witwe Gunness zu heiraten. Seit seiner Abreise vor einigen Monaten hatte Asle nichts mehr von seinem Bruder gehört, daher wollte er jetzt vor Ort nachsehen.

Als er an der Adresse, die auf seinem Zettel stand, nur ein paar qualmende Mauerreste vorfand und von Nachbarn die Geschichte dazu gehört hatte – seinen Bruder kannten die Nachbarn, hatten ihn aber seit Wochen nicht gesehen, eines Tages sei er einfach nicht mehr da gewesen –, war Asle alarmiert. Am 4. Mai ging er zu Sheriff Smutzer und bat ihn, das Gelände der Gunness-Farm absuchen und dabei auch Grabungen vornehmen zu dürfen. Tags darauf begannen Asle und ein paar weitere Männer unter Sheriff Smutzers Augen, die Gunness-Farm umzugraben. Lange mussten sie nicht suchen: Im Schlamm des Schweinepferchs entdeckten sie gut einen Meter unter der Erde die nachlässig in eine Art Öltuch gewickelte, zerstückelte Leiche eines Mannes. Es war Andrew Helgelein.

Nachdem mehrere Nachbarn berichtet hatten, dass sie im Lauf der Jahre bei Mrs. Gunness immer wieder wohlhabend wirkende Männer mittleren Alters hatten kommen, aber nie gehen sehen, wurde weitergegraben. Das Ergebnis war verheerend: Im Lauf dieses und der nächsten Tage fanden die Helfer die meist zerstückelten und zum Teil unvollständigen Leichen von etwa 40 Menschen, die meisten ebenfalls tief im Matsch des Schweinepferchs verscharrt. Fast alle Opfer waren erwachsene Männer, aber auch ein paar Frauen und Kinder waren darunter, unter anderem Jenny Olsen.

Die Identifizierung sollte Monate dauern und würde nie ganz abge-schlossen werden – zu viele Leichenteile konnten nicht zugeordnet wer-den. Was aber bald klar wurde, war Belle Gunness' Vorgehensweise: Sie hatte Annoncen in Zeitungen geschaltet, die sich insbesondere an skan-dinavische Immigranten richteten, und darin eine Heirat in Aussicht gestellt, wobei sie besonders den hohen Wert und die schöne Lage ihrer Farm betonte. Bedingung war, dass der heiratswillige Mann selbst Kapital in den Betrieb der Farm mit einbrächte. Eine konkrete Summe wurde in den Anzeigen nicht genannt, aber Belle hatte es verstanden, ihre Ver-ehrer in den Briefwechseln, die sich entspannen, dazu zu überreden, quasi ihren kompletten Besitz zu versilbern und mit dem Bargeld (»Ban-ken kann man heutzutage nicht trauen«) zu ihr nach Indiana zu reisen, möglichst diskret, bitte schön.

Mindestens 20 skandinavischstämmige Männer aus den verschie-densten Teilen der USA hatte Belle Gunness in den fünf Jahren zwischen 1903 und 1908 nach La Porte gelockt (dass sie bei all den Anzeigen, Briefwechseln und Männern den Überblick behielt, muss man ja fast als logistische Leistung anerkennen). Sie alle kamen mit großen Hoff-nungen und den Taschen voller Geld und verschwanden nach ein paar Tagen wieder – in aller Regel vergiftete Belle sie, schlug ihnen dann ›zur Sicherheit‹ noch den Schädel ein, zerstückelte die Leichen und verscharrte die Überreste bei den Schweinen. Ein lohnendes Geschäft: Rund 250 000 Dollar hat sie so vermutlich auf die Seite gebracht, nach heutiger Kauf-kraft rund 6,5 Millionen Dollar.

Die meisten der anderen Opfer waren Tagelöhner, die Belle auf der Farm angestellt hatte – warum diese mittellosen Arbeiter sterben muss-ten, ist nicht klar; vielleicht haben sie Verdacht geschöpft, vielleicht mussten sie ihrer Chefin sogar bei der Entsorgung der Leichen helfen und wurden dann als unliebsame Zeugen selbst beseitigt.

Mit den grausigen Funden auf der Gunness-Farm (den ganzen Mai über wurde weitergegraben, und es kamen immer neue Leichen zum Vor-schein) wurden Zweifel an Ray Lampheres Täterschaft laut, was den Vier-fachmord und den Brand betraf: Wenn Belle Gunness eine Serienmörderin war (das stand schnell fest), war es dann nicht wahrscheinlicher, dass sie selbst ihre drei Kinder sowie eine fremde Frau getötet hatte (deren Kopf sie abtrennte, um eine Identifizierung zu erschweren) und dann das Haus anzündete, um ihren eigenen Tod vorzutäuschen und zu fliehen? Der fehlende Kopf, die hingegen vorhandenen (merkwürdig unverkohlten) dritten Zähne und das nicht wirklich zu Belles Körperbau passende Skelett sprachen dafür, ebenso die Beobachtung einiger Nachbarn, die in den Tagen vor dem Brand eine Landstreicherin auf der Gunness-Farm gesehen hatten, deren Statur zu dem verbrannten Rumpf passte. Als dann noch herauskam, dass Asle Helgelein sein Vorhaben, in La Porte nach seinem Bruder zu suchen, brieflich bei Belle angekündigt hatte, galt als wahrscheinlichster Tathergang, dass sich Belle zu einer überstürzten Flucht genötigt gesehen und ihren eigenen Tod inszeniert hatte.

Und so wurde Ray Lamphere, als ihm im November 1908 der Prozess gemacht wurde, nur der Brandstiftung schuldig gesprochen, nicht jedoch des vierfachen Mordes. Dass er das Feuer gelegt hatte, hatte er zugegeben; die für Brandstiftung ungewöhnlich hohe Strafe von 21 Jahren Gefängnis war wohl Ausdruck eines misstrauischen Unbehagens des Gerichts ihm gegenüber, da eine wie auch immer geartete Komplizenschaft mit Belle als wahrscheinlich galt.

Ray Lampheres Rolle ist bis heute mysteriös, sowohl im Bezug auf die fünf Jahre dauernde Mordserie als auch auf die Nacht vom 28. April 1908. Er war mit Sicherheit eifersüchtig auf die Männer, die einer nach dem anderen zu Belle kamen und vermutlich Zugang zu ihrem Schlafzimmer hatten, bis dann ihr letztes Stündlein schlug. War er nur unbeteiligter Mitwisser? Oder half er bei der Beseitigung der Leichen? War er gar an den Morden beteiligt? Warum entließ Belle ihn zwei Monate vor dem Brand? (Selbst wenn seine zunehmend besitzergreifende, eifersüchtige Art sie zu diesem Schritt veranlasste, war er doch ein gefährlicher Zeuge, den sie nicht vergraulen durfte.) Oder hatte sie ihn gar nicht entlassen, sondern hatte er selbst gekündigt, aus Angst vor ihr, wie er vor Gericht behauptete? Beging Belle die Morde und Ray die Brandstiftung? Opferte Belle ihn der Justiz oder opferte er sich für seine Geliebte?

All das ist im Dunkeln. Ray Lamphere starb am 30. Dezember 1909 im Gefängnis, nur ein Jahr nach seiner Verurteilung. Kurz vor seinem

Tod bekannte er einem Geistlichen gegenüber, nie getötet zu haben, Belle aber bei der Beseitigung der Leichen (deren Zahl er mit mindestens 42 angab) geholfen zu haben. Und er beteuerte, Belle sei am Leben und habe jene Landstreicherin ermordet, um ihre Flucht zu vertuschen.

Bis heute ist nicht klar, ob es Belle Gunness war, die in ihrer Farm verbrannte, oder nicht. 99 Jahre nach dem Brand, 2007, wurde die Leiche exhumiert, um durch eine DNA-Analyse Klarheit zu schaffen – aber es fehlte an Vergleichsproben, mit denen man die DNA des Frauentorsos hätte in Übereinstimmung bringen können.

Doch im Lauf der Jahre sind einige Indizien zusammengekommen, die dafür sprechen, dass der mehr als vierzigfachen Mörderin die Flucht gelang. Zum einen gab es immer wieder Menschen, die behaupteten, Belle gesehen zu haben (20 Jahre lang erhielt Sheriff Smutzer durchschnittlich zwei entsprechende Anzeigen pro Monat). Zum Zweiten entdeckte man in den Hinterlassenschaften einer engen Freundin Belles aus La Porte namens Almetta Hay nach deren Tod im Jahr 1916 einen menschlichen Schädel. War das der Kopf der Landstreicherin, den Belle bei ihrer Vertrauten deponiert hatte?

Im Jahr 1931 wurde in Los Angeles eine ältere Frau verhaftet, die einen 81-jährigen Mann ausgeraubt und getötet hatte – das Opfer hieß August Lindstrom und stammte aus Schweden. Das Aussehen der Festgenommenen passte zu dem Steckbrief, der seit 1908 an die Polizeistationen des Landes verteilt worden war, und die Frau hatte Fotos bei sich, die Bilder der drei getöteten Kinder sein könnten. Man war sich ziemlich sicher, endlich Belle Gunness geschnappt zu haben. Aber die Gemeinde von La Porte hatte nicht genug Geld, um einem Sheriff die lange Dienstreise zu bezahlen. Und noch bevor der Frau in L.A. der Prozess gemacht werden konnte, starb sie in Untersuchungshaft. Ihre Identität konnte nie geklärt werden.

Wenn es tatsächlich die mindestens 45-fache Serienmörderin Belle Gunness war, hatte sie 23 Jahre in Freiheit gelebt, bis sie bei einem weiteren Mord gefasst wurde. Was sie, wenn es so war, in der Zwischenzeit trieb – man möchte es lieber nicht wissen.

Die Mutter des Schneeballsystems

Adele Spitzeder (1832–1895)

Eine Bank, die ihren Anlegern utopisch hohe Renditen verspricht. Bestochene Redakteure, die in ihren Zeitungsartikeln dieses Finanzprodukt empfehlen. Anleger, die der Bank zu Scharen ihr Geld förmlich aufdrängen und am Ende alles verlieren. Behörden, die erst einschreiten, als es zu spät ist. Das klingt nach einer typischen Geschichte von modernem Anlagebetrug aus den Zeiten des Raubtierkapitalismus im frühen 21. Jahrhundert? Möglich. Aber es ist eine Geschichte aus der Gründerzeit um 1870, und hinter dieser betrügerischen Bank, die ganze Gemeinden in den Bankrott trieb, stand eine einzelne Frau.

Es ist ja nicht so, dass Adele Spitzeder Bankerin werden wollte. Nein, ihre Pläne waren ganz andere: Sie wollte Schauspielerin sein. Schließlich waren ihre Eltern, Josef Spitzeder und Betty Spitzeder-Vio, in den 1820er-Jahren gefeierte und vom bayerischen König Ludwig I. geförderte Opernsänger; da lag es nahe, dass die 1832 geborene Adele in die elterlichen Fußstapfen trat. So bekam sie die entsprechende Ausbildung, besuchte in Wien und München teure Schulen und erhielt Privatunterricht in Komposition, Klavier und Schauspiel, Letzteres sogar bei berühmten Hofschauspielerinnen.

Indes: Es wollte einfach nicht so recht klappen mit der Schauspielkarriere. Mit 25 Jahren hatte Adele zwar ihr erstes Engagement in Coburg, doch für eine dauerhafte Anstellung reichte es hier ebenso wenig wie in München, Frankfurt, Nürnberg, Brünn, Mannheim, Karlsruhe, Graz und Zürich. In all diesen Städten gab sie Gastspiele oder wurde für ein oder zwei Spielzeiten engagiert, aber stets musste sie weiterziehen. Als sie 36-jährig nach München zurückkehrte, war sie enttäuscht, desillusioniert – und mittellos.

Adeles Lebensstil allerdings war der einer Schauspielerin von Welt. Sie hatte nie eine eigene Wohnung gehabt, sondern lebte in Hotels. Hohe Restaurant- und Hotelrechnungen fielen an, außerdem leistete

Adele Spitzeder.
Nach einer Photographie.

Porträt von Adele Spitzeder aus der Zeitschrift »Die Gartenlaube«, 1873

sie sich auch noch eine Angestellte sowie sechs Hunde. Die 50 Gulden, die sie monatlich von ihrer Mutter als Unterstützung erhielt (demütigend genug in ihrem Alter), waren da nur ein Tropfen auf den heißen Stein.

In dieser Situation kam sie auf eine einfache Idee, wie sie an Geld gelangen konnte: Heute würden wir es Schneeballsystem nennen. Sie lieh sich bei einem Zimmermann 100 Gulden und versprach ihm Zinsen von zehn Prozent – pro Monat! Der Handwerker war begeistert, und als er sah, dass er seine Zinsen pünktlich ausbezahlt bekam, empfahl er sie weiter. Immer mehr Münchner wollten bei Adele ihr Geld zu diesen sensationellen Konditionen anlegen, und aus dem täglich hereinströmenden Geld neuer Kunden zahlte sie die Zinsen der alten. Jeder, der wollte, bekam seine Einlagen zuverlässig zurück, jeder erhielt anstandslos seine Zinserträge ausbezahlt, alle waren glücklich.

Das lief so gut, dass Adele 1869 eine Bank gründete, die »Spitzeder'sche Privatbank«. Geschäftsräume gab es zunächst keine; Adele empfing ihre Kunden weiterhin in ihrem Hotelzimmer. Einen Eintrag ins Handelsregister nahm sie auch nicht vor, mit dem entwaffnenden (und juristisch zur damaligen Zeit nicht ganz falschen) Argument, dass sie keine Kauffrau und daher dazu nicht verpflichtet sei. Mit derselben Begründung sparte sie sich auch jede Art von Finanzbuchhaltung; es gab lediglich eine Art Quittungsbuch, in dem vermerkt wurde, wer wann wie viel eingezahlt hatte.

Obwohl Adele mit der Gründung ihrer Privatbank den Zinssatz von zehn auf acht Prozent abgesenkt hatte (nach wie vor: pro Monat!), wurde sie von einer Lawine an Kunden geradezu überrollt. Die willigen Sparer – meist einfache Arbeiter, Handwerker, Dienstboten und Bauern aus dem nördlichen Münchner Umland, weswegen die Bank auch bald »Dachauer Bank« genannt wurde – warteten oft stundenlang, bis sie endlich ihr Geld loswerden durften, vielfach mussten sie sogar extra in München übernachten. Aber das nahmen sie in Kauf, getrieben von einer Mischung aus Profitgier und Begeisterung von Adele, die alle Anleger stets persönlich bediente, dabei auf eine einnehmende Art zwischen seriös wirkendem (Bühnen-)Hochdeutsch und volkstümlichem Münchener Dialekt hin und her wechseln konnte und überdies stets offen betonte, dass sie keinerlei Sicherheiten bieten könne – was den Sparern absurderweise besonders imponierte.

Es muss ein gigantisches Chaos gewesen sein: Das Geld stapelte sich buchstäblich säckeweise in Adeles Hotelzimmer, an manchen Tagen nahm sie über 100 000 Gulden ein. Und da die Einzahlungen die Auszahlungen stets bei weitem übertrafen, funktionierte das System. Die

Gier brachte manche Anleger ums letzte Fünkchen Verstand, wie es schien: Es gab Bauern, die ihre Höfe verkauften und den Erlös bei Adele anlegten, weil sie meinten, von den Zinsen leben zu können. Es ist schwer zu sagen, ob Adele überhaupt bewusst war, welche Katastrophe sie da heraufbeschwor.

Doch zunächst ging ja alles gut – und wie. Es war so viel Geld da, dass Adele ein prächtiges Haus in bester Münchner Lage erwarb und es nach ihren Vorstellungen zu einem Bankhaus umbauen ließ. Bis zu 40 Angestellte waren plötzlich da und verwalteten die gigantischen Geldströme – kaum einer von ihnen hatte eine kaufmännische Ausbildung, viele waren zwielichtige Gestalten, die einfach gekommen waren und mitmachten, ohne von Adele wirklich eingestellt worden zu sein, angezogen nicht von einer soliden Arbeitsstelle, sondern allein vom Geld. Entsprechend hohe Beträge versickerten wer weiß wo.

Adele störte das wenig, vielleicht bemerkte sie es in dem täglichen Durcheinander auch nicht richtig und war einfach froh um jede helfende Hand. Und es war ja dank der täglich körbeweise Kapital nachschiebenden Kundschaft auch nach wie vor viel mehr Geld da, als an Gläubiger auszuzahlen war, also wo war das Problem? Adele schwelgte im Luxus, als wäre all das Geld ihr eigenes, kaufte Häuser und Grundstücke in ganz Bayern und beschäftigte ein Heer an privaten Angestellten, von einer Köchin über einen Privatsekretär bis zum livrierten Portier. Schlechter Presse über ihre Bank – die es zunehmend gab – begegnete sie routiniert auf genau die Art, auf die man es heute auch noch macht: Erstens verschaffte sie sich ein positives Image, indem sie viel Geld für mildtätige Zwecke spendete (unter anderem gründete sie die Münchner »Volksküche«, ein Gasthaus mit 4000 Plätzen, in dem Bier und Speisen zu Preisen angeboten wurden, die sich auch die Armen leisten konnten). Und zweitens bestach sie Redakteure, um mit positiven Zeitungsartikeln über die Solidität und Bonität ihrer Bank den negativen Artikeln entgegenzuwirken – heute würde man sagen, sie erkaufte sich ein gutes Rating. Ab Anfang 1872 unterhielt sie sogar eine eigene Zeitung.

Die Behörden taten, wie so oft in solchen Fällen, nichts. Zwei Jahre nach ihrer Gründung, im Mai 1871, war das unseriöse Geschäftsgebaren der »Dachauer Bank« im Magistrat der Stadt München zwar einmal auf der Tagesordnung (auf Druck der Sparkasse, die sich im Besitz der Stadt befand und der die Kunden davonliefen), doch unternommen wurde nichts. Erst eine Initiative der etablierten privatwirtschaftlichen Banken brachte Adele zu Fall. Auch sie verloren scharenweise Kunden, die zum Teil all ihre Konten auflösten, um das Geld bei der Spitzeder anzulegen. Das konnten und wollten die Banken nicht dulden. Zum einen starteten sie eine Medienoffensive gegen die »Schwindelbank«, der Adele aller bestochenen Redakteure zum Trotz nicht viel entgegenzusetzen hatte. Zum anderen gelang es ihnen, 60 Gläubiger zu organisieren, die alle am selben Tag ihr Geld zurückfordern sollten.

Und so standen am Vormittag des 12. November 1872 60 Menschen in der Bank und verlangten die sofortige Rückzahlung ihrer Einlagen. So viel Geld hatte Adele nicht. Die Bank brach zusammen, und Adele wurde verhaftet.

Die »Dachauer Bank« hatte nicht einmal drei Jahre bestanden, doch die Bilanz war verheerend. Am Tag ihrer Schließung wurde ein Vermögen von 1,974 Millionen Gulden beschlagnahmt; dem standen Schulden in Höhe von 8,126 Millionen Gulden gegenüber. 31 000 Menschen verloren ihre Ersparnisse, eine Welle an Selbstmorden war die traurige Folge. Ganze Gemeinden waren ruiniert.

Zehn Monate blieb Adele in Untersuchungshaft: So lange dauerte es, bis das behördlich verordnete Konkursverfahren abgeschlossen war und sich die Fachleute von der Wirtschaftskriminalität durch das chaotische Dickicht der Geschäftsvorgänge hindurchgekämpft hatten.

Im Juli 1873 begann dann endlich das Schwurgerichtsverfahren. Adele trat selbstbewusst vor den Richter und beteuerte ihre Unschuld: Sie habe niemanden gezwungen, ihr Geld zu geben, sie habe niemandem etwas versprochen, das sie nicht gehalten hätte, und alle Anleger hätten ihr Vermögen samt der versprochenen Zinsen stets zurückbekommen. Die Zahlungsunfähigkeit des letzten Tages sei durch ein Komplott herbeigeführt worden; wäre die Bank nicht dichtgemacht worden, hätte sie durch Immobilienverkäufe leicht wieder flüssig werden können.

Unrechtsbewusstsein sieht anders aus. Dass das System über kurz oder lang ohnehin zusammenbrechen musste, scheint Adele nicht begriffen zu haben (zumindest tat sie so), und dass das Geld, das sie mit vollen Händen für ihren privaten Luxus ausgab, ihr gar nicht gehörte, darüber machte sie sich offenbar ebenso wenig Gedanken. Doch all ihre Unschuldsbeteuerungen halfen nicht: Am 20. Juli 1873 wurde sie wegen betrügerischen Bankrotts zu einer Gefängnisstrafe von drei Jahren und zehn Monaten verurteilt (wovon die zehn Monate schon durch die Untersuchungshaft abgesessen waren). Als strafmildernd wurde berücksichtigt, dass sie nie mit irgendwelchen Sicherheiten geworben hatte und dass sie aufgrund einer Gesetzeslücke tatsächlich nicht verpflichtet gewesen sei, Geschäftsbücher zu führen.

Adele fügte sich in das Urteil und verbüßte ihre Strafe. Im Gefängnis schrieb sie ihre Memoiren. Darin schilderte sie auch ihre Zukunftspläne: Sie wolle nach ihrer Entlassung im Münchner Stadtteil Au eine Brauerei, im Westen der Stadt einen großen Restaurantbetrieb sowie nahe Schloss Nymphenburg eine Pferderennbahn eröffnen.

Keinen dieser hochfliegenden Pläne setzte sie in die Tat um. Nach ihrer Haftentlassung 1876 ging sie ins Ausland, um wieder als Schauspielerin zu arbeiten, erhielt aber keine Engagements und kehrte 1878 nach München zurück. Auch hier fand sie keine Arbeit. Die Veröffentlichung ihrer Autobiografie im selben Jahr brachte kurzzeitig etwas Geld in die Kasse, aber das hielt nicht lange vor. 1880 versuchte sie – es ist kaum zu glauben – erneut, eine Bank zu gründen. Doch diesmal waren die Behörden aufmerksam und unterbanden ihr Vorhaben sofort.

15 Jahre lebte Adele Spitzeder dann noch. Finanziell unterstützt wurde sie durch Freunde und Gönner, doch so recht auf die Beine kam sie nie mehr. Am 27. Oktober 1895 beendete ein Schlaganfall ihr Leben. Wahrscheinlich fühlte sie sich bis zuletzt unverstanden und zu Unrecht als Verbrecherin hingestellt. Es ist durchaus denkbar, dass die Frau, die über 30 000 Menschen betrogen und viele davon in den Ruin, nicht wenige sogar in den Selbstmord, getrieben hat, davon überzeugt war, nichts Unrechtes getan zu haben.

Die Selbstmördermacherin

Louise Peete (1880–1947)

Louise Peete hat drei Menschen, die ihr vertrauten, aus niederen Beweggründen erschossen und wurde dafür hingerichtet. Das allein qualifiziert sie für ein Kapitel in diesem Buch, doch das ist nur ein Teil der Geschichte. Denn was die Serienmörderin Louise Peete besonders macht, sind ihre Ehen: Vier Mal war sie verheiratet – und alle vier Ehemänner nahmen sich das Leben. Wegen ihr.

Die Finger zweier Hände reichen gerade so aus, um die Toten zu zählen, die den Lebensweg der auf der Suche nach Geld, Sex und Vergnügen kreuz und quer durch Amerika getriebenen Louise Peete pflasterten: In stolze zehn Todesfälle war sie auf die eine oder andere Art verwickelt. Drei davon waren Morde, begangen von ihr. Drei weitere waren natürliche Tode (von den Fragezeichen hinter dieser Behauptung wird noch zu sprechen sein). Und die übrigen vier waren Selbstmorde – jeweils begangen von Louise Peetes vier Ehemännern.

Dabei hatte sie äußerlich wenig von einer Femme fatale, die die Männer ins Verderben stürzt. Sie war untersetzt, eher drall, fast ein bisschen plump. Ihre Anziehungskraft auf Männer ist dennoch unbestritten; sie muss charmant, erotisch, ja verführerisch gewirkt haben, eine üppige Südstaatenschönheit. Eine Frau, die jeder mochte und die die Männer gleichzeitig begehrten. Das verstand sie eiskalt auszunutzen.

In die Wiege gelegt wurden ihr weder die kriminelle Karriere noch ihr Männerverschleiß: Die 1880 in einer Kleinstadt in Louisiana geborene Louise Preslar, so ihr Mädchenname, war die Tochter eines wohlhabenden Zeitungsverlegers und bekam genau die Höhere-Töchter-Ausbildung, die in jenen Kreisen eben üblich war: Die Privatschulen in New Orleans, auf die sie geschickt wurde, waren teuer; es fehlte an nichts, alles war wohlgeordnet, und eine sorgenfreie Zukunft stand ihr bevor. Vielleicht war es ja genau das, was sie zur Rebellion bewog: dass ihr Lebensweg so absehbar, so vorgezeichnet war. Vielleicht war sie schon als Mädchen gelangweilt von der braven, bürgerlichen Welt, in der ihr künftiges Leben stattfinden würde. Vielleicht war Überdruss ihr hervorstechendstes Charaktermerkmal. Jedenfalls machte sie eigentlich nur Ärger. Sie bekam auf der Schule ständig Ermahnungen wegen ungebührlichen Verhaltens. Bald war sie das, was man heute »Schulschlampe« nennen würde. Und wegen ihrer – vor allem sexuellen – Eskapaden wurde sie schließlich des Mädchenpensionates verwiesen.

Mit diesem frühen, noch gar nicht so dramatisch wirkenden Ereignis erfuhr Louises Biografie möglicherweise schon den entscheidenden Knick; anscheinend unumkehrbar geriet sie auf die schiefe Bahn. Zunächst schlug sie sich als Freudenmädchen durch. Dann, 1903, heiratete sie einen Mann namens Henry Bosley. Doch das darf man wohl nicht als Versuch werten, in eine bürgerliche Normalität zurückzukehren, denn ihr Angetrauter war Handelsvertreter; er bot Louise die Chance, ihn auf seinen Reisen durchs ganze Land zu begleiten – vielleicht war das das Abenteuer, von dem sie immer geträumt hatte. Man kann spekulieren, dass diese Aussicht sie stärker reizte als die Ehe mit Bosley selbst.

Etwa drei Jahre lang reiste das junge Ehepaar durch die USA. Doch das Unterwegssein allein war Louise wohl noch nicht aufregend genug: Im Sommer 1906 ertappte ihr Mann sie in einem Motelzimmer in Dallas, Texas, in flagranti beim Sex mit einem anderen. Henry Bosleys Konsequenz war erschreckend: Zwei Tage später beging er Selbstmord.

Louise machte alles, was Henry hinterlassen hatte, zu Geld – viel wird es nicht gewesen sein. Ihren Lebensunterhalt bestritt sie zunächst wieder als Prostituierte: erst in Shreveport, dann in Boston. Hier erwarb sie sich einen guten Ruf in der Branche, galt bald als Edelprostituierte und arbeitete nicht mehr auf der Straße, sondern stattete reichen Freiern Hausbesuche ab – ein doppelt lohnendes Geschäftsmodell, denn Louise bediente bei diesen Gelegenheiten nicht nur ihre Kunden, sondern auch sich: aus den Schmuckschatullen der Gattinnen. Man kann sich leicht vorstellen, wie diese Männer mit den Zähnen geknirscht haben, wenn ihre Frauen das Fehlen ihrer Juwelen bemerkten – sie werden gewusst haben, wen sie zu verdächtigen hatten, aber sagen konnten sie es ja schlecht …

Irgendwann flog Louises falsches Spiel schließlich doch auf, und sie musste einmal mehr die Stadt wechseln. Sie ging nach Waco, Texas, wo sie sich gezielt auf ein Opfer fokussierte: den Ölmagnaten Joe Appel. Der war für seine protzigen Klunker bekannt, die er an Ringen, der Gürtelschnalle und sogar auf den Knöpfen seiner Hemden vor sich her trug. Er konnte Louises Avancen nicht widerstehen – und eine Woche nach ihrem ersten Treffen war er tot, erschossen. Von seinem Schmuck fehlte jede Spur. Natürlich verdächtigte man Louise. Sie wurde angeklagt – und gab zu, Appel erschossen zu haben. Allerdings plädierte sie auf Notwehr: Der Ölhändler habe versucht, sie zu vergewaltigen, da habe sie keine andere Wahl gehabt. Nach den fehlenden Diamanten wurde in der ganzen Verhandlung nicht einmal gefragt. Louise wurde freigesprochen. Bei der Verkündung des Urteilsspruchs applaudierten die Geschworenen.

Louise ging nach Dallas. Was genau sie dort trieb, ist ungewiss – vermutlich verprasste sie einfach ihr Geld. Als ihre Ressourcen verbraucht waren, ging sie eine zweite Ehe ein: 1913, genau zehn Jahre nach ihrer ersten Eheschließung, heiratete sie den Hotelangestellten Harry Faurote. Dieser Bund fürs Leben dauerte nur Monate: Kreuzunglücklich über die zahlreichen Ehebrüche seiner Gattin, die diese vermutlich nicht einmal vor ihm verheimlichte, erhängte sich Faurote im Keller des Hotels, in dem er arbeitete.

Louise ging nach Denver und heiratete 1915 ein drittes Mal: Richard Peete war Vertreter, ein braver Mann vermutlich, zu brav vielleicht: Louise gebar ihm zwar 1916 eine Tochter, doch das Familienleben war wohl nichts für sie, und sein Einkommen genügte ihren Ansprüchen nicht. 1920 verließ sie Mann und Kind und zog, offenbar immer noch getrieben von der Suche nach Spaß und Abwechslung, nach Los Angeles.

Auf Wohnungssuche lernte sie Jacob Denton kennen, schwerreicher Manager einer Minengesellschaft. Der hatte ein Haus zu vermieten, das Louise gefiel – und auch Denton schien ihr zu gefallen, denn sie überredete ihn, dort mit ihr gemeinsam einzuziehen. Ein paar Wochen lebten sie unter einem Dach, da bat Louise ihn, sie zu ehelichen (dass sie noch mit Richard Peete verheiratet war, schien sie nicht zu bekümmern), doch Denton lehnte ab. Hätte er mal besser Ja gesagt.

Am 30. Mai 1920 wurde Jacob Denton zum letzten Mal lebend gesehen. In dieser Nacht erschoss Louise ihn, seine Leiche verscharrte sie im Keller. Sie floh allerdings nicht oder versteckte sich, sondern lebte einfach weiter in dem Haus, als wäre nichts geschehen. Sie fuhr sein Auto, bezahlte seine Rechnungen, bediente sich von seinem Konto, übernahm zum Teil sogar seine Geschäfte. Sie gab verschwenderische Partys, ließ sich zunehmend »Mrs. Denton« nennen. Fragen nach Jacobs Verbleib beantwortete sie lässig mit geschäftlichen Verpflichtungen.

Den ganzen Sommer über ging das gut. Doch die Nachfragen, wo Jacob denn sei, wurden immer bohrender, und Louises Geschichten wurden bei der Suche nach Erklärungen immer abstruser. Als die auswärtigen Geschäftstermine nach einer Weile als Begründung nicht mehr ausreichten, erzählte sie, Jacob habe im Streit mit einer Frau einen Arm verloren (eine Dame von »spanischem Aussehen« habe ihn im Zorn mit einem Schwert abgehackt!) und sich aus lauter Scham angesichts seiner Invalidität in ein Leben in Abgeschiedenheit zurückgezogen. Später kam sogar noch ein amputiertes Bein hinzu; Jacob wolle erst nach L.A. zurückkehren, wenn er sich an die Prothese gewöhnt habe.

Je abwegiger die Geschichten wurden, desto misstrauischer wurden die Leute, insbesondere Jacobs Anwalt. Der veranlasste im September schließlich die Polizei zu einer Hausdurchsuchung. Unter der Kellertreppe vergraben fanden die Beamten die Leiche. Louise war zu diesem Zeitpunkt allerdings längst über alle Berge: Sie war – freilich erst nachdem sie Jacobs Konten leergeräumt hatte – nach Denver zurückgekehrt und versteckte sich bei ihrem Mann und ihrer Tochter.

Doch dort trieb die Polizei sie schnell auf. Sie wurde verhaftet, angeklagt, vor Gericht gestellt und im Januar 1921 des Mordes an Jacob Denton für schuldig befunden. Die Geschworenen – allesamt männlichen Geschlechts – waren von ihrem Auftreten und ihrem »sympathischen« Wesen allerdings so berührt, dass sie sie nur zu lebenslanger Haft verurteilten und nicht zur Todesstrafe, wie es angesichts der eindeutig niederen Beweggründe zumindest möglich gewesen wäre.

Louise war ein Musterhäftling, legte ein tadelloses Benehmen an den Tag, war beliebt bei Mitgefangenen wie Wärtern. Ihr Mann Richard schrieb ihr Briefe. Louise beantwortete keinen einzigen. 1924 nahm sich Richard das Leben. Was mit der achtjährigen Tochter passierte, ist nicht bekannt, Louise scheint es nicht gekümmert zu haben. Sie war stolz auf ihren tödlichen Charme, der schon drei Ehemänner in den Selbstmord getrieben hatte, ja sie prahlte offen damit, dass sie bereits fünf Männer, die sie geliebt hatten, ins Grab gebracht habe.

Über 18 Jahre war Louise Peete im Gefängnis. 1939 wurde sie, nach ihrem zehnten Antrag auf Bewährung, vorzeitig aus der Haft entlassen. Sie hatte ihre besten Jahre eindeutig hinter sich, ging schon auf die 60 zu. Hatte sie vor der Zeit im Gefängnis noch durch ihre blühende Ausstrahlung gewirkt, so war sie jetzt einfach nur eine vollbusige Frau mit einer Vorliebe für auffällige Hüte.

Geld hatte sie keines. Als Prostituierte konnte sie nicht mehr arbeiten, das war klar. Sie hatte nie einen Beruf erlernt und konnte froh sein, irgendeinen Job zu finden.

Eine Dame namens Jessie Marcy stellte sie als Haushälterin ein. Nach ein paar Monaten war sie tot, gestorben mit 60 oder 61 Jahren. Louises nächste Arbeitgeberin war Emily Dwight Latham, ihre Bewährungshelferin (ausgerechnet!), die sie ebenfalls als Haushälterin engagierte. Sie starb ebenfalls nur wenige Monate, nachdem sie Louise ins Haus geholt hatte. Allzu alt dürfte auch sie nicht geworden sein, schließlich stand sie noch im Berufsleben. Beide Damen waren also nicht unbedingt hochbetagt, sodass man automatisch von Altersschwäche hätte ausgehen können. Dennoch kreuzte der Arzt in beiden Fällen auf dem Totenschein »natürliche Todesursache« an, und Louise Peete konnte keine Schuld nachgewiesen werden. Fragezeichen bleiben.

Im Mai 1944 ging Louise, mittlerweile 63-jährig, ihre vierte Ehe ein, mit dem vier Jahre älteren Bankangestellten Lee Judson. Sie fand erneut Arbeit als Haushälterin, und zwar bei der pensionierten Sozialarbeiterin Margaret Logan und ihrem Mann Arthur in Pacific Palisades. Sie und ihr Angetrauter Lee durften sogar bei den Logans einziehen. Margaret kannte Louise seit langem, sie hatte sie im Gefängnis betreut und sich damals nachdrücklich für ihre vorzeitige Entlassung eingesetzt – eine bittere Ironie des Schicksals, wie sich zeigen sollte. Natürlich hätte sie nach dem Tod von Jessie Marcy und Emily Latham gewarnt sein können, doch sie glaubte an Louises Unschuld und gab ihr den Job.

Am 30. Mai 1944 verschwand Margaret Logan spurlos. Dem demenzkranken Arthur Logan gegenüber behauptete Louise, seine Frau sei im Krankenhaus und dürfe nicht besucht werden. Der hilfsbedürftige Mann glaubte ihr, was sollte er auch tun. Allen anderen erzählte Louise, der geistig verwirrte Arthur habe Margaret in die Nase gebissen und sie unterzöge sich einer Schönheitsoperation, daher sei sie nicht zu Hause. Diese Geschichte erklärte nicht nur das Verschwinden der Hausherrin, sondern half ihr auch dabei, die Behörden von Arthurs Geisteskrankheit zu überzeugen. Noch im Juni wurde er in eine psychiatrische Klinik eingewiesen, wo er sechs Monate später starb. Es ist vielleicht – vielleicht! – der einzige der zehn Todesfälle in dieser Geschichte, an dem Louise Peete nicht unmittelbar beteiligt war.

Louise und Lee hatten das Haus der Logans für sich; es gab niemanden, der es ihnen hätte streitig machen wollen. Lee muss zumindest einen Verdacht gehabt haben, was mit Margaret Logan passiert war (wie er später zugab, hatte er ein Einschussloch in einer Wand entdeckt, zudem einen frischen Erdhügel im Garten sowie eine Versicherungspolice, laut der Louise im Fall von Margarets Tod eine größere Summe ausbezahlt bekommen hätte), doch er sagte nichts. Erst als im Dezember 1944 ein Bankbeamter die Polizei informierte, weil bei ihm ein Scheck mit der zittrigen Unterschrift der als vermisst geltenden Margaret Logan eingereicht worden war, flog die Sache auf. Die Polizei fand Margarets Leiche, vergraben im Garten neben dem Avocadobaum, eine Kugel im Rücken.

Louise und Lee Judson wurden zunächst gemeinsam verdächtigt. Die Anklage gegen Lee wurde jedoch schon nach wenigen Verhören durch die Polizei fallengelassen. Am 11. Januar 1945 war er wieder ein freier Mann. Froh schien ihn das nicht gemacht zu haben: Tags drauf, am 12. Januar, sprang er von einem 13-stöckigen Bürohochhaus in den Tod.

Louise Peetes vierter Ehemann hatte sich das Leben genommen. Angeblich hat sie die Nachricht mit einem gewissen Stolz zur Kenntnis genommen.

Louise wurde des Mordes angeklagt und vor Gericht gestellt. Wieder versuchte sie es mit einer ihrer wilden Geschichten: Der geisteskranke Arthur Logan habe seine Frau in einem Anfall von Verrücktheit getötet; sie sei nicht nur unschuldig, sondern habe den Täter quasi eigenhändig hinter Schloss und Riegel gebracht, indem sie ihn in die Anstalt habe einweisen lassen. Auf die Frage, warum sie den Mord denn nicht angezeigt, sondern stattdessen die Leiche vergraben habe, gab sie eine erstaunlich hellsichtige Antwort: Aufgrund ihrer Vorgeschichte hätte ihr doch niemand geglaubt, dass sie es nicht war.

Da hatte sie wohl recht. Und natürlich glaubte ihr auch diese Geschichte niemand. Die Jury, diesmal in der Mehrzahl Frauen, sprach sie schuldig. Eine rückfällige Mörderin, die schon lebenslänglich gesessen hatte, vorzeitig entlassen worden war und dann wieder getötet hatte – da konnte es nur eine Strafe geben. Auf den Tag genau 25 Jahre, nachdem sie Jacob Denton erschossen hatte, wurde Louise Peete zum Tode verurteilt.

Knapp zwei Jahre wartete sie in der Todeszelle des kalifornischen Staatsgefängnisses San Quentin auf ihre Hinrichtung. Ihre Gnadengesuche wurden abgelehnt. Am 11. April 1947 endete das Leben der Frau, die mindestens drei Menschen getötet hatte und wegen der sich vier Männer das Leben genommen hatten, in der Gaskammer von San Quentin.

Zimmer mit Gartennutzung zu vermieten

Dorothea Puente (1929–2011)

Sie war die Verkörperung der freundlichen, hilfsbereiten, großmütterlichen Frau, die Gutes tat und in der Nachbarschaft dafür geachtet und gemocht wurde: Dorothea Puente vermietete in der zweiten Hälfte der 1980er-Jahre in ihrem Haus in Sacramento, Kalifornien, äußerst günstige Zimmer an sozial schwache Menschen, die dort ein Dach über dem Kopf, regelmäßige warme Mahlzeiten und persönliche Zuwendung erhielten. Eine gute Samariterin. Was die Leute nicht wussten: Die vermeintliche Wohltäterin tötete eine ganze Reihe ihrer Gäste, um deren Renten- oder Sozialhilfezahlungen zu kassieren.

Die Nachbarn in der F Street in Sacramento waren vermutlich erst einmal wenig erfreut, als 1985 in dem Haus mit der Nummer 1426 eine Art Wohnheim für Obdachlose und sonstige Sozialfälle eröffnete – Wohlfahrt ist ja gut und schön, aber es muss nicht unbedingt in der eigenen Straße sein. Doch ihre Bedenken wurden bald zerstreut: Die Besitzerin des Hauses entpuppte sich als nette ältere Dame, die sich liebevoll um ihre Pensionsgäste kümmerte und das Haus sowie insbesondere den tipptopp gepflegten Garten einwandfrei in Schuss hielt – das Gebäude im viktorianischen Stil war ein Schmuckstück der Gegend.

Drei Jahre lang gab es keine Probleme mit Dorothea Puente und ihren Mietern. Die meisten der Bewohner waren alleinstehende ältere Menschen, denen das Sozialamt diese günstige Wohnmöglichkeit vermittelt hatte. Die Zusammenarbeit zwischen den Behörden und der Zimmerwirtin war hervorragend: Die Sozialarbeiter waren stets froh, wenn sie einen ihrer Klienten bei Mrs. Puente unterbringen konnten, denn es gab nicht viele Vermieter, die freiwillig Menschen vom unteren Ende der sozialen Leiter bei sich aufnahmen. Doch bei Mrs. Puente war das anders, sie schien sich wirklich um diese gestrandeten Personen zu kümmern. Die Zimmer waren sauber und sehr günstig, liebevoll eingerichtet (in jedem gab es einen Fernseher), und die Mieter bekamen zweimal am Tag ein warmes Essen gekocht. Das waren leckere, üppige Mahlzeiten – nein, man konnte wirklich nicht sagen, dass Dorothea Puente sich an ihren Gästen bereicherte.

Doch nach drei Jahren, im heißen Sommer 1988, störte etwas die Idylle. Es war ein unangenehmer, eklig-süßlicher Geruch, der über dem Grundstück hing, die ganze Gegend durchwaberte und einfach nicht verschwinden wollte. Als Nachbarn höflich bei Dorothea nachfragten, bekamen sie zur Antwort, es müsse etwas mit den Abflussrohren oder der Sickergrube zu tun haben. Sie bat, die Geruchsbelästigung zu entschuldigen, und versprach, das Problem bald beheben zu lassen. Doch der Verwesungsgeruch verschwand nicht.

Aber einer ihrer Mieter verschwand. Der 51-jährige Alvaro »Bert« Montoya war ein besonders schwieriger Fall; der geistig kranke (vermutlich schizophrene) Mann hatte seit Jahren auf der Straße oder in Notunterkünften gelebt und war zunehmend verlottert – umso froher war seine Sozialarbeiterin Judy Moise, als sie ihn im Februar 1988 bei der netten Mrs. Puente unterbringen konnte. Doch nun, in diesem Sommer, war er plötzlich weg – das war merkwürdig, denn Sozialhilfeempfänger dürfen die Stadt nicht länger als zwei Wochen verlassen, wenn sie ihre Bezüge nicht verlieren wollen. Judy fragte bei Berts Zimmerwirtin, ob sie etwas über seinen Verbleib wisse; Dorothea antwortete, er sei wohl in seine Heimat Costa Rica gereist. Judy war klar, dass das nicht stimmen konnte, denn Bert konnte sich unmöglich in einer fremden Gegend allein zurechtfinden. Als sie ein weiteres Mal bei Dorothea nachfragte, erhielt sie die Auskunft, Bert sei von seiner Reise zurück, kurz darauf aber von seinem Schwager abgeholt und nach Utah mitgenommen worden. Judy wurde noch misstrauischer: Laut den Papieren hatte Bert Montoya keinen Schwager. Als sich kurz darauf ein Mann telefonisch bei ihr meldete, der behauptete, Berts Schwager zu sein, sich aber vollkommen eigentümlich verhielt (er versprach sich dauernd und legte hastig auf, als Judy ihn fragte, woher er anrufe), war Judy überzeugt, dass da etwas ganz und gar nicht stimmte. Sie ging zur Polizei.

Die Beamten nahmen Judys Vermisstenanzeige nur widerwillig entgegen: Ein verschwundener Penner, was soll man sich da Arbeit machen.

Doch die Sozialarbeiterin insistierte, also fuhr ein Officer zu Dorothea Puentes Pension. Dorothea ließ den Polizisten herein, führte ihn bereitwillig herum, wiederholte ihre Geschichte von dem Schwager aus Utah und bat einen Mann namens John Sharp dazu, der ebenfalls bei ihr wohnte und der bestätigte, dass Bert vor kurzem noch da gewesen, dann aber nach Utah gefahren sei. Das genügte dem Officer, der Vermisste war offenbar wirklich einfach verreist. Er verabschiedete sich höflich und ging wieder.

Doch dann fand er in der Tasche seiner Uniform einen von John Sharp unterschriebenen Zettel, auf den dieser gekritzelt hatte, dass ihn seine Zimmerwirtin gezwungen habe zu lügen – er habe Bert Montoya in Wahrheit gar nicht gesehen. Jetzt schrillten auch bei der Polizei die Alarmglocken. John Sharp wurde vorgeladen und gab zu, er habe Bert seit über drei Wochen nicht gesehen – er habe gelogen, weil Mrs. Puente gedroht habe, ihn sonst aus dem Haus zu werfen. Und er erzählte noch von einem anderen Mieter namens Benjamin Fink, der einige Wochen zuvor ebenso plötzlich und unerklärlich verschwunden sei. Kurz nach Benjamin Finks Auszug habe es so merkwürdig zu stinken begonnen. Der Officer habe den Geruch doch bestimmt auch bemerkt.

Er hatte.

Am nächsten Tag stand eine Gruppe von Polizisten vor Dorothea Puentes Haus. Sie hatten Schaufeln dabei.

Vielleicht hätten die Behörden schon früher misstrauisch werden können: Natürlich stand es jedem Bürger und jeder Bürgerin frei, Zimmer zu vermieten, doch das Sozialamt hätte ja mal einen Blick in Dorothea Puentes Akte werfen können, bevor es sich zu der intensiven Zusammenarbeit mit der Vermieterin bereiterklärte. Denn die Dame war alles andere als ein unbeschriebenes Blatt.

1929 geboren, wurde Dorothea früh Waise: Ihr Vater, ein armer Baumwollpflücker, starb an Tuberkulose, als sie acht war, ihre Mutter kam ein Jahr später bei einem Motorradunfall ums Leben. Dorothea wuchs zunächst in einem Waisenhaus, dann bei Verwandten auf. 1945 heiratete sie im Alter von 16 Jahren einen 22-jährigen Soldaten und bekam kurz hintereinander zwei Kinder. Ihr Mann verließ sie nach gerade mal drei Jahren; Dorothea zögerte nicht lange und gab die beiden kleinen Mädchen fort, das eine zu Verwandten, das andere zu Adoptiveltern.

Kurz darauf wurde sie zum ersten Mal straffällig: Sie fälschte Schecks, wurde aber bald erwischt und zu einer einjährigen Haftstrafe verurteilt, von der sie sechs Monate absaß. Kaum aus dem Gefängnis, war sie wieder schwanger; den Kindsvater kannte sie kaum, und auch dieses Baby gab sie zur Adoption frei.

1952 heiratete Dorothea zum zweiten Mal, einen Schweden namens Axel Johanson. Die Ehe war alles andere als friedlich, hielt aber 14 Jahre. In dieser Zeit musste Dorothea zwei weitere Haftstrafen verbüßen, die eine, weil sie ein Bordell betrieb, die andere wegen Landstreicherei. Nach der Scheidung von Johanson 1966 heiratete sie zum dritten Mal, den Mexikaner Roberto Puente, der stattliche 19 Jahre jünger war als sie. Obwohl diese Ehe keine zwei Jahre hielt, war »Puente« der Nachname, den sie behielt – vielleicht war der junge Roberto der einzige Ehemann, auf den sie stolz war. 1976 folgte eine vierte Ehe, doch dieser Bund fürs Leben währte nur Monate.

Anfang der 1970er-Jahre hatte Dorothea in Sacramento erstmals eine Pension für Bedürftige eröffnet – noch nicht das Haus, in dem sie später ihr mörderisches Unwesen treiben sollte, aber ihr »Geschäftsmodell« entwickelte sich hier. Ob sie hier schon Mieter verschwinden ließ, ist nicht belegt und auch eher unwahrscheinlich; aber auf deren Wohlfahrtsschecks hatte sie definitiv schon ein Auge geworfen: 1978 wurde sie wegen 34-fachen Scheckbetrugs zu einer fünfjährigen Gefängnisstrafe verurteilt – sie hatte über Jahre ihren Mietern die Sozialhilfeschecks gestohlen und sie mit gefälschter Unterschrift eingelöst.

1981 wurde Dorothea vorzeitig entlassen. Obwohl sie auf Bewährung draußen war, machte sie munter weiter mit ihren Betrügereien. Und sie kaufte ein Haus: eine viktorianische Villa in der F Street Nummer 1426. Mitfinanziert hatte es eine Freundin, die 61-jährige Ruth Monroe, die mit Dorothea dort einzog. Wenig später, im Frühling 1982, starb Ruth an einer Überdosis Tabletten – Dorothea konnte der Polizei glaubhaft machen, dass ihre Freundin depressiv gewesen sei, und so wurde der

Fall als Selbstmord zu den Akten gelegt. Wahrscheinlich beging Dorothea hier ihren ersten Mord.

Ihre Pläne, in dem neu erworbenen Haus eine Pension zu eröffnen, wie sie vor rund zehn Jahren schon eine geführt hatte, musste Dorothea zunächst auf Eis legen: Wenige Wochen nach dem Tod von Ruth Monroe wurde sie von einem 74-jährigen Pensionär angezeigt, der aussagte, sie habe ihn unter Drogen gesetzt und dann ausgeraubt. Die Kriminalpolizei konnte zwei weitere Fälle ermitteln, in denen Ähnliches vorgefallen war, und Dorothea wurde am 18. August 1982 wegen dreifachen Diebstahls zum fünften Mal in ihrem Leben zu einer Gefängnisstrafe verurteilt: Sie sollte für fünf Jahre hinter Gitter.

1985 kam sie nach drei Jahren Haft frei. Der Richter knüpfte ihre vorzeitige Entlassung ausdrücklich an zwei Auflagen: Sie müsse sich erstens von älteren Menschen fernhalten. Und sie dürfe zweitens keine von Behörden ausgestellten Schecks mehr einreichen, deren Begünstigter jemand anderes sei als sie selbst.

Wenn nur irgendjemand die Einhaltung dieser Auflagen kontrolliert hätte, wäre alles ganz anders gekommen. Aber niemand scherte sich darum, am allerwenigsten Dorothea selbst. Im Grunde verstieß sie schon in der ersten Sekunde nach ihrer Entlassung gegen Auflage Nummer eins, denn sie hatte während ihrer Haft mit einem 77-jährigen Rentner Briefe ausgetauscht, und der gute Mann wartete nun vor dem Gefängnistor auf sie, um sie abzuholen. Er hoffte, Dorothea und er würden bald heiraten, und stellte ihr nach kurzer Zeit eine Vollmacht für sein Konto aus. Ein verhängnisvoller Fehler: Nicht lange danach war er tot. Seine Leiche versenkte Dorothea mithilfe eines Mannes, den sie bezahlte und der keine Fragen stellte, im Sacramento River an einer Stelle, an der die halbe Stadt ihren Müll in den Fluss warf. Müßig zu sagen, dass Dorothea noch mehr als ein Jahr lang seine Renten-Schecks einlöste. Das war nicht nur gutes Geld, sondern so fiel auch niemandem auf, dass der Rentner verschwunden war.

Am Neujahrstag 1986 entdeckte ein Fischer den stark verwesten Leichnam in der illegalen Mülldeponie im Fluss. Die Todesursache ließ sich nicht mehr feststellen, und identifiziert werden konnte der Tote auch nicht. Erst drei Jahre später, nach der Verhaftung von Dorothea Puente, würde sich herausstellen, dass es sich um ihren damaligen »Verlobten« handelte.

Doch so weit sind wir noch nicht. 1985 war Dorothea also ihre Freundin und ihren Verehrer los, hatte ein bisschen Geld auf der hohen Kante und konnte endlich ihren Plan verwirklichen: Die Pension für sozial schwache Dauermieter in der F Street Nummer 1426 öffnete ihre Pforten.

In den folgenden drei Jahren beherbergte sie mehr als 40 Gäste, fast alle alt, fast alle ohne Anhang, fast alle ehemals obdachlos. Dorotheas Masche war einfach: Sie durchsuchte die Post ihrer Mieter, die ja zunächst bei ihr landete, und nahm sämtliche Renten-, Versicherungs- und Sozialhilfeschecks an sich. Das Geld behielt sie für sich, ihre Mieter bekamen nur ein kleines »Taschengeld«. Wem es nicht passte, der konnte ja gehen. Das wagte keiner: Ein Dach über dem Kopf und regelmäßige warme Mahlzeiten waren für die meisten gute Gründe, stillzuhalten. In der Summe kam so für Dorothea – über die eigentliche Zimmermiete hinaus! – jeden Monat ein »Nebeneinkommen« von 3000 Dollar zusammen.

Dass sie – ganz unabhängig von diesen kriminellen Machenschaften – allein mit dem Betrieb der Pension und mit ihrem regelmäßigen Gang zur Bank, wo sie jedes Mal ein Bündel Schecks einlöste, schon gegen ihre Bewährungsauflagen verstieß, ist eine traurige Ironie dieser Geschichte. Es ist nicht zu glauben, aber wahr: Ihr eigener Bewährungshelfer, dessen vorderste Aufgabe es hätte sein sollen, die Einhaltung der Auflagen zu kontrollieren, besuchte sie 15 Mal in ihrer Pension. Nie hatte er etwas zu beanstanden.

Ob es Gier war, die Dorothea Puente morden ließ (die Schecks der Toten kamen ja weiterhin, und die Zimmer konnten neu vermietet werden), oder ob ihre Opfer verschwinden mussten, weil sie ihr gefährlich geworden waren, ist nicht bekannt. Aber dass Dorothea tötete, steht außer Zweifel. Die Beamten, die am 11. November 1988 mit Schaufeln vor ihrer Tür standen, um nach Bert Montoya zu suchen, sollten dies bald feststellen.

Als Erstes durchsuchten die Polizisten das Haus. Sie fanden nichts wirklich Verdächtiges. Dann begannen sie, den gepflegten Garten umzugraben, zunächst an einer Stelle, wo die Erde frisch aufgeschüttet schien. Das Loch war schon recht tief, als der grabende Beamte auf etwas Hartes stieß, das er für eine Baumwurzel hielt. Er legte die Schaufel zur Seite, stieg in das Loch und zerrte mit seinen Händen an der vermeintlichen Wurzel. Als sich das Stück mit einem Ruck löste, sprang er angewidert aus der Grube: Er hielt einen Knochen in der Hand.

Kurz danach fanden die Polizisten einen Turnschuh, in dem noch ein Fuß steckte. Es war klar: In diesem Garten würden sie einiges zu tun haben. Da es inzwischen dämmerte, beschlossen sie, am nächsten Tag mit besserer Ausrüstung und den Spezialisten für solche Fälle wiederzukommen. Und so rückten am nächsten Morgen Bagger, eine Horde Polizisten und ein Team von Pathologen und Forensikern in der F Street Nummer 1426 an und begannen, systematisch den Garten umzugraben. Das Aufgebot war so groß, dass sich bald eine große Schar neugieriger Zuschauer versammelte und sich auch Kamerateams diverser Fernsehanstalten mit ihren Übertragungswagen einfanden. Die Grabungen förderten weitere sieben Leichen zutage, darunter die von Bert Montoya und Benjamin Fink. Das Spektakel wurde zum Teil live im Fernsehen übertragen.

Während dieser grausigen Arbeiten geschah quasi vor laufenden Kameras etwas Unvorstellbares: Dorothea fragte einen der herumstehenden Polizisten, ob sie verhaftet sei. Das war tatsächlich in dem Durcheinander bisher versäumt worden, also antwortete der Beamte wahrheitsgemäß: »Nein.« Dann werde sie im Clarion Hotel um die Ecke einen Kaffee trinken gehen, ob das okay sei? »Ja«, sagte der Polizist, eskortierte sie sogar noch durch die Menge der Schaulustigen und kehrte zu seiner Arbeit zurück.

Als alle Leichen abtransportiert und die Grabungen für beendet erklärt worden waren, kehrte am Nachmittag langsam wieder Ruhe ein. Da erst fiel jemandem auf, dass die freundliche weißhaarige Dame mit dem roten Mantel, den roten Schuhen und der roten Handtasche, der das Haus gehörte, von ihrem Kaffee-Spaziergang vor vier Stunden nicht zurückgekommen war.

Zu diesem Zeitpunkt war Dorothea tatsächlich schon Hunderte Kilometer entfernt. Sie war, statt zum Clarion Hotel zu laufen, mit dem Taxi zum Busbahnhof gefahren und hatte den nächsten Bus nach Los Angeles bestiegen. Dorothea hatte sich, noch bevor sie verhaftet werden konnte, abgesetzt.

Fünf Tage später, am 17. November, lernte der pensionierte Schuster Charles Willgues in seiner Lieblingskneipe in L. A. eine sehr nett wirkende, hübsch in Rot gekleidete etwa 60-jährige Dame kennen. Sie verbrachten ein, zwei nette Stunden, dann nahm sie ein Taxi zu ihrem Motel, nicht ohne sich für den nächsten Tag wieder mit ihm zu verabreden. Charles ging nach Hause, setzte sich vor den Fernseher – und sah einen Bericht über die Morde von Sacramento. Die Frau, die die Polizei offenbar fieberhaft suchte, hatte eben noch neben ihm gesessen.

Charles tat etwas wahrscheinlich sehr Amerikanisches: Noch bevor er die Polizei verständigte und ihr den Aufenthaltsort von Mrs. Puente mitteilte, rief er den Fernsehsender an, in dem der Bericht gelaufen war, und gab dieselben Informationen an einen Reporter weiter. So kam es, dass die Verhaftung von Dorothea Puente am 17. November 1988 gegen 22 Uhr live im Fernsehen übertragen wurde.

Ihr die Morde zu beweisen, erwies sich als äußerst schwierig, da an keiner der verwesten Leichen Spuren von Gewaltanwendung nachzuweisen waren und Dorothea bei den Vernehmungen in der Untersuchungshaft hartnäckig behauptete, sie seien alle eines natürlichen Todes gestorben: Sie habe nichts als Zuneigung und Fürsorge für ihre Schützlinge empfunden, die alle »einfach so« gestorben seien; in ihrem Garten habe sie sie begraben, um ihnen eine anonyme Armenbestattung zu ersparen – die bedauerlichen Leute hätten ja sonst niemanden gehabt.

Erst im Oktober 1992, fast vier Jahre nach ihrer Verhaftung, in denen die Ermittlungsbehörden zahllose Spuren ausgewertet, Indizien zusammengetragen und Zeugen befragt hatten, begann der Mordprozess gegen Dorothea Puente. Angeklagt wurde sie wegen neunfachen Mordes. Der Prozess dauerte über ein halbes Jahr; mehr als 150 Zeugen wurden vorgeladen, mehr als 3100 Beweisstücke vorgelegt. Doch es gab weder ein

Geständnis noch einen echten Tatzeugen noch einen stichhaltigen Beweis für ihre Täterschaft. Es gab nur viele, viele Indizien.

Am 15. Juli 1993 zogen sich die Geschworenen zur Beratung zurück. Sie diskutierten 14 Tage lang, dann brachen sie die Beratungen ab: Sie konnten sich nicht einig werden, ob Dorothea Puente der ihr vorgeworfenen Morde wirklich schuldig war. Der genervte Richter ordnete eine dreimonatige Pause und dann neue Jury-Beratungen an. Im Herbst zogen sich die Geschworenen – ohne neue Erkenntnisse, die Beweisaufnahme war ja längst abgeschlossen – erneut zurück. Es dauerte Wochen, bis sie zu einem Ergebnis kamen: Am 10. Dezember 1993 wurde Dorothea Puente in drei Fällen des Mordes für schuldig befunden. Warum die Jury sie in diesen drei Fällen für überführt ansah und in den anderen, formal fast identischen sechs Fällen nicht, wird ihr Geheimnis bleiben.

Dorothea wurde zu lebenslanger Haft ohne Bewährung verurteilt und im Alter von 64 Jahren ins Frauengefängnis von Chowchilla in Kalifornien überstellt. 17 Jahre lebte sie dort. Am 27. März 2011 (kurz bevor diese Zeilen hier entstanden) starb sie im Gefängnis an Altersschwäche, 81-jährig.

In Sacramento lebt die Erinnerung an Dorothea Puente fort, zumindest an einem Tag im Jahr: Bis heute dekorieren so manche Geschäfte an Halloween ihre Schaufenster mit der Puppe einer weißhaarigen Dame mit rotem Mantel, roten Schuhen und einer roten Handtasche. In der einen Hand hält sie eine Schachtel Pillen, in der anderen eine Schaufel.

Liebe und Eifersucht

Dolly und ihr Männchen für alles

Walburga Oesterreich (um 1867–1961)

Die Schwere des Verbrechens von Walburga Oesterreich ist – gemessen an den übrigen in diesem Buch porträtierten Damen – gering. Sie hat niemanden ermordet, sie hat niemanden erpresst und sie hat keine Banken ausgeraubt. Dennoch ist sie die zentrale Figur eines der skurrilsten Kriminalfälle aus den USA des frühen 20. Jahrhunderts. Denn sie war zugegen, als ihr Mann erschossen wurde, und hat den Täter gedeckt – weil es ihr Liebhaber war, ihr Liebhaber, der seit zehn Jahren heimlich mit ihr und ihrem Mann unter einem Dach lebte.

Fred und Walburga »Dolly« Oesterreich lebten, wie so viele deutsche Einwanderer zur Zeit der Jahrhundertwende, in Milwaukee, Wisconsin. Sie hatten sich, vor allem dank Freds zielstrebiger, strenger Art, eine gehobene Position erarbeitet; in Freds Textilfabrik, in der vor allem Kittelschürzen gefertigt wurden, arbeiteten immerhin 60 Frauen. Ein Unternehmerehepaar, das es geschafft hatte und das trotz grundverschiedener Temperamente – er war aufbrausend, sie ausgleichend – einigermaßen harmonierte. Dass Dollys Bedürfnis nach Sex größer war als Freds und sie dies mit diskreten, kurzen Liebschaften befriedigte, war zunächst unbedeutend.

Die beiden hatten einen Sohn, Raymond, der 1903 im Teenageralter starb. Wahrscheinlich war es diese traurige Erfahrung, die die folgenden Ereignisse mit auslöste. Denn Dolly nahm sich eine Weile später einen Liebhaber im Alter ihres Sohnes. Wie alt sie selbst zu diesem Zeitpunkt war, ist leider nicht gesichert festzustellen; die Quellenangaben zu ihrem Geburtsjahr variieren zwischen 1864, 1867 und 1870. In jedem Fall war sie eine Generation älter als ihr Liebhaber, vermutlich ging sie auf die 40 zu, als die Affäre begann. Ihr Gespiele war 16 oder 17.

Er hieß Otto Sanhuber, war ebenfalls deutschstämmig und arbeitete als Nähmaschinen-Mechaniker in der Fabrik von Dollys Mann. Sonderlich gutaussehend, wie man vielleicht erwartet hätte, war er nicht, eher im Gegenteil: untersetzt, blass, bebrillt. Wahrscheinlich wurde sie

Porträt der Walburga Oesterreich aus der »Los Angeles Times«, um 1930

in der Fabrik auf ihn aufmerksam, weil er ihrem verstorbenen Raymond ähnlich sah.

Dolly verführte ihn nach allen Regeln der Kunst – eine Szene wie in einem schlechten Pornofilm. Sie behauptete, ihre Nähmaschine sei kaputt, und schickte nach dem Mechaniker; als Otto an ihrer Tür klingelte, öffnete sie ihm nur mit Strümpfen und einer Art seidenem Morgenmantel bekleidet. Der junge Mann hatte noch keine sexuellen Erfahrungen und versuchte verschüchtert, irgendwo anders hinzublicken als auf das ihm so offensiv präsentierte Dekolleté; als sie dann anfing, sich auf dem Bett zu räkeln, während er an der Nähmaschine herumschraubte, verstand er endlich.

Fortan rief sie öfter nach dem Nähmaschinen-Mechaniker. Eine leidenschaftliche Affäre entspann sich. Was Dolly an diesem so viel jüngeren Liebhaber fand, ist einigermaßen erklärlich: Neben seiner altersbedingten Virilität dürften es mütterliche Gefühle gewesen sein, die er in ihr weckte. Umgekehrt wird die Sache schon schwieriger zu erklären; meist wird von einer Mischung aus sexueller Hörigkeit und einem Mutter- bzw. Ödipus-Komplex ausgegangen – Otto war Vollwaise und bei Adoptiveltern aufgewachsen.

Jedenfalls trafen sie sich in den nächsten drei Jahren oft – zu oft. Die Nachbarn wurden misstrauisch (Dollys Singer-Nähmaschine konnte doch nicht ständig kaputt sein!) und sprachen Fred an. Der stellte seine Frau zur Rede, sie konnte ihn beschwichtigen, doch es war klar, dass es so nicht weitergehen konnte. Da fasste Dolly einen ungeheuren Plan.

Es war ja nicht Ottos Anwesenheit in ihrem Haus, die Aufmerksamkeit erregte, sondern sein Kommen und Gehen. Logische Schlussfolgerung: Otto musste in ihr Haus ziehen – ohne Freds Wissen. Auf dem Dachboden gebe es eine kleine, fensterlose Kammer, deren Eingang durch einen Schrank verdeckt sei, dort solle er einziehen und sich verstecken, während der Hausherr daheim war. War er in der Fabrik oder sonstwie unterwegs, könne Otto hervorkommen und sie seien ungestört.

Ein aberwitziges Unternehmen, aber Otto war einverstanden. 1913 kündigte er in der Fabrik und zog still und heimlich mit ein paar Habseligkeiten zu Dolly und Fred unters Dach.

Unfassbare zehn Jahre lang lebte Otto Sanhuber in der Dachkammer der Oesterreichs. Er machte sogar mehrere Umzüge mit, erst ein paar innerhalb Milwaukees und dann 1918 den nach Los Angeles, wohin Fred die Fabrik verlegte. (Es war für Dolly gar nicht leicht, in L.A. ein Haus mit Dachboden zu finden, denn die meisten kalifornischen Häuser haben keinen, aber schließlich fand sie ein passendes am Sunset Boulevard in Hollywood.) Otto fiel es offenbar nicht schwer, sich still zu verhalten, während Fred zu Hause war; er war ein fast besessener Leser und schrieb oft die halbe Nacht hindurch eigene triviale Liebes- und Schauergeschichtchen, von denen er einige sogar als Heftchenromane veröffentlichen konnte.

Und tagsüber? Wenn Fred weg war, kam Otto aus seinem Versteck, erfüllte seine Pflichten als Liebhaber und machte sich im Haushalt nützlich; er putzte, wischte Staub, machte den Abwasch und sogar die Betten. Dolly hatte sich bei ihrem Mann früher immer beklagt, dass er zu geizig für ein Hausmädchen war, das sie sich doch locker hätten leisten können – jetzt kam ihr das Fehlen von Hauspersonal zugute: Es gab niemanden, der Ottos Anwesenheit hätte bemerken können, und um den Haushalt brauchte sie sich trotzdem nicht zu kümmern. Der diensteifrige Otto brannte sogar heimlich Gin für sie (wir befinden uns ja in der Zeit der Prohibition) – ein denkbar günstiges Arrangement für Dolly.

Fred merkte tatsächlich nichts. Ab und zu hörte er wohl mal ein merkwürdiges Geräusch (»Hat da nicht gerade jemand gehustet, Dolly?«), doch sie hatte immer eine beruhigende Erklärung parat; ansonsten fiel dem sparsamen Mann bloß der seiner Meinung nach sich immer viel zu schnell leerende Kühlschrank auf. Und genau dies sollte ihm zum Verhängnis werden.

Am Abend des 22. August 1922 machte Fred seiner Frau mal wieder Vorwürfe wegen des leeren Kühlschranks. Es kam zum Streit, Fred wurde laut. Die Eheleute gerieten in eine Art Handgemenge, nichts allzu Dramatisches vermutlich, aber Dolly rutschte auf dem Wohnzimmerteppich aus, stürzte und stieß einen Schrei aus. Das brachte Otto auf den Plan. Der junge Mann kam aus seinem Versteck gestürzt, um seiner vermeintlich in Gefahr schwebenden Geliebten ritterlich zur Hilfe zu eilen. Fred muss baff gewesen sein, als er plötzlich diesen Mann, der vor fast 15 Jahren mal in seiner Fabrik in Wisconsin gearbeitet hatte, in seinem Wohnzimmer in L.A. vor sich stehen sah. Viel Zeit zum Überlegen, was das zu bedeuten hatte, blieb Fred aber nicht: Der sonst so zögerliche und wenig tatkräftige Otto riss aus einer Kommode zwei kleine Pistolen, die Dolly gehörten, und schoss damit dreimal auf Fred. Der war sofort tot.

War Dolly entsetzt? Oder war sie froh? Das wissen wir nicht. Aber wir wissen, dass sie augenblicklich entschied, ihren Liebhaber nicht ans Messer zu liefern. Die beiden beschlossen, einen Raubmord vorzutäuschen. Sie zogen Freds wertvolle diamantenbesetzte Uhr von seinem Handgelenk, dann ließ sich Dolly von Otto in einen Wandschrank sperren. Den Schlüssel warf er im Flur auf den Boden. Anschließend schlich er mit den beiden Tatwaffen und der Armbanduhr in seine Dachkammer zurück.

Die Nachbarn hatten die Schüsse gehört und die Polizei gerufen. Die Beamten kamen, befreiten Dolly und hörten sich ihre Geschichte des vermeintlichen Einbrechers an. Es gab durchaus Ungereimtheiten; insbesondere die Tatsache, dass die Kugeln in Freds Körper aus Pistolen des Kalibers .25 stammten, machte die Polizisten stutzig: Das waren kleine »Frauen-Pistolen«, wie sie in Damenhandtäschchen passten; welcher Einbrecher würde solche Waffen benutzen? Das Misstrauen war groß, und Dolly geriet unter dringenden Tatverdacht. Doch wie war sie dann in den Schrank gekommen, mit dem Schlüssel außerhalb auf dem Fußboden liegend? Das konnte keiner erklären, und so blieb Dolly unbehelligt. Auf den Gedanken, das Haus zu durchsuchen, kamen die Ermittler nicht.

Dolly erbte Freds Millionen. Sie zog in ein neues Haus – und Otto zog mit, wie gehabt versteckt in der Dachkammer, denn hätten sie ihre Beziehung offenbart, wäre der Mordverdacht sofort auf sie gefallen.

Ein Jahr etwa ging das gut. Dann begann Dolly, der ein Mann offenbar nicht genügte, eine weitere Affäre, und zwar mit dem Anwalt, der ihr Vermögen verwaltete, einem Mann namens Herman S. Shapiro. Ihm schenkte sie leichtfertigerweise die auffällige Armbanduhr, die Otto und sie Fred weggenommen hatten. Shapiro war klar, dass das die Uhr war, die der vermeintliche Raubmörder mitgenommen haben sollte, doch Dollys Erklärung, sie habe die Uhr im Wohnzimmer unter einem Kissen gefunden, aber das müsse man der Polizei ja nicht sagen, das würde nur unnötig neuen Staub aufwirbeln, genügte ihm offenbar –

seine Verliebtheit muss größer gewesen sein als sein Misstrauen. Stolz trug er das Schmuckstück spazieren.

Ob Dolly sich unangreifbar wähnte? Jedenfalls beging sie aus purer Leichtfertigkeit einen weiteren Fehler, indem sie die beiden Tatwaffen (die sie ja mühelos selbst hätte entsorgen können) zwei Männern anvertraute mit der vermutlich augenklimpernd vorgetragenen Bitte, diese doch für sie zu beseitigen. Die beiden Herren folgten bereitwillig ihrem Wunsch: Der eine, ein befreundeter Nachbar, vergrub eine Pistole im Rosenbeet seines Gartens, der andere, ein weiterer Liebhaber (womit die unersättliche Dolly mindestens drei zur gleichen Zeit hatte), versenkte eine in einer Teergrube.

Das sollte ihr zum Verhängnis werden. Als Dolly die Affäre mit dem besagten Liebhaber, einem Geschäftsmann namens Roy Klumb, beendete, ging dieser zur Polizei und erzählte von der Waffe. Die Pistole wurde aus der Teergrube gefischt; der verängstigte Nachbar, der Ärger fürchtete, grub zwischen seinen Rosen die zweite Waffe aus und händigte sie ebenfalls der Polizei aus. Das Auftauchen der beiden Pistolen und die protzige Armbanduhr des Mordopfers an Shapiros Handgelenk genügten den Beamten: Dolly wurde verhaftet und wegen Mordes an ihrem Mann angeklagt. Von Otto in seiner Dachkammer wusste weiterhin niemand.

In Untersuchungshaft galt Dollys größte Sorge ihrem heimlichen Mitbewohner: Der arme Otto saß in seinem Versteck und hatte kaum mehr etwas zu essen im Haus! Dolly glaubte, keine andere Wahl zu haben, und beichtete ihrem ›offiziellen‹ Liebhaber Shapiro, dass es da noch einen weiteren ›heimlichen‹ Liebhaber gab – ob Shapiro wohl den armen Mann mit frischen Nahrungsmitteln versorgen könne? Das wäre furchtbar lieb.

Herman Shapiro muss verstanden haben, welche Bedeutung dieser Mann in der Dachkammer für den Hergang des Mordes hatte, und doch tat er, wie ihm von Dolly geheißen: Er besuchte Otto in seinem Versteck und brachte ihm Lebensmittel. Doch er machte noch etwas anderes: Er überzeugte seinen Nebenbuhler, dass er schleunigst verschwinden müsse, um Dolly und sich vor einer Verurteilung im anstehenden Mordprozess zu bewahren. Ob Shapiro wirklich Dollys und Ottos Wohl im Sinn hatte oder ob er einfach seinen Konkurrenten aus dem Weg haben wollte, wissen wir nicht – jedenfalls folgte Otto seinem Rat und machte sich aus dem Staub. Er verschwand so still und leise, wie er mehr als zehn Jahre zuvor gekommen war. Es war, als hätte es Otto Sanhuber nie gegeben.

Die polizeilichen Ermittlungen liefen derweil auf Hochtouren. Zum Ärger der Beamten waren die beiden sichergestellten Pistolen sehr stark verrostet, und so konnte nicht mehr nachgewiesen werden, dass sie die Mordwaffen waren. Blieb nur die Armbanduhr des Toten, doch ein stichhaltiger Beweis für Dollys Täterschaft war das auch nicht, und die Frage, wie sie sich in dem Wandschrank selbst hatte einschließen können, blieb weiterhin unbeantwortet. Auf die Idee eines Komplizen kam offenbar keiner. Nach Monaten in Untersuchungshaft musste die Anklage fallengelassen werden; Dolly war wieder eine freie Frau.

Sieben Jahre vergingen. Shapiro war zu Dolly ins Haus gezogen und ihr ganz offizieller neuer Lebenspartner geworden. Doch wie wir wissen, war Dolly selten ein Mann genug: Ende der 20er-Jahre – sie war über 60! – begann sie einmal mehr eine Affäre. Shapiro bekam Wind davon, fühlte sich betrogen und verließ Dolly 1930. Und aus Rache machte er noch einen Abstecher zur Polizei, wo er eine eidesstattliche Erklärung abgab, die alles enthielt, was er über den Mord an Fred Oesterreich vor acht Jahren wusste. Und er wusste eigentlich alles.

Dolly wurde umgehend verhaftet. Auch Otto machte man schnell ausfindig: Er hatte zunächst unter dem Namen Walter Klein in San Francisco gelebt, war dann nach Vancouver gezogen, wo er als Hausmeister gearbeitet und geheiratet hatte; schließlich war er nach L.A. zurückgekehrt, wo er seinen Lebensunterhalt seitdem als Nachtportier bestritt. (Welch hübsche Ironie, die in seinen beiden Berufen steckt!) Er wurde ebenfalls verhaftet.

Vor Gericht standen sich Dolly und Otto zum ersten Mal seit mehr als acht Jahren wieder gegenüber: Sie war inzwischen Anfang oder Mitte 60, er 43. Es war schwer vorzustellen, dass dieses blasse, unscheinbar und wenig attraktiv wirkende Männchen mit der dicken Brille und dem schütteren Haar und die üppige, Grandezza ausstrahlende und den Raum beherrschende ältere Witwe mal eine solche Anziehungskraft aufeinander ausgeübt hatten, dass sie über zehn Jahre ein so unglaubliches Versteckspiel inszeniert hatten. Die Presse, die sich gierig auf den Fall stürzte, interessierte sich fast mehr für die spektakuläre Affäre als für den Mord. Der »Attic Lover« (Dachboden-Liebhaber) war Tagesgespräch.

Der Prozess verlief aus Sicht der Kriminalbeamten, die seit acht Jahren versucht hatten, Dolly zu überführen, und sich nun endlich am Ziel wähnten, denkbar frustrierend. Otto wurde wegen Mordes angeklagt, Dolly wegen Beihilfe. Otto wurde schuldig gesprochen, aufgrund des Tathergangs jedoch nicht des Mordes, sondern nur des Totschlags. Totschlag war kein Kapitalverbrechen, sodass es verjähren konnte – und die Verjährungsfrist war gerade abgelaufen. Otto Sanhuber verließ den Gerichtssaal als freier Mann. Das abgetrennte Verfahren wegen Beihilfe gegen Dolly endete in einem Freispruch – wieder aus Mangel an Beweisen. Auch Walburga »Dolly« Oesterreich durfte gehen.

Und so entweicht die Luft aus dem Ballon dieser spektakulären, 20 Jahre umspannenden Groteske nicht mit einem Knall, sondern mit einem leisen, kaum hörbaren Zischen. Die Geschichte war einfach zu Ende. Otto Sanhuber verschwand als Walter Klein gemeinsam mit seiner kanadischen Ehefrau Mathilde wieder aus Los Angeles, keiner weiß wohin. Und Dolly lebte noch 30 Jahre ohne jeden Skandal an der Seite des Mannes, wegen dem Herman Shapiro sie 1930 verlassen hatte. Sie starb 1961 in ihren Neunzigern. Ihrem »Attic Lover« ist sie, soweit wir wissen, nie wieder begegnet.

Die Banklady

Gisela Werler (1934–2003)

Sie war die erste echte Bankräuberin Deutschlands und wurde während ihrer zweieinhalbjährigen aktiven Zeit Mitte der 1960er-Jahre von der Presse zum skandalumwitterten Vamp, zur eleganten Femme fatale hochstilisiert. Dabei war Gisela Werler eine unscheinbare Frau aus einfachen Verhältnissen, die bei ihren Eltern lebte und tagsüber an der Supermarktkasse saß. Und obwohl sie ihre insgesamt 19 Banküberfälle mit gehöriger Kaltblütigkeit durchführte, handelte sie nicht aus Habgier – sondern nur, weil sie ihrem Komplizen, den sie liebte, zeigen wollte, dass sie dazu fähig war. Ein 19-facher Liebesbeweis – der am Ende fast eine halbe Million D-Mark einbrachte.

Als sie am 16. Dezember 1967 mitten in der Nacht in ihrer Wohnung in Hamburg-Altona aus dem Bett geklingelt wurden und die Kriminalpolizei mit einem Durchsuchungsbeschluss vor ihnen stand, wussten die betagten Eltern der 33-jährigen Gisela Werler zunächst gar nicht, was die Beamten wollten. Nein, ihre Tochter sei nicht zu Hause, aber das sei nicht ungewöhnlich, sie sei ja erwachsen und übernachte öfter auswärts. Worum es denn gehe?

Die Polizisten gaben keine Antwort und begannen, Giselas Zimmer zu durchsuchen. In einem Schrank wurden sie fündig: Sie stellten ein ganzes Arsenal an Revolvern sicher, außerdem 700 Schuss Munition, diverse Nummernschilder, eine Auswahl an Perücken sowie über 7000 DM Bargeld.

Einige Stunden zuvor, am Abend des 15. Dezember, war Gisela Werler nach einer wilden Verfolgungsjagd festgenommen worden. Sie hatte mit ihrem Komplizen Hermann Wittorff die Kreissparkasse in Bad Segeberg überfallen und fast 100 000 DM erbeutet; wegen einer heruntergelassenen Bahnschranke war die anschließende Flucht letztlich missglückt, und das Duo war verhaftet worden. Falls es noch eines Beweises bedurft hatte, dass es sich bei der Festgenommenen tatsächlich

Der Direktor des Volkskunde Museums Schleswig bei der Eröffnung der Ausstellung über die erste Bankräuberin Deutschlands – Gisela Werner, 2007

um die seit zweieinhalb Jahren gesuchte »Banklady« handelte, so standen die Kriminalbeamten jetzt, mitten in der Nacht in dieser kleinen Wohnung in Altona, davor. Einer Serie von 19 Banküberfällen in ganz Norddeutschland war ein Ende bereitet worden.

Das Leben hatte zunächst nicht viel zu bieten gehabt für die 1934 geborene Gisela Werler. Das Gehalt des Vaters, eines Bauschlossers, reichte gerade eben fürs Nötigste; dann kam der Krieg, und der Familie ging es noch schlechter. Als älteste Tochter musste Gisela direkt nach der Volksschule zum Unterhalt beitragen, sodass keine Zeit für eine ordentliche Berufsausbildung blieb. Mit 14 war sie Aushilfe in einem Blumenladen, später schuftete sie als Packerin in einer Tapetenfabrik, schließlich wurde sie Supermarktkassiererin. Mit Männern hatte sie nicht viel im Sinn, obwohl sie nicht unattraktiv war; mit 30 lebte sie immer noch bei ihren Eltern.

Und wahrscheinlich wäre sie das geblieben: eine unscheinbare Frau, die bei ihren Eltern hängen geblieben war und nun, da diese gebrechlicher wurden, auch nicht mehr von ihnen loskam; eine Frau, die tagsüber an der Supermarktkasse saß und abends mit ihren Eltern vor dem Fernseher: klaglos, illusionslos und nicht wirklich unglücklich – nach den Kriegserfahrungen musste man ja froh sein, ein Dach über dem Kopf und genug zu essen zu haben. Tief in ihrem Inneren brannte aber vielleicht doch ein kleines Flämmchen der Sehnsucht. Nach etwas Unbestimmtem. Nach mehr. Nach Leben.

Und so war sie bereit, alles aufs Spiel zu setzen, als plötzlich ein Mann ihren Weg kreuzte, der in ihr Gefühle auslöste, die sie nicht kannte und von denen sie nie gedacht hätte, dass sie sie noch kennenlernen würde. Der Mann hieß Hermann Wittorff, war sechs Jahre älter als sie, hatte Frau, Kinder und ein Eigenheim und war Taxiunternehmer – allerdings offenbar kein sehr erfolgreicher, denn er war verschuldet.

Kennengelernt hatte sie Wittorff über einen Bekannten, Hugo Warnecke, ebenfalls Taxifahrer. Der hatte wie sein Kumpel Geldsorgen, und die beiden entschieden, ihre finanziellen Probleme durch einen Bankraub zu lösen. Hugo Warnecke fragte Gisela, ob sie ihren Kleiderschrank als vorübergehendes Versteck für die Beute zur Verfügung stellen würde. Gisela, die bei dieser Gelegenheit Hermann vorgestellt wurde, sagte ihnen dies nicht nur zu – sondern beschloss, selbst eine Bank auszurauben, um diesem Mann zu imponieren.

Am 29. Juli 1965 überfiel sie die Volksbank-Filiale in der Hamburger Elbgaustraße. Sie erbeutete 3100 Mark. Und das Beste: Gisela und Hermann wurden ein Paar.

In den folgenden zweieinhalb Jahren bis zum besagten 15. Dezember 1967 raubten Gisela Werler und Hermann Wittorff, zum Teil unterstützt durch Hugo Warnecke und einen vierten Komplizen, ebenfalls Taxifahrer, insgesamt 19 Banken aus, schön über ganz Norddeutschland verteilt: in Ellerbek und Krupunder, Schenefeld und Mehlby, Garlstorf und Mölln, Buchholz und Verden, Bad Nenndorf und Uelzen, schließlich Bad Segeberg. Auf 453 000 DM belief sich die Beute am Ende. Doch ums Geld ging es eigentlich nur den Männern, Gisela ging es einzig um Hermann.

Der Ablauf war immer ähnlich: Hermann hatte sein Taxi, einen Volvo, ein paar Kilometer entfernt geparkt; zur Bank selbst – die Gisela in aller Regel vorher ausgekundschaftet hatte – fuhren sie dann in einem gestohlenen Auto, an das sie falsche Nummernschilder geschraubt hatten, meistens einem VW Käfer. In eleganter Kleidung und mit modischer Perücke und großer Sonnenbrille maskiert, ging Gisela dann in die Bank und forderte, höflich »bitte« und »danke« sagend, die Herausgabe des Bargeldes. Nachdruck verlieh dieser Bitte entweder sie selbst oder einer ihrer Begleiter mit vorgehaltener Maschinenpistole. Mit dem Fluchtauto fuhren sie dann den kurzen Weg zum Taxi, ließen den gestohlenen Wagen dort stehen, stiegen ins Taxi um, verstauten Beute, Waffen und Maskerade in einem versteckten Fach im Kofferraum und fuhren nach Hause. Da sie im Taxi den Polizeifunk abhören konnten, konnten sie alle Straßenkontrollen umfahren. So einfach war das.

Die Presse überschlug sich: Eine Frau als Bankräuberin, das hatte es schlicht noch nie gegeben. Ein »Ganovenliebchen« zum Schmierestehen vielleicht mal, ja, oder zum Auskundschaften, oder maximal als Fahrerin des Fluchtautos. Aber eine Frau, die Schalterbeamten die Pistole vor die Brust hielt? Das war neu. Und dass es aufgrund ihrer wechselnden Maskierungen keine brauchbaren Phantomzeichnungen von ihr gab, stachelte die Phantasie erst recht an.

Und so wurde Gisela Werler, die unscheinbare und so unglamouröse Supermarktkassiererin, die eigentlich nur ihrem Liebhaber beweisen wollte, dass sie seiner würdig war, zum Mythos. In der Boulevardpresse wurde die »Banklady« als skrupelloses Biest mit einem Herz aus Eis und zugleich als verführerischer Vamp dargestellt, als laszive Schönheit, die langbeinig mit Stöckelschuhen, rotem Lippenstift und einer Zigarette im Mundwinkel in die Bank spaziert, lässig die Pistole aus der Handtasche zieht und »Geld her!« haucht. Manches Mal ging die erotische Phantasie der Journalisten richtiggehend mit ihnen durch: »Es war immer ein erregender Augenblick, wenn Gisela W. ihre dünnen Lederhandschuhe anzog, die so weich waren und so gefühlsecht«, vergaloppierte sich 1968 etwa der *Stern*.

Wie falsch sie doch alle lagen mit dem Bild, das sie sich von Gisela machten. Sicher, die Banküberfälle werden ihr einen Kick verschafft haben in ihrer ansonsten eher eintönigen Existenz. Aber verschaffte sie sich Luxus, ein Leben in Saus und Braus? Nein. Neue Gardinen für ihr

Zimmer leistete sie sich, einen Urlaub mit Hermann auf Büsum und – Gipfel des »Wohlstands« im Wirtschaftswunder-Deutschland – einen gebrauchten VW Käfer. Das war es. Keine Luxusreisen, keine verschwenderischen Partys, keine eigene Wohnung.

An jenem 15. Dezember 1967 verlief zunächst alles genau wie immer: Kurz vor 18 Uhr fuhren Gisela und Hermann in einem gestohlenen Käfer mit falschen Nummernschildern bei der Bad Segeberger Kreissparkasse vor. 25 Menschen befanden sich im Schalterraum, als die beiden maskierten Bankräuber hereinkamen, das waren ziemlich viele. Gisela hatte erstmals Männerkleidung und eine Pudelmütze an, dennoch war sie unschwer als Frau zu erkennen. Die Kunden wie die Bankangestellten müssen sofort gewusst haben: Sie stehen der »Banklady« gegenüber.

»Würden Sie bitte alles Geld einpacken?«, fragte Gisela, ruhig und höflich wie immer, während Hermann mit der Maschinenpistole im Anschlag mitten im Raum stand. Der Kassierer stapelte die Scheine nur zögernd aufeinander, immerhin hatten sie an diesem Tag rund 100 000 DM in der Bank. Hermann ging das zu langsam, hektisch stieß er dem Mann den Lauf seiner Waffe in die Rippen – eine Entgleisung, die die Situation eskalieren ließ. Jemand brüllte »Überfall!«, woraufhin auch Gisela hektisch wurde und das Geld an sich riss; einige Scheine flatterten durch die Luft, während das Räuberpärchen zum Auto rannte. Vier Bankmitarbeiter folgten den beiden beherzt, Hermann drehte sich um und feuerte mit seiner MP eine ganze Salve auf die jungen Menschen ab. Er traf niemanden, doch als daraufhin einer »Das sind nur Platzpatronen!« rief, schoss Hermann erneut nach hinten. Es waren keine Platzpatronen; alle vier Bankangestellten wurden angeschossen und zum Teil schwer verletzt.

Gisela und Hermann rasten in ihrem Käfer los, doch da in der Bank längst jemand die Alarmanlage ausgelöst hatte (die wegen der vielen Überfälle in der letzten Zeit frisch installiert worden war), war ihnen die Polizei bald auf der Spur. Es kam zu einer wilden Verfolgungsjagd. Ausgerechnet eine geschlossene Bahnschranke auf der B 404 Richtung

Bad Bramstedt machte der Flucht dann ein Ende: Hermann versuchte zu wenden, doch der Polizeibus konnte den Käfer blockieren. Mit dem Mut der Verzweiflung wollte Hermann noch auf die Beamten schießen, doch ihm fiel das Magazin aus der Maschinenpistole, und die Waffe blockierte. Die Flucht war zu Ende.

Der Prozess vor dem Landgericht Kiel wurde zum Medienspektakel. Das »Fräulein Werler«, wie der Vorsitzende Richter sie ansprach, trat zwar kühl und souverän auf, trotzdem war das Erstaunen groß, als man sah, was für eine normale, unauffällige Frau die »Banklady« in Wirklichkeit war.

Gisela wurde zu neuneinhalb Jahren Zuchthaus verurteilt, Hermann wegen des Schusswaffengebrauchs zu dreizehneinhalb Jahren. Während der Haftzeit wurde Hermann von seiner Frau geschieden, wenig später gaben er und Gisela sich in der Gefängniskapelle das Ja-Wort. Der Mann, für den sie all die Banken überfallen hatte, wegen dem sie zur Kriminellen geworden und letztlich ins Gefängnis gegangen war, gehörte endlich ganz ihr.

Nach ihrer Haftentlassung wartete Gisela auf ihren Mann, und das Paar führte ein unauffälliges, bescheidenes Leben. Bis zum 5. Dezember 1985: Da überfiel Hermann wieder eine Bank, die Elmshorner Bank für Gemeinwirtschaft. Er entkam mit 49 000 DM, auf der Flucht schoss er auf einen Polizisten. Am nächsten Tag wurde er gestellt und festgenommen. Wieder wurde ihm der Prozess gemacht, wieder kam er ins Gefängnis.

Gisela Werler konnte eine Beteiligung nicht nachgewiesen werden. Ob sie von seinem Vorhaben wusste oder nicht, ob sie vielleicht sogar an der Planung beteiligt war, blieb ein Geheimnis, das sie mit ins Grab nahm. Sie starb 2003 in Hamburg, 69-jährig, eine einfache ältere Frau in einer einfachen kleinen Wohnung.

Die Ehe mit Hermann Wittorff, der sie um sechs Jahre überlebte, hielt bis zum Tag ihres Todes, 31 Jahre lang. Obwohl sie selbst einige und ihr Mann viele davon im Gefängnis verbracht hatte, war die zweite wohl die glücklichere Hälfte im Leben der Gisela Werler.

Mörderin von Rang und Namen

Sophie Charlotte Elisabeth Ursinus (1760–1836)

Theodor Fontane war an ihrem Fall ebenso interessiert wie der große Goethe: Als Sophie Charlotte Elisabeth Ursinus, Witwe des Geheimen Justizrats und Regierungsdirektors Theodor Ursinus, am 5. März 1803 wegen Mordverdachts verhaftet wurde, war das in den besten Kreisen der Berliner Gesellschaft eine Sensation: die geachtete Frau Geheimrätin eine Mörderin? Einige Wochen später, die Ursinus war noch in Untersuchungshaft, erschien ein Buch mit dem Titel »Bekenntnisse einer Giftmischern, von ihr selbst geschrieben« und machte den Skandal perfekt – besaß hier eine Mörderin die Dreistigkeit, die eigenen Taten auch noch gewinnbringend auszuschlachten?

Am Abend des 5. März 1803 befand sich die Geheimrätin Sophie Charlotte Elisabeth Ursinus beim Whistspiel, als ein Diener eintrat und ihr mit erschrecktem Gesicht zuflüsterte, draußen an der Tür stünden Polizeibeamte und wollten sie sprechen. Die Geheimrätin legte die Karten zur Seite, entschuldigte sich bei ihren Mitspielern für die kleine Verzögerung – ein Missverständnis, ganz gewiss – und verließ den Raum. Doch sie kehrte nicht an den Spieltisch zurück. Sie war wegen des dringenden Mordverdachts ins Kriminalgefängnis abgeführt worden.

Angezeigt hatte sie ihr Diener, ein Mann namens Benjamin Klein. Der hatte sich seit ein paar Tagen äußerst unwohl, ja sterbenskrank gefühlt, und weder die Fleischbrühe noch die Rosinen, die ihm seine Dienstherrin zur Linderung und Stärkung verabreichte, hatten seine Bauchschmerzen gemildert, eher im Gegenteil. Als sie ihm am 28. Februar Reis anbot, lehnte er daher ab – und staunte nicht schlecht, als er sah, wie die Geheimrätin die Speise daraufhin in den Abort warf. Nun war er misstrauisch, und als seine Herrschaft tags darauf außer Haus war, erhob er sich von seinem Krankenlager und durchsuchte die Wohnung. Was er fand, war eine Schachtel mit weißem Pulver, beschriftet mit »Arsenik«.

Am nächsten Tag bot ihm die Geheimrätin Backpflaumen gegen seine Leibbeschwerden an – und Benjamin Klein nahm das Tellerchen dankend entgegen. Allerdings aß er nichts davon, sondern ließ heimlich die Kammerzofe eine der Pflaumen zur Untersuchung in die Apotheke bringen, wo zufällig ihr Bruder als Lehrling tätig war. Das Ergebnis der Analyse ließ nicht lange auf sich warten: Die Pflaumen enthielten Arsen, in hoher Dosierung. Der Apotheker meldete den Fall dem Obermedizinalrat, der verständigte den Leiter der Kriminalkommission, und dem blieb keine Wahl: Er ließ die Geheimrätin Sophie Charlotte Elisabeth Ursinus wegen Mordversuchs verhaften. Warum sie ihren Diener hatte töten wollen, war ihm allerdings schleierhaft – und ist bis heute ein Rätsel.

Sophie Charlotte Elisabeth, genannt Lotte, war die Tochter eines hochrangigen österreichischen Diplomaten, der sich jedoch um seine Stellung und sein Vermögen gebracht hatte, indem er Staatsgeheimnisse an Preußen verraten hatte. Geboren 1760, wuchs sie zunächst in Stendal auf, wohin der Vater versetzt worden war, mit zwölf kam sie nach Spandau in die Obhut ihrer wesentlich älteren Schwester, die dort als Hofrätin eine respektable Stellung in der Gesellschaft innehatte. Als Lotte jedoch ein unstandesgemäßes Liebesverhältnis einging, wurde sie von ihren Eltern schnell wieder nach Stendal zurückgeholt – und binnen eines Jahres verheiratet. Ihr Angetrauter Theodor Ursinus, damals Obergerichtsrat, hatte beste Aussichten auf eine weiterhin reputierliche Karriere, aber er war kränklich, schwerhörig und vor allem: im Alter ihrer Eltern. Sie selbst war 19.

Das Ehepaar Ursinus lebte zwölf Jahre in Stendal, dann, nach verschiedenen kurzen Stationen in anderen Städten, in Berlin, wo Theodor als Geheimer Justizrat und Regierungsdirektor eine herausgehobene Position innehatte. Lotte verstand sich wohl nicht schlecht mit ihrem Mann, aber sie litt sehr unter der Kinderlosigkeit, die eine ganz praktische Ursache hatte: Ihr Mann schlief nicht mit ihr. Nicht, weil er seine junge und betörend hübsche Frau nicht begehrt hätte, sondern weil er nicht konnte: Er war, aus Alters- oder Krankheitsgründen, impotent.

Neben ihrer Kinderlosigkeit bestand also für Lotte das (vielleicht größere) Problem in ihren Trieben: wohin damit? Sie verspürte, wie sie später einmal schrieb, bald schon allein beim Händedruck eines Mannes ein »Toben« in ihrem Körper. Und so geschah, was geschehen musste: Lotte begann eine Affäre mit einem anderen Mann, einem holländischen Hauptmann namens Ragay.

Lottes Mann, der kränkliche Ursinus, wusste von diesem Verhältnis und duldete es. Mehr noch: Er billigte es, ja er verfasste angeblich sogar Briefe an Ragay, in denen er diesen anwies, wie er Lotte zu »behandeln« habe. Es gibt sogar das Gerücht, dass Ursinus seiner Frau den Liebhaber regelrecht gesucht und zugeführt habe.

Und so war eigentlich alles bestens eingerichtet: Lotte konnte sich diskret austoben, Ursinus musste kein schlechtes Gewissen wegen der Vernachlässigung seiner ehelichen Pflichten haben, und, vielleicht das Wichtigste, der gute Schein blieb gewahrt. Doch dann, 1796, brachte Ragay das schöne Arrangement ins Wanken: Er wagte es, sich von Lotte trennen zu wollen. Es gab ein Hin und Her, in das sogar Ursinus sich einschaltete, der den Hauptmann für seine Frau zurückgewinnen wollte, doch Ragay blieb stur: Er wollte Berlin und damit auch Lotte verlassen. Aber noch bevor er sein Vorhaben in die Tat umsetzen konnte, starb er plötzlich – an »Lungenschwindsucht«, wie es offiziell hieß.

Lotte wurde gut fünf Jahre später als Giftmörderin vor Gericht gestellt, wie wir bereits wissen; des Mordes an Hauptmann Ragay wurde sie allerdings nicht angeklagt. Starb er also eines natürlichen Todes? Die Antwort muss lauten: Wir wissen es nicht. Der Tod ihres Geliebten blieb in der Gerichtsverhandlung einfach außen vor – Geheimrätin Ursinus wurde zwar wegen Mordes der Prozess gemacht, dass ein Liebhaber dabei zur Sprache kommen sollte, wollte man ihr dann aber wohl doch nicht zumuten.

Festhalten lässt sich also nur, dass sie für den Mord an Ragay, falls es denn einer war, ein deutliches Motiv gehabt hätte, nämlich Eifersucht. Beim folgenden Fall verhält es sich genau umgekehrt: Hier gilt es als einigermaßen gesichert, dass Lotte gemordet hat – dafür hapert es am Motiv. Es sollte Lottes armen Ehemann Theodor Ursinus treffen. Labil war er schon immer gewesen, und doch kam sein Tod am 11. September 1800 sehr überraschend: Noch am Vortag hatte er vergnügt und einigermaßen fidel mit Freunden seinen Geburtstag gefeiert. In der Nacht dann war ihm übel geworden, seine Frau verabreichte ihm ein Brechmittel, das die Schmerzen aber nur noch verschlimmerte; am nächsten Tag war er tot. Lotte hatte am Morgen zwar Ärzte hinzugerufen, sogar der königliche Leibarzt war gekommen – welche Ehre! –, doch da war es schon zu spät.

Lotte erbte, natürlich, aber es ist trotzdem nicht ganz klar, warum ihr Mann sterben musste: Er hatte ihr doch alle Freiheiten gelassen, und es hatte ihr an nichts gefehlt. Und so üppig war Ursinus' Hinterlassenschaft nun auch nicht – lebendig hätte er ihr, wenn man das so salopp sagen darf, vermutlich mehr gebracht.

Klarer ist die Sache bei Lottes Tante Christiane Sophie Regine Witte, einer alleinstehenden, etwas altjüngferlichen Dame mit einem großen Vermögen, dessen Erbin Lotte war. Die Tante starb am 28. Januar 1801 in ihrer Wohnung in Charlottenburg unter ähnlichen Symptomen wie Ursinus und wie er in Lottes Anwesenheit. Nun war die Geheimrätin nicht nur Witwe, sondern auch reich.

Wohl wurde gemunkelt über diese beiden so kurz aufeinanderfolgenden und sich ähnelnden »Trauerfälle«; und es gab gerade unter ihrer Dienerschaft auch konkrete Verdachtsmomente, etwa dass Lotte jeweils kurz vor dem Tod ihrer beiden Angehörigen in der Apotheke Arsenik gekauft hatte (angeblich als Rattengift, wenngleich keiner der Hausangestellten in der Wohnung je eine Ratte gesehen hatte), indes: Laute Vorwürfe erhob niemand; seine Herrschaft zeigte man nicht an. Und so wuchs Gras über die Sache.

Doch dann, mehr als zwei Jahre später, erkrankte Lottes Diener Benjamin Klein, mit den bekannten Folgen: Die Indizien, dass Lotte ihn zu vergiften versucht hatte, waren erdrückend, und so wurde sie verhaftet. Warum sie Klein töten wollte, ist nicht klar; der naheliegende Verdacht, dass er sie verraten und sie ihn daraufhin beseitigen wollte, scheint sich aus mehreren Gründen, die hier zu weit führen würden, jedenfalls nicht halten zu lassen.

Wie auch immer – der versuchte, aber missglückte Mordversuch an ihrem Diener brachte den Stein ins Rollen. Lotte wurde in Untersuchungshaft genommen, und der Justizrat ordnete umgehend eine Exhumierung der zwei Jahre zuvor verstorbenen Tante an. Im Obduktionsbericht liest sich das Ergebnis so: »Der Körper war (...) noch nicht verwest; er war mumienartig zusammengetrocknet, sodass die äußere pergamentartige Hautbedeckung des Unterleibes nur mit Mühe durchgeschnitten werden konnte. Die Gedärme, das Herz und der Magen zeigten sich in einem weichen, breiartigen, dem Talge ähnlichen Zustande. Die Lunge war sehr zusammengefallen, Milz und Leber waren von dunkelblauer Farbe. Das Herz war breiartig aufgelöst.«

Das sah nicht nach einem natürlichen Tod aus, sondern nach Vergiftung. Allerdings: Arsen ließ sich mit den damals zur Verfügung stehenden Mitteln nicht eindeutig nachweisen. Das Resümee der Obduzenten lautete also: Die pathologischen Veränderungen in den inneren Organen der Verstorbenen wiesen sehr deutlich auf eine Vergiftung hin, ein konkreter Beweis konnte jedoch nicht erbracht werden.

Genauso verhielt es sich bei Theodor Ursinus, der sieben Tage später exhumiert wurde – mitten in der Nacht, um öffentliches Aufsehen zu vermeiden. Der Sarg wurde ausgegraben, dann in der Sakristei der Friedhofskirche aufgebahrt, anschließend musste Lotte den mumifizierten Leichnam zunächst als ihren Mann identifizieren. (Halb bewundernd, halb enttäuscht vermerkte ein Chronist, dass Lotte dabei die »Waffen ihres Geschlechts, Thränen und Ohnmacht«, verschmäht und ganz gefasst diese abstoßende Pflicht erfüllt habe.) Nachdem bestätigt war, dass es sich um Theodor Ursinus handelte, schritten die Gerichtsmediziner zur Tat – mit fast dem gleichen Ergebnis wie bei Christiane Witte: Eine Arsenikvergiftung war mehr als wahrscheinlich, bewiesen werden konnte sie allerdings nicht.

Der Prozess gegen Sophie Charlotte Elisabeth Ursinus begann wenige Wochen später und erregte viel Aufsehen. Nachdem die Angeklagte jede Täterschaft bestritt (nur den evidenten Mordversuch an ihrem Diener gestand sie, ohne jedoch ein Motiv zu nennen), stritten sich – man fühlt sich fast in die Gegenwart versetzt – Anklage und Verteidigung vornehmlich über die Glaubwürdigkeit der Gutachten, also der pathologischen Befunde. Dabei schlugen sich vor allem die Ärzte, die seinerzeit die Todesfälle als natürlich diagnostiziert hatten, auf die Seite der Verteidigung und widersprachen vehement den gerichtsmedizinischen Gutachten, die eine Vergiftung als fast sicher bezeichneten – man kann sich leicht vorstellen, dass es ihnen weniger um die Wahrheitsfindung als um die Wiederherstellung ihrer angekratzten Berufsehre ging.

Und so lieferten sich die Fachleute über Tage und Wochen lange Rededuelle über die Beweiskraft der Befunde – das Verfahren schien ins Stocken zu geraten. Da brachte etwas ganz Eigentümliches neue Bewegung in den Prozess: Im höchst angesehenen Verlag Johann Friedrich Unger, wo unter anderem Goethe, Schiller, Schleiermacher und Schlegel verlegt wurden, erschien im August 1803 ein Buch mit dem Titel »Bekenntnisse einer Giftmischern, von ihr selbst geschrieben«, das vorgab, ein autobiografisches Werk der Ursinus zu sein. Das war eine unerhörte Sensation, die weit über Berlin hinaus die Öffentlichkeit erregte – eine angeklagte Mörderin, die vor Gericht jede Schuld von sich wies, zugleich aber ihre Gräueltaten in einem Buch beschrieb!

Doch der ganze Trubel war umsonst: Nicht die Ursinus hatte das Buch verfasst, sondern der zu dieser Zeit noch eher erfolglose, sich von diesem Coup offensichtlich einen Karriereschub versprechende Berliner Schriftsteller Friedrich Buchholz, der aus den bekannten Fakten geschickt diese »Bekenntnisse« zusammenmontiert hatte. Ein Fake also, eine Luftnummer – doch die öffentliche Aufregung brachte das Gericht offensichtlich dazu, das Verfahren endlich zum Abschluss zu bringen.

Und so wurde am 12. September 1803 der Urteilsspruch über Sophie Charlotte Elisabeth Ursinus verlesen. Vom Vorwurf des Giftmordes an ihrem Ehemann wurde sie mangels Beweisen freigesprochen. Was den Mord an ihrer Tante betraf, konnte das Gericht sich immerhin zu einer sogenannten Verdachtsstrafe durchringen, die man seinerzeit verhängte, wenn kein hinreichender Schuldbeweis erbracht werden konnte, aber genügend Indizien vorlagen. Eine »ordentliche« Verurteilung bekam sie nur wegen des Mordversuchs an ihrem Diener Benjamin Klein; allein dieses Verbrechen sah das Gericht als erwiesen an. Der Tod ihres früheren Geliebten Ragay kam gar nicht zur Sprache.

Als Strafe verhängte das Hohe Gericht lebenslange Festungshaft – eine milde Form der Freiheitsstrafe, nicht zu vergleichen mit Zuchthaus oder Gefängnis: eine vor allem den höheren Ständen vorbehaltene Haftform. Natürlich empörte sich das gemeine Volk, von Klassenjustiz war die Rede, doch das Urteil war gesprochen: Im September 1803 wurde Lotte im Alter von 43 Jahren in die Festung Glatz an der schlesischen Grenze überstellt.

Schlecht ging es ihr hier nicht; sie durfte sich innerhalb der Festung frei bewegen, bekam ein geräumiges, angenehm möbliertes Zimmer zugewiesen, und es war ihr sogar erlaubt, eine Gesellschaftsdame zu beschäftigen. Geld hatte sie genug; sie durfte – das hatte das Gericht ausdrücklich bestätigt – nicht nur das Erbe ihres Mannes, sondern tatsächlich auch das ihrer Tante behalten. Und so lebte sie vergnügt vor sich hin, empfing zahlreiche Gäste (Besuch war ihr uneingeschränkt erlaubt) und gab auf der Festung nicht wenige rauschende Abendgesellschaften. Man kann sagen, dass Lotte zu einem angesehenen Mitglied der höheren Gesellschaft von Glatz wurde – und das als Festungshäftling. Nur Gegeneinladungen konnte sie nicht annehmen, aber vielleicht machte sie gerade das bei den Glatzern ja umso beliebter.

1833 wurde Lotte begnadigt, nach 30 Jahren Haft, 73-jährig. Die einzige Auflage war, dass sie die Stadt nicht verlassen durfte – und so änderte sich gar nicht viel für sie. Sie gab weiterhin Empfänge, nun in ihrer Privatwohnung, und setzte sich überdies für Waisenkinder ein, so wie sich die Damen der besseren Gesellschaft schon immer sozial engagiert haben und es bis heute tun.

Als sie drei Jahre nach ihrer Freilassung starb, am 4. April 1836, wurde sie standesgemäß mit Kinderchor und großem Trauerzug auf dem Glatzer Friedhof bestattet. Niemand, so schien es, dachte mehr daran, dass man hier eine Mörderin zu Grabe trug – und wenn sich doch jemand daran erinnerte, war er schlau genug, es nicht auszusprechen. Solch eine peinliche, unschöne Angelegenheit erwähnt man am Grabe einer Dame aus der besten Gesellschaft einfach nicht.

Im Kreise der Lieben

Vera Renczi (1903–1960?)

Eifersucht kann krankhaft sein. Bei der wunderschönen Vera Renczi war sie das ganz gewiss: Sie war von einem tief in ihr verwurzelten, an Paranoia grenzenden Misstrauen allen Männern gegenüber beherrscht, insbesondere gegenüber denen, die sie liebte. Sah einer ihrer Liebhaber eine andere Frau nur an (oder bildete Vera sich ein, dass er eine andere Frau angesehen hatte), musste er das mit dem Leben bezahlen. Nur so war sie sich seiner ewigen Treue sicher.

Keine der 30 Frauen in diesem Buch ist so wenig greifbar wie die Rumänin Vera Renczi, über die nur dürre Fakten bekannt sind. Das ist erstaunlich, denn sie hat die spektakuläre Zahl von 35 Morden begangen – man sollte meinen, dass eine solch ›produktive‹ Serienmörderin, zumal aus dem 20. Jahrhundert, eine größere Bekanntheit besitzt. Doch das ist nicht der Fall. Erzählenswert ist ihre Geschichte dennoch, denn im Gegensatz zu den allermeisten Serienmörderinnen tötete Vera Renczi nicht aus Habgier, sondern aus Eifersucht. Dass eine Frau ihren Mann oder Liebhaber aus Eifersucht umbringt, ist ja keine Seltenheit, aber eine solche Beziehungstat mehr als 30 Mal zu begehen – das ist wahrscheinlich trauriger Rekord.

Vera wurde 1903 in Bukarest geboren. Als sie 13 war, starb ihre Mutter, und der Vater zog mit ihr in das Städtchen Berkerekul, wo sie auf eine Mädchenschule geschickt wurde. War es der fehlende Umgang mit Männern in der Kindheit (ihr Vater, ein Geschäftsmann, war meist auf Reisen, und an ihrer Schule dürften nur Lehrerinnen unterrichtet haben)? Jedenfalls ließ sich die frühreife und bildhübsche Vera schon als Jugendliche auf zahllose Affären mit Mitschülern, aber auch mit deutlich älteren, oft verheirateten Männern ein. Mehrfach brannte sie mit einem ihrer Liebhaber durch und kehrte erst wieder nach Hause zurück, wenn ihr langweilig wurde. Sie selbst hatte kein Problem damit, eine Affäre zu beenden, aber machte umgekehrt ihr gegenwärtiger Geliebter Anstalten, sie zu verlassen, wurde sie zur Furie. Eine junge, schöne Frau, die einerseits extrem promiskuitiv und andererseits extrem besitzergreifend war – das konnte nicht gutgehen.

In jungen Jahren heiratete sie einen deutlich älteren österreichischen Bankier namens Karl Schick. Wie Veras Vater war Schick viel auf Reisen, und das stachelte ihre Eifersucht ungeheuer an. Was trieb er wohl, während sie zu Hause saß? Sie malte sich die wildesten Affären aus und überschüttete ihn mit Vorwürfen, kaum dass er zur Tür hereingekommen war. Dass ihnen ein Sohn geschenkt wurde, Lorenzo, verschlimmerte die Situation nur noch: Vera war jetzt noch stärker ans Haus gefesselt, während Karl Gott weiß was trieb. Die Vorstellung, dass er mit einer anderen Frau auch nur sprach, machte sie halb wahnsinnig.

Und eines Tages war Karl Schick verschwunden. Einfach so. Vera schien untröstlich; sie trug Schwarz (obwohl es ja eher danach aussah, als hätte er sie sitzen lassen) und wies alle Versuche, sie mit Aussagen wie »Der wird schon wieder zu dir zurückkommen« zu trösten, ab: »Nein, er wird nie wieder zurückkehren.« Dass das stimmte und dass Vera die Einzige war, die das wissen konnte, ahnte niemand.

Etwa ein Jahr nach Karls Verschwinden begann Vera eine Affäre mit einem Mann namens Joseph Renczi, einem gut aussehenden, reichen Galan, dessen Alter näher an ihrem eigenen lag. Renczi, der wie sie auf eine Vergangenheit voller Affären und Liebschaften zurückblickte und in dieser Hinsicht genau der falsche Mann für die krankhaft eifersüchtige Vera war, wollte sie heiraten. Das Problem war nur: Vera war ja noch verheiratet. Wie es der Zufall wollte, bekam sie just in diesen Tagen ein Schreiben, laut dem Karl Schick bedauerlicherweise bei einem Autounfall ums Leben gekommen sei. Die Behörden nahmen Vera dies ab, sie war wieder eine freie Frau, und umgehend wurde sie zu Vera Renczi.

Joseph Renczi war Vera vermutlich wirklich untreu, sodass ihre Anfälle von Eifersucht, Misstrauen und Vorwürfen wahrscheinlich begründet waren. Wie auch immer – nur ein paar Monate nach der Hochzeit verschwand Joseph Renczi. Vera holte wieder ihre Trauerkleidung aus dem Schrank, lief weinend durch den Ort und klagte, dass Joseph sie verlassen habe. Und wie bei ihrem ersten Ehemann wedelte sie auch beim zweiten etwa ein Jahr nach seinem Verschwinden mit einem Brief. Diesmal kam er angeblich von Joseph selbst, der schrieb, dass er sie für immer verlassen habe. Niemand schöpfte Verdacht.

Die Ehe war wohl nichts für Vera. Doch das hieß noch lange nicht, dass sie sich nicht mehr mit Männern einlassen würde – im Gegenteil. Innerhalb der nächsten zehn Jahre hatte sie über 30 Beziehungen. Die Affären dauerten mal Monate, mal Wochen, mal nur Tage. Ein Muster war nicht erkennbar. Nur eine einzige Sache hatten alle Männer gemeinsam: Vera Renczi war die letzte Affäre ihres Lebens. Sie alle traten über die Schwelle von Veras Haus in Berkerekul und kehrten nie zurück.

Zehn Jahre lang schöpfte niemand Verdacht; zumindest wagte niemand, einen Verdacht laut auszusprechen. Wenn man Vera fragte, wo denn ihr neuer Lebensgefährte plötzlich stecke, den sehe man ja gar nicht mehr, gab sie – wir können uns vorstellen: mit einem resignierten Achselzucken – die stereotype Antwort: Ach, der sei ihr untreu geworden und habe sie wieder verlassen. Und die Affären mit den verheirateten Männern hatte sie ja ohnehin im Verborgenen geführt; nach denen fragte niemand. Die Lügen, die diese Männer ihren Gattinnen erzählt hatten, um ihre Abwesenheit über Nacht zu rechtfertigen (meist waren es Geschäftsreisen), lenkten jeden Verdacht von Vera ab.

Aber dann kam ihr doch eine betrogene Frau auf die Schliche. Ein serbischer Bankier mit dem Vornamen Milograd, mehr als 20 Jahre älter als Vera, begann eine diskrete Affäre mit ihr, und als er mal wieder zu einer »Geschäftsreise« aufbrach, folgte ihm seine misstrauische Frau heimlich. Als sich ihr Verdacht bestätigte, ging sie wieder nach Hause. Vermutlich legte sie sich die Gardinenpredigt zurecht, die sie ihrem untreuen Gatten halten wollte, wenn er wieder heimkehrte. Doch Milograd kehrte nicht heim.

Als er mehrere Tage lang nicht nach Hause gekommen war, ging seine Frau zur Polizei, meldete ihn als vermisst und gab auch direkt zu Protokoll, dass sie ihm heimlich bis zum Haus einer Frau in Berkerekul gefolgt war – dort sollten die Beamten doch bitte mal nachfragen. Das taten die Polizisten, und Vera empfing sie freundlich: Ja, sie habe eine

Affäre mit Milograd gehabt, aber als er ihr offenbart habe, dass er verheiratet sei, habe sie die Beziehung sofort beendet, sie sei ja eine ehrbare Frau. Wo er stecke, wisse sie beim besten Willen nicht.

Den Polizisten genügte das – der Frau des Bankiers nicht. Sie stellte auf eigene Faust Nachforschungen an über die Dame, mit der sich ihr Mann getroffen hatte, und erfuhr bald, dass sie zweimal verheiratet gewesen war und beide Männer spurlos verschwunden waren. Misstrauisch bohrte sie weiter und fand heraus, dass auch sämtliche Lebensgefährten und Liebhaber stets von einem Tag auf den anderen verschwunden waren.

Die Bankiersgattin ging wieder zur Polizei und bestand auf einem weiteren Besuch in Berkerekul, diesmal mit Hausdurchsuchung. Die Beamten taten, was die resolute Frau von ihnen verlangte, und verschafften sich Einlass zu Vera Renczis Haus. Was sie fanden, war ein Massengrab.

Im geräumigen Weinkeller des Hauses standen 35 Zinksärge. Sie waren schön symmetrisch in einem Kreis angeordnet und trugen beschriftete Etiketten. Der Raum wurde von Kerzenleuchtern in schummriges Licht getaucht. In der Mitte des Kreises war ein bequemer Lehnstuhl postiert. Daneben auf dem Boden standen ein leeres Champagnerglas und eine halbvolle Flasche Champagner.

Als die Särge geöffnet wurden, lag in jedem eine männliche Leiche. Sie befanden sich in unterschiedlichen Stadien der Verwesung. Milograd, der Bankier, war dabei, und auch sonst waren sie alle da: Veras erster Ehemann Karl Schick, ihr zweiter Ehemann Joseph Renczi, insgesamt 32 Liebhaber – und Veras jugendlicher Sohn Lorenzo.

Vera wurde umgehend verhaftet. Sie gab die Morde bereitwillig zu. Alle 35 Opfer hatte sie mit Arsen vergiftet. Einige grausige Details wurden bekannt; so hatte sie ihren zweiten Ehemann Joseph Renczi in den Sarg eingeschlossen, als er noch lebte – das Arsen war nicht stark genug, seine Konstitution zu gut gewesen, was hätte sie machen sollen. Ihren Sohn habe sie bedauerlicherweise auch töten müssen, er sei eines Tages hinter ihr dunkles Geheimnis gekommen und habe gedroht, sie bei der Polizei zu melden – da habe sie keine andere Wahl gehabt.

Und sie gab zu, sich gerne mit einem Glas Champagner in die Mitte ihrer Verblichenen gesetzt und mit ihnen geredet zu haben. Keiner von ihnen konnte sie mehr betrügen. Bei keinem musste sie mehr Angst haben, dass er sie verlassen würde. Alle waren sie ihr treu bis in den Tod gewesen. Ein schönes, ein beruhigendes Gefühl.

Vera Renczi wurde wegen 35-fachen Mordes zum Tode verurteilt. Die Strafe wurde in eine lebenslange Haftstrafe umgewandelt, weil an Frauen die Todesstrafe nicht vollstreckt werden durfte. Vera kam ins Gefängnis, in der zweiten Hälfte der 1930er-Jahre dürfte das gewesen sein. Viel mehr ist nicht bekannt. Vera starb im Gefängnis, die einen Quellen sagen 1960, die anderen sagen noch vor Ausbruch des Zweiten Weltkriegs.

Und so endet das Porträt von Vera Renczi im Ungewissen. In die Geschichte aber geht sie nicht nur als schreckliche Serienmörderin ein, sondern auch als Frau, die für 34 Männer, die sie allesamt begehrt und vielleicht auch geliebt haben, die letzte Frau im Leben war. Das wird sie auch im Gefängnis mit einer gewissen Befriedigung, womöglich sogar mit Stolz erfüllt haben.

»Meine Geschichte ist eine Liebesgeschichte«

Martha Beck (1920–1951)

Es muss der plumpen, weit über 100 Kilogramm schweren Martha vorgekommen sein wie ein Traum: Der schöne Raymond, der schon so viele Frauenherzen gebrochen hatte, machte ausgerechnet sie zu seiner Gefährtin. Sie war die Auserwählte! Dafür nahm sie alles, wirklich alles auf sich: Sie verstieß ihre Kinder, wurde zu Raymonds Komplizin bei seinen Betrügereien, ja, sogar zur Mörderin – alles aus Liebe. Doch am Ende dieser Liebesgeschichte stand kein Happy End, sondern der Elektrische Stuhl.

»Meine Geschichte ist eine Liebesgeschichte«, rief Martha Beck am 8. März 1951 aus, während ihr gut 120 Kilogramm schwerer Körper von den Helfern des Henkers in den Elektrischen Stuhl gepresst wurde. »Aber nur die, die unter der Liebe gelitten haben, werden verstehen, was ich meine! Ich wurde als fette, gefühllose Frau dargestellt, aber ich bin weder gefühllos noch dumm oder geisteskrank. Wie viele Verbrechen in der Geschichte wurden nicht aus Liebe begangen?«

Die letzten Worte einer Frau, die die meiste Zeit ihres nur 30 Jahre währenden Lebens auf ihren Traumprinzen gewartet hatte – vergeblich. Als er dann doch noch kam, absurderweise in Person eines Heiratsschwindlers, lieferte sie sich ihm mit allem, was sie hatte, aus. Ein fataler Schritt, denn mit ihm wurde Martha zur Mörderin: Martha Beck und Raymond Fernandez gingen als »The Lonely Hearts Killers« in die Verbrechensgeschichte der USA ein.

Schon als Kind muss Martha Seabrook unter ihrem Körper gelitten haben: Sie war abnorm dick, wohl aufgrund einer Drüsenerkrankung, zudem extrem frühreif: Bereits mit zehn Jahren hatte sie den voll entwickelten Körper einer Frau. Nicht nur in der Schule wurde mit dem Finger auf sie gezeigt und über sie gelacht, auch ihre Mutter geizte nicht mit hämischen Scherzen über ihre dicke, hässliche Tochter. Es muss eine Qual gewesen sein.

Nach der Schule absolvierte Martha in ihrer Heimatstadt Pensacola in Florida eine Ausbildung zur Krankenschwester, doch trotz bester Noten fand sie keinen Job – wahrscheinlich aufgrund ihres Aussehens, zumindest sie selbst wird es so interpretiert haben. Die einzige Stelle, die sie bekam, war die als Leichenwäscherin in einem Bestattungsinstitut – für die Toten war sie nicht zu unansehnlich.

1942, mit 22 Jahren, wagte sie den Aufbruch in ein neues Leben, weg aus der verhassten Heimatstadt,

Martha Beck nach ihrer Verhaftung im März 1949 in einem Polizeiauto

weg von der tyrannischen Mutter. Sie ging nach Kalifornien, fand eine Anstellung als Krankenschwester in einem Army-Krankenhaus – es war Krieg, da wurde medizinisches Personal gesucht. Nachts trieb Martha sich in Bars herum und warf sich den Soldaten buchstäblich in die Arme – man muss kein Psychologe sein, um die Ursache für dieses promiskuitive Verhalten in ihrer Sehnsucht nach Liebe und Begehrtwerden zu sehen. Von einem der vielen Soldaten wurde sie schwanger; sie bat ihn, sie zu heiraten – doch er wollte von ihr nichts wissen, unternahm sogar einen Selbstmordversuch. Ein Mann, der lieber sterben will, als sie zu heiraten – die nächste schwere Demütigung.

Zutiefst beschämt kehrte Martha in ihre Heimatstadt zurück. Im Frühjahr 1944 brachte sie ihre Tochter zur Welt. Der Kindsvater, behauptete sie, sei ein Offizier der Navy, der tragischerweise im Pazifikkrieg gefallen sei – eine Lüge, die Martha noch mit einem von ihr selbst gekauften Verlobungsring untermauerte, den sie stolz zur Schau trug. In ihrer Heimatstadt erntete sie Mitgefühl, zum ersten Mal vielleicht.

Kurz nach der Entbindung von ihrer Tochter wurde sie wieder schwanger. Der Vater, ein Busfahrer namens Alfred Beck, zeigte mehr Verantwortungsbewusstsein als der kalifornische Soldat: Er heiratete Martha, die dadurch nun Beck hieß, doch die Ehe hielt nur sechs Monate. Der in der Zwischenzeit geborene Sohn blieb bei der Mutter. Martha stand alleine mit zwei kleinen Kindern da.

Spätestens in dieser Zeit gab sie dem Hang, in Phantasiewelten zu flüchten, den sie schon immer besessen hatte, endgültig nach. Zwar funktionierte sie als Mutter und im Job gut (1946 hatte sie eine Stelle in einem Kinderkrankenhaus gefunden), doch in ihrer Freizeit versenkte sie sich in schnulzigen Liebesfilmen und romantischen Heftchenromanen. Sie scheint sich selbst davon überzeugt haben zu wollen, dass der Prinz in der strahlenden Rüstung, der ihr Liebe, Zuneigung und Begehren entgegenbringt, noch kommen wird.

In dieser Situation veröffentlichte sie eine Kontaktanzeige in der »Lonely Hearts Club«-Rubrik eines Magazins. Dass sie deutlich über 100 Kilo wog und zwei Kinder hatte, erwähnte sie nicht.

Nach einer Weile kam tatsächlich ein einziger Brief. Er stammte von einem Mann namens Raymond Fernandez, einem erfolgreichen Geschäftsmann aus New York. Der Brief war charmant formuliert und ließ Marthas Herz höher schlagen. Sie antwortete. Einige Briefe gingen zwischen Florida und New York hin und her. Raymond schrieb, er lebe in einer Wohnung, die viel zu groß für ihn sei, aber er hoffe, sie eines Tages mit einer Frau zu teilen. Marthas Knie dürften weich geworden sein, als sie das las. In einem weiteren Brief bat Raymond sie um eine Locke ihres Haares. Sie schickte sie ihm. Dann wollte er sie treffen. Marthas geheimste Träume schienen in Erfüllung zu gehen. Sie lud ihn nach Florida ein. Am 28. Dezember 1947 stand er vor ihrer Tür.

Raymond Fernandez wurde 1914 als Sohn spanischstämmiger Eltern auf Hawaii geboren. Mit 17 ging er nach Spanien, um auf der Farm eines Onkels zu arbeiten, mit 20 heiratete er. Er baute ein Haus, gründete eine Familie und hatte vier Kinder. Im Zweiten Weltkrieg diente er in der spanischen Marine; nach Kriegsende beschloss er, in die USA zurückzukehren: zunächst allein, und wenn er Arbeit gefunden hätte, sollte seine Familie nachkommen.

Ein Stück Stahl veränderte seine Pläne, sein Leben, sein ganzes Wesen: Während der Überfahrt nach Amerika donnerte ihm eine Schiffsluke auf den Kopf, ein Unfall, der ihn nicht nur äußerlich entstellte (sein Schädel war fortan tief eingekerbt, und er trug eine große Narbe davon), sondern wahrscheinlich auch seinem Gehirn Schaden zufügte und seine Persönlichkeit veränderte. Aus dem ausgeglichenen, verantwortungsbewussten Familienvater war – im wahrsten Sinne des Wortes mit einem Schlag – ein jähzorniger, misstrauischer Mann geworden.

Kaum in den USA angekommen, wurde er wegen eines eher sinnlosen Diebstahls von Kleidungsstücken (den er sich selber hinterher gar nicht mehr erklären konnte, wahrscheinlich auch eine Folge des Hirntraumas) für einige Wochen ins Gefängnis gesteckt. Dort teilte er die Zelle mit einem Haitianer, der ihn in die Geheimnisse des Voodoo einführte. Als Raymond aus dem Gefängnis entlassen wurde, war er überzeugt, durch einen bestimmten Voodoo-Zauber auf jede Frau seiner Wahl unwiderstehlich wirken zu können – das Einzige, was er dazu brauchte, war eine Locke ihres Haars.

Mit diesem selbstbewussten Glauben an die eigene Wirkung aufs andere Geschlecht begann er von New York aus, auf Kontaktanzeigen in den »Lonely Hearts Club«-Rubriken verschiedener Zeitschriften zu antworten. Doch es ging ihm nicht um eine neue Beziehung, sondern um das Geld, den Schmuck und sonstige Besitztümer der Frauen: Er wechselte zunächst einige charmante Briefe mit ihnen, in denen er sich als erfolgreicher, aber einsamer Geschäftsmann ausgab. Dann bat er sie um eine Haarlocke, mit der er seinen geheimen Voodoo-Zauber veranstaltete. Siegessicher konnte er sich nun mit den liebeshungrigen Damen treffen, sie zum Essen ausführen, nach Hause begleiten und, wenn er Lust hatte, mit ihnen schlafen – und sie dann ausrauben. Die armen Frauen waren in der Regel zu beschämt, ihn anzuzeigen, hätten sie doch zugeben müssen, eine Kontaktanzeige aufgegeben zu haben und dann auch noch auf einen Schwindler hereingefallen zu sein. Raymond kam immer ungeschoren davon.

Eine der Frauen, auf deren Anzeige er geantwortet hatte, war eine Martha Beck aus Pensacola, Florida. Nachdem er die obligatorische Haarlocke bekommen und seinen Zauber veranstaltet hatte, arrangierte er das erste Treffen. Am 28. Dezember 1947 stand er vor ihrer Tür.

Marthas Erscheinung, die sie ihm wohlweislich verschwiegen hatte, muss ihn geschockt haben, aber er ließ sich nichts anmerken – er wollte ja ihr Herz gewinnen, um sie dann ausrauben zu können. Vielleicht fand er sie aber auch gar nicht unattraktiv, vielleicht sah er etwas in ihr, das noch kein Mann zuvor gesehen hatte. Wir wissen es nicht; wir wissen nur, dass später eine tiefe Liebe zwischen den beiden entstand – und dass sie dabei ungewöhnlich viel Sex hatten. Irgendetwas an ihr zog ihn an.

Doch so weit sind wir noch nicht. Noch spulte Raymond sein Programm ab, schmeichelte Martha, machte ihr Komplimente, tat verliebt. Sie war hingerissen von diesem Latin Lover. Zwei wilde Tage verbrachten sie fast ausschließlich im Bett, es muss wie ein Traum gewesen sein für die ausgehungerte junge Frau. Doch nachdem Raymond gemerkt hatte, dass hier finanziell nicht viel zu holen war, verabschiedete er sich relativ abrupt: Er müsse zurück nach New York, vielen Dank, es war sehr schön.

Martha erkannte nicht, dass die Sache für Raymond schon wieder vorbei war. Sie war im siebten Himmel, erzählte allen, dass sie bald wieder heiraten werde, nannte sich sogar schon Fernandez. Doch bald kam ein Brief von Raymond, in dem er die »Beziehung«, die für ihn gar keine war, zu einem Missverständnis erklärte. Das konnte Martha nicht akzeptieren. Sie rang ihm ab, dass sie ihn besuchen dürfe.

Sie blieb zwei Wochen in New York, zwei rauschende, orgiastische Wochen. Dass er nicht der erfolgreiche Geschäftsmann war, der er zu sein vorgegeben hatte, wird sie gemerkt haben, doch das störte sie nicht. Vielleicht hat er ihr in diesen zwei Wochen auch schon eröffnet, zu welchem Zweck er diese Scharade betrieb, doch auch das bekümmerte sie nicht – bei ihnen war es anders, es war doch Liebe.

Als Martha nach Pensacola zurückkehrte, war ihr Job gekündigt worden, ohne Angabe von Gründen. Martha fackelte nicht lange: Am Morgen des 18. Januar 1948, genau drei Wochen nach ihrer ersten Begegnung, stand sie wieder vor Raymonds Tür in New York, diesmal mit ihren Habseligkeiten und ihren beiden kleinen Kindern. Sie wollte bleiben.

Raymond, der sich in die Ecke gedrängt gefühlt haben muss, willigte schließlich ein. Aber nur unter einer Bedingung: Die Kinder, drei und vier Jahre alt, wollte er nicht bei sich haben. Marthas Entschluss war schnell gefasst: Eine Woche nach ihrer Ankunft in New York lieferte sie die beiden bei der Heilsarmee ab. Dort würde sich schon jemand um sie kümmern. Problem abgehakt.

Spätestens jetzt erfuhr Martha von Raymonds Masche mit den »Lonely Hearts«-Anzeigen und seinen Raubzügen. Sie hatte kein Problem damit, im Gegenteil: Sie stieg in das Geschäft mit ein. Sie half beim Durchforsten der Anzeigen in den verschiedensten Magazinen nach geeigneten Kandidatinnen, vielleicht schrieb sie auch den einen oder anderen Brief in Raymonds Namen. Brachte er Frauen mit nach Hause oder waren sie auf Reisen, gab sie sich als seine Schwester aus.

Wahrscheinlich war Martha ihm mehr Hindernis als Hilfe, doch das hat ihn offenbar nicht gestört. Problematisch wurde die Sache erst durch Marthas grenzenlose Eifersucht. Zu Raymonds »Geschäft« gehörte es nun einmal, mit seinen Opfern Sex zu haben, aber das ertrug Martha nicht. Wo sie konnte, verhinderte sie, dass Raymond und die betreffende Frau die Nacht miteinander verbrachten. Wenn nötig, auch durch Mord.

13 Monate lang trieben Martha und Raymond in verschiedenen Staaten der USA ihr Unwesen, von Januar 1948 bis Februar 1949. In dieser Zeit haben sie vermutlich 17 Morde begangen. Zwölf davon gestanden sie bei ihrer Verhaftung, nahmen das Geständnis im Prozess aber wieder zurück; verurteilt wurden sie letztlich wegen dreier Morde, die ihnen zweifelsfrei nachgewiesen werden konnten.

Man kann wohl davon ausgehen, dass die Morde nie geplant waren. Wenn es ging, raubten sie die armen Frauen auf die herkömmliche Weise aus und verschwanden. Aber seit Martha mitmischte und als Rays Schwester ständig präsent war, eskalierten die Situationen häufig, und dann war die Hemmschwelle für die »Lonely Hearts Killers«, ihr Opfer einfach zu beseitigen, offenbar niedrig. Es gab mindestens eine

Frau, die vergiftet wurde, weil sie Marthas ständige Anwesenheit nicht mehr ertragen und Raymond eine Szene gemacht hatte. Über viele der weiteren Morde ist zu wenig bekannt, als dass man hier von ihnen berichten könnte. Aber es lässt sich gut vorstellen, dass die völlig groteske Konstellation – ein Heiratsschwindler und seine eifersüchtige, als seine Schwester getarnte Freundin zusammen mit einer verliebten und liebestollen Frau – die Dinge oft genug aus dem Ruder laufen ließ.

Wer von den beiden in den über zehn ihnen nachgesagten Morden des Jahres 1948 letztlich tötete, ist nicht bekannt. Sicher wissen wir: Spätestens bei der 66-jährigen Witwe Janet Fay wurde Martha zur Mörderin. Raymond verlobte sich mit ihr (seine gängige Vorgehensweise), und sie zog zu ihm und seiner »Schwester« in ein eigens angemietetes Apartment. Dort kam es im Januar 1949 einmal mehr zum Eklat: Martha erwischte die beiden im Bett, was die arme Janet so aufbrachte, dass sie Raymond aufforderte, seine Schwester hinauszuwerfen. Das wiederum ließ die vor unterdrückter Eifersucht rasende Martha ausrasten: Die 28-Jährige erschlug ihre 66-jährige Nebenbuhlerin mit einem Hammer.

Die Leiche stopften die beiden in einen Koffer, den sie kaltblütig für mehr als zehn Tage bei Raymonds Schwester zwischenlagerten, bis sie ihn im Keller eines angemieteten Hauses vergruben und zubetonierten. Doch in ihrer Gier begingen sie einen Fehler, der die Polizei auf ihre Spur brachte: Um an Wertgegenstände der Toten zu kommen, baten sie deren Stieftochter in einem mit der Schreibmaschine getippten und mit »Janet J. Fay« unterschriebenen Brief, diese an eine bestimmte Adresse in Florida zu schicken, wo sie nun mit ihrem Verlobten lebe, »so glücklich wie nie zuvor«. Doch die Stieftochter wurde angesichts der förmlichen Unterschrift misstrauisch, zumal die alte Dame gar nicht Schreibmaschine schreiben konnte. Sie ging zur Polizei.

Während also vermutlich schon gegen sie ermittelt wurde, begingen die »Lonely Hearts Killers« ihre letzte Untat – einen niederträchtigen Doppelmord. Die 41-jährige Witwe Delphine Downing aus Grand Rapids in Michigan, Mutter einer zweijährigen Tochter, lud Raymond nach den üblichen Briefwechseln zu sich ein; dass seine Schwester mitkommen sollte, störte sie nicht. Sie nahm die beiden in ihr Haus auf, und ein paar Tage lang ging auch alles gut – Martha ließ sogar Sex zwischen ihrem Geliebten und Delphine zu –, doch nach einem eigentlich belanglosen Zwischenfall (Delphine hatte entdeckt, dass Raymond ein Toupet trug, unter dem er seine hässliche Narbe verbarg) eskalierten die Dinge mal wieder: Die Witwe bekam ein Beruhigungsmittel verabreicht (vielleicht nahm sie es auch freiwillig), und als sie dann schlief, versuchte Martha sie zu erdrosseln. Das gelang nicht vollständig, daraufhin schoss Raymond ihr in den Kopf.

Die zweijährige Rainelle hatte das wahrscheinlich mit ansehen müssen. Sie schrie und weinte in einer Tour und nahm keine Nahrung mehr zu sich. Eigentlich hatte Martha geplant, sie mitzunehmen und als ihr eigenes Kind auszugeben, doch nach zwei Tagen, am 28. Februar 1949, war ihre Geduld mit dem Mädchen am Ende: Sie ersäufte sie in einer Wanne mit Waschwasser.

Martha und Raymond vergruben beide Leichen auf die bewährte Weise im Keller des Hauses und übergossen die Gräber mit Zement. Dann verließen sie nicht etwa fluchtartig die Stadt – sondern gingen ins Kino. Nach dem Film kehrten sie sogar in Delphine Downings Haus zurück. Als sie gerade beim Kofferpacken waren, klingelte die Polizei: Nachbarn, die sie ohne Delphine hatten ein- und ausgehen sehen, waren misstrauisch geworden. Schnell fanden die Beamten die beiden Leichen im Keller unter dem noch feuchten Zement. Die »Lonely Hearts Killers« hatten ausgespielt.

Die Staaten Michigan (wo sie Mutter und Tochter Downing getötet hatten) und New York (wo sie den Mord an Janet Fay begangen hatten) stritten, wo ihnen der Prozess gemacht werden sollte. Das war nicht unwichtig: Michigan hatte keine Todesstrafe, New York schon. Der Distriktstaatsanwalt nützte Marthas und Raymonds Angst vor einem Prozess in New York aus und machte ihnen vage Versprechungen, dass sie in Michigan angeklagt würden, wenn sie ein Geständnis ablegten. Das ließen sie sich nicht zweimal sagen: 73 Seiten lang war das Protokoll, in dem sie ihre Taten gestanden. Doch der Staatsanwalt hatte sie ausgetrickst: Kaum war die Unterschrift unter dem Geständnis, wurden sie nach New York ausgeliefert.

Der Prozess erregte riesiges Aufsehen, wobei sich die Leute, angestachelt durch die Sensationspresse, weniger über die Morde die Mäuler zerrissen als vielmehr über die ausschweifenden Sexualbeichten des Paares, die durch die Verbindung zum Voodoo noch eine mystisch-rituelle Note bekamen. In den Medien wurde Martha zu einem sexbesessenen Monster von bis zu 300 Pfund Gewicht stilisiert – das empörte sie so, dass sie noch aus der Todeszelle Beschwerdebriefe an die Herausgeber der entsprechenden Blätter schrieb.

Martha und Raymond widerriefen das umfängliche Geständnis, das sie in Michigan abgelegt hatten, doch der Morde an Janet Fay, Delphine Downing und der kleinen Rainelle waren sie überführt und wurden wegen ihnen angeklagt. Der Versuch ihres Anwalts, auf Unzurechnungsfähigkeit zu plädieren, scheiterte. Am 18. August 1949 um 21.45 Uhr zog sich die Jury zur Urteilsfindung zurück. Die Beratung dauerte über zehn Stunden. Erst am nächsten Morgen um 8.30 Uhr stand das Urteil fest: schuldig. Martha Beck und Raymond Fernandez wurden zum Tode verurteilt.

Rund 20 Monate mussten sie im berüchtigten Hochsicherheitsgefängnis Sing Sing in getrennten Todeszellen auf ihre Hinrichtung warten. Alle Gnadengesuche wurden abgewiesen. Am 8. März 1951 wurden sie kurz hintereinander auf dem Elektrischen Stuhl exekutiert. Marthas letzte Worte kennen wir schon. Das Letzte, was Raymond sagte, war: »Ich will es hinausschreien: Ich liebe Martha! Was wissen die Leute schon von Liebe?«

Der Rausch des Tötens

Der Rausch des Tötens

Wer schön sein will, muss leiden lassen

Erszébet Báthory (1560–1614)

Sie gilt als eine der blutrünstigsten Serienmörderinnen aller Zeiten: Erszébet Báthory, die »Blutgräfin«, folterte und tötete Dutzende, vielleicht sogar Hunderte junger Frauen. Über die Zahl der Opfer herrscht Uneinigkeit; die einen sagen 80, die anderen 300, wieder andere 650, irgendetwas dazwischen stimmt vielleicht. Und warum dieser Blutrausch? Zum einen war Erszébet Báthory höchst sadistisch veranlagt, sie genoss es, Menschen zu quälen. Zum anderen glaubte sie, durch das Baden in Jungfrauenblut ihre Haut am Altern hindern zu können. Lange Zeit griff niemand ein, denn die hochadelige Báthory war eine zu mächtige Frau.

In den Weihnachtstagen des Jahres 1610 erteilte König Matthias II. von Ungarn seinem Statthalter, dem Grafen György von Thurzó, den Auftrag, den Wohnsitz der mächtigen Gräfin Erszébet Báthory (pikanterweise Thurzós Kusine) zu stürmen und zu durchsuchen, die einsam in den Karpaten gelegene Burg Csejte.

Als Thurzó in der Nacht vom 29. auf den 30. Dezember 1610 mit seinen Truppen in die Burg eindrang, bot sich den Männern ein Bild des Grauens: In der Eingangshalle fanden sie ein totes Mädchen, halbnackt und offenbar ausgeblutet. Daneben lag ein weiteres, ebenfalls extrem blass wirkendes Mädchen, dessen Körper von Stichwunden übersät war. Es war am Leben, doch dem Tod so nah, dass die Männer es liegen ließen. Etwas weiter, an eine Säule gelehnt, der nächste fast blutleere Körper einer jungen Frau. Ihre Haut war über und über mit Schnitt-, Biss- und Brandwunden bedeckt.

Die schlimmsten Befürchtungen schienen sich zu bewahrheiten. All die unglaublichen Gerüchte über die Grausamkeit der »Blutgräfin«, die eine Hexe sein und zahllose Jungfrauen gequält und getötet und sich in ihrem Blut gesuhlt haben sollte – sie schienen zu stimmen. Mit zitternden Knien, so dürfen wir annehmen, schlichen die Männer die Treppen hinunter zu den Verliesen der Burg. Im Dunkeln hörten sie Scharren,

Zeitgenössisches Porträt der Gräfin Erszébet Báthory

Wimmern, leise Schreie. Als sie tiefer in die Gewölbe eindrangen, fanden sie die Verliese voll mit jungen Frauen und Mädchen, manche mit Spuren von Folterungen, manche noch unversehrt. Sie hatten die »Vorratskammer« der Gräfin entdeckt.

Kurz darauf wurde Erszébet Báthory festgesetzt. Einer der sadistischsten Mörderinnen der Geschichte war endlich, nach wahrscheinlich ungefähr 30 Jahren ungehinderten Quälens und Tötens, das Handwerk gelegt worden.

Geboren wurde Erszébet (ungarisch für Elisabeth) Báthory am 7. August 1560 in eine der reichsten und einflussreichsten Familien Ungarns; die Báthorys zählten schon seit dem 11. Jahrhundert zum Hochadel Transsylvaniens. Doch wie das oft so ist bei alten Adelsgeschlechtern: Um Macht und Besitz zusammenzuhalten, wurde gern untereinander geheiratet. Nicht wenige nahe Verwandte Erszébets aus ihrer Generation oder der ihrer Eltern (unter anderem ihr Onkel Stephan Báthory, der damalige König von Polen-Litauen) litten unter Epilepsie, andere waren berüchtigt für ihren Tyrannismus und ihre Grausamkeit oder für sadomasochistische sexuelle Ausschweifungen. Es gab Trunksucht in der Sippe, Mordlust, krankhafte Habgier; ein Onkel glaubte, vom Teufel besessen zu sein. Offenbar eine schrecklich nette Familie, und Erszébet fügte sich gut ein: Sie litt unter unkontrollierten Wutanfällen, war in hohem Grade promiskuitiv und hatte wahrscheinlich auch die Epilepsie geerbt.

Als sie elf war, wurde Erszébet mit dem doppelt so alten Ferenc (Franz) Nádasdy verlobt, wodurch sich zwei mächtige Familien miteinander verbanden. Die Hochzeit fand im Jahr 1575 statt, als Erszébet 14 war; im Jahr zuvor hatte sie wahrscheinlich bereits ein Kind bekommen – allerdings nicht von ihrem Verlobten, sondern vermutlich von einem Bauernjungen aus der Gegend. Der Bastard, ein Mädchen, wurde ohne viel Aufhebens in die Walachei verbracht und an Adoptiveltern übergeben.

Von ihrem Ehemann bekam Erszébet zehn Jahre lang keine Kinder – es wird darüber spekuliert, dass ihre Frustration über dieses »Versagen« mit zu ihrer Grausamkeit beitrug. Es sollten dann zwar doch noch fünf Kinder werden, aber da gab es wohl schon kein Zurück mehr.

Das frisch vermählte Paar zog auf die düstere Burg Csejte, die Erszébets Mann mit in die Ehe brachte – eine von 16 Burgen im Besitz des Paares. Ferenc war selten zu Hause; er hatte sein Leben dem Soldatentum verschrieben und kämpfte als Kommandant in der Armee des Königreichs Ungarn (unter der Herrschaft des Hauses Habsburg) gegen die Osmanen. Aufgrund seiner extrem brutalen Kriegstaten bekam er den Beinamen »Schwarzer Ritter« oder auch »Türkenschlächter« – da hatte

Erszébet genau den Richtigen abbekommen. Man darf annehmen, dass sie einige der Foltermethoden, die sie später anwandte, von ihm erklärt bekommen hatte.

Erszébet verwaltete sowohl ihr beträchtliches Vermögen als auch das ihres Gatten, aber sie dürfte sich trotzdem gelangweilt haben, so allein auf Burg Csejte. Ob sie schon als junge Frau mordete, wissen wir nicht, aber ihren sadistischen Neigungen ließ sie sicherlich sehr bald freien Lauf: Dienstmädchen zu quälen wurde, so lakonisch es klingen mag, zur einer Art Hobby. Das Leben von niederen Bediensteten war nicht viel wert in jener Zeit; Prügelstrafen und auch drakonischere Misshandlungen waren durchaus an der Tagesordnung.

Doch so weit wie Erszébet trieb es wohl kaum einer. Angefangen hat es sicherlich im Rahmen des damals Normalen; verrichtete eine Magd die ihr aufgetragene Arbeit nicht ordentlich, wurde sie gezüchtigt. Doch man kann davon ausgehen, dass Erszébet es sehr bald darauf anlegte, dass man es ihr gar nicht mehr recht machen konnte; Dienerinnen wurden bald nicht mehr nur bestraft, wenn sie nicht folgsam gewesen waren oder einen Befehl ihrer Herrin falsch oder zu langsam ausgeführt hatten, sondern die Bestrafung wurde zum Selbstzweck und brauchte keinen Anlass mehr.

Die Opfer ihrer Misshandlungen waren fast ausnahmslos jung und weiblich – und Nachschub gab es genug, denn eine Anstellung in einem hochherrschaftlichen Hause galt als Privileg, trotz der zu erwartenden Züchtigungen. Gerüchte wird es bald gegeben haben, doch die Mädchen kamen gern: So schlimm wird es schon nicht sein, werden sie gedacht haben, ich werde es der Herrin schon recht machen, wenn ich mich nur anstrenge. Welch trauriger Irrtum.

Nicht nur bezüglich der Anlässe für die Misshandlungen, sondern auch im Bezug auf deren Härte ging Erszébet mit der Zeit immer exzessiver vor. Schläge und Auspeitschungen, die – zumindest bei »echten« Vergehen – noch im Rahmen des Üblichen gewesen wären, reichten ihr bald nicht mehr. Sie stach ihre Opfer mit scharfen Klingen, malträtierte sie mit Kneifzangen, fügte ihnen mit glühenden Eisen Verbrennungen zu. Sie schnitt ihnen mit einer Schere die Haut auf, stach ihnen Nadeln unter die Fingernägel, biss ihnen ganze Fleischstücke aus der Haut. Sie weidete sich daran, ihre Opfer an den Rand des Todes zu bringen. Die Mädchen, selten über 14, waren dabei fast immer nackt.

Erszébets Einfallsreichtum kannte kaum Grenzen, und sie hatte bald keine Hemmungen mehr, ihre Opfer bis zum Tod zu martern. Sie ließ die Mädchen so lange auf den Unterleib schlagen, bis dieser aufplatzte. Sie umwickelte die Finger ihrer Opfer mit in Öl getränkten Tüchern und zündete sie an, oder sie steckte ihnen brennendes Ölpapier zwischen die Zehen. Dem einen Mädchen durchstach sie die Zunge, dem anderen nähte sie den Mund zu. Im Sommer bestrich sie ihre nackten Opfer mit Honig und schickte sie in einen Bienenschwarm. Im Winter ließ sie sie nackt im Burghof fesseln und mit Eiswasser übergießen, bis sie erfroren.

Bei alledem, und das ist mindestens so schaurig wie ihre Taten selbst, hatte sie Helfer. Eine Frau namens Anna Darvulia, von der wir nicht viel wissen (sie war vermutlich eine Geliebte von Erszébet), sowie vier ihrer Bediensteten taten sich dabei besonders hervor: eine ihrer Kammerzofen, eine der Wäscherinnen, die Amme ihrer Kinder und ihr kleinwüchsiger, buckliger Hausverwalter Ficzkó. Aber es muss davon ausgegangen werden, dass sämtliche Angestellte der Gräfin (so sie nicht als Opfer vorgesehen waren) zumindest Mitwisser waren, in verschiedenen Abstufungen sicher auch Mittäter. Natürlich kann der Grad der Abhängigkeit eines Bediensteten von seinem Herrn zu jener Zeit nicht hoch genug eingeschätzt werden; die Vorstellung, dass einer aus dem Gesinde zur Obrigkeit geht und gegen seine Herrschaft aussagt, ist nachgerade absurd. Und doch: Es hatte etwas von einem Komplott, dieses jahrelange Foltern und Töten auf Burg Csejte.

Und was ist mit dem eingangs beschriebenen Jugendwahn der Blutgräfin? Nun, wahrscheinlich eine Legende, aber eine, die sehr gut passt zu Erszébet Báthory, und völlig auszuschließen ist die Episode nicht. Folgendes soll sich zugetragen haben: Als sie sich einmal von einer jungen Magd frisieren ließ und diese dabei einen ungeschickten Handgriff tat, schlug Erszébet sie so heftig ins Gesicht, dass das Mädchen zu bluten begann und die Gräfin einige Blutspritzer abbekam. Nachdem diese abgewischt wurden, glaubte sie zu erkennen, dass sich ihre Haut an jenen Stellen verjüngt habe. Erszébet ließ umgehend die Adern des armen Mädchens aufschneiden und das Blut in einem Bottich auffangen, um in dem Blut zu baden: Sie versprach sich davon Verschönerung, ja ewige Jugend. Und weil das Mädchen noch Jungfrau gewesen war, hatte die Gräfin es fortan speziell auf Jungfrauen abgesehen, um sie auszubluten und mit dem Blut ihre Verjüngungskuren durchzuführen.

Wie gesagt: eine Legende. Vermutlich nachträglich entstanden, um das Unerklärliche zu erklären, um der unfassbaren Zahl der Opfer und der Tatsache, dass es sich bei ihnen fast ohne Ausnahme um junge Mädchen handelte, einen Sinn, eine Logik zu geben. Aber wer weiß schon, was mit den Hektolitern an Blut geschah, die im Lauf der Jahre auf Burg Csejte flossen …

28 Jahre waren Erszébet und Ferenc verheiratet. In den Anfangsjahren ihrer Ehe hat sie vermutlich noch nicht getötet, und man kann davon ausgehen, dass sie ihre sadistischen Handlungen zunächst vor ihrem Mann zu verheimlichen versuchte. Als gesichert gilt allerdings, dass sie nicht erst nach Ferencs Tod mit dem Morden anfing, und ebenso sicher kann man davon ausgehen, dass der Burgherr mit den Jahren über ihr Tun Bescheid wusste. Vielleicht hat er nur die Dimensionen nicht erkannt – Züchtigungen der Bediensteten waren, wie gesagt, nichts Ungewöhnliches, und wenn dabei die ein oder andere zu Tode kam, war das an sich auch noch keine große Sache –, vielleicht hat der »Türkenschlächter« aber auch gutgeheißen, was seine Frau während seiner Abwesenheit so trieb.

Wie dem auch sei: Ferenc, der »Schwarze Ritter«, starb am 4. Januar 1604, und da auch die Kinder mittlerweile verheiratet und damit nicht mehr auf der Burg waren, hatte Erszébet nun freie Bahn. Tote hatte es bei ihren Spielchen vorher schon gegeben, aber jetzt wütete Erszébet anscheinend ungehemmt. In den sechs Jahren vom Tod ihres Mannes Anfang 1604 bis zu ihrer Festnahme Ende 1610 fand auf Burg Csejte ein regelrechtes Massenabschlachten statt.

Und Erszébet ging ihren perversen Neigungen nun auch nicht mehr nur auf ihrer Stammburg nach, sondern überall, wo sie sich aufhielt –

in ihrem Palais in Wien ebenso wie in ihren anderen Schlössern und Burgen: Ein Verlies, ein Gewölbe oder auch ein Waschhaus, dessen Mauern dick genug waren, dass sie keine Schreie durchließen, fand sich immer.

Gerade in den umliegenden Dörfern der Burg Csejte wurde das Verschwinden von jungen Frauen immer auffälliger, es muss am Ende eine halbe Generation von Mädchen wie vom Erdboden verschluckt gewesen sein. Natürlich wussten die Bauern, dass ihre Töchter auf der Burg arbeiteten, und dass das Verschwinden ihrer Mädchen mit der Gräfin zu tun hatte, konnten sie sich auch ausrechnen, Gerüchte gab es genug. Doch was sollten sie tun? Sie waren vollkommen machtlos. Gegen eine Gräfin Báthory begehrte man nicht auf.

Zum Verhängnis wurde Erszébet etwas anderes: Sei es, weil sie völlig verblendet in dem Glauben war, dass sie mit allem durchkommen würde, sei es, weil ihr ganz praktisch die Bauernmädchen ausgegangen waren – jedenfalls weitete sie den Kreis ihrer Opfer auf Mädchen aus dem niederen Adel aus, die sie unter dem Vorwand auf ihre Burg holte, ihnen dort eine höhere Erziehung zukommen zu lassen. Dass sie auch diese jungen Frauen malträtierte und umbrachte, war – offenbar anders als das Foltern und Töten von Dutzenden von Bauernkindern – inakzeptabel. Die Gerüchte über neun verschwundene Töchter aus adeligen Familien waren nicht mehr aus der Welt zu schaffen, und so schickte der König den Grafen Thurzó, Burg Csejte zu stürmen und die »Blutgräfin« festzusetzen.

Schon am 2. Januar 1611, also nur drei Tage nachdem dem grausigen Treiben auf der Burg ein Ende gemacht worden war, begann auf Schloss Bitcse, dem Herrensitz des Grafen Thurzó, der Prozess. Es war eine gigantische Veranstaltung, mehrere Hundert Zeugen wurden befragt. Nur eine fehlte: Erszébet Báthory. Sie stand in ihrer Burg Csejte unter Hausarrest. Ihr wurde der Prozess gemacht, ohne dass sie gehört wurde.

Was das zu bedeuten hat, ist strittig: War es ein Privileg, dass sie nicht vor Gericht erscheinen und sich den hochnotpeinlichen Befragungen aussetzen musste, geschuldet ihrem hohen Stand und ihrer Verwandtschaft zum prozessführenden Thurzó? Oder wollte man sie nicht anhören, weil man sie bereits vorverurteilt hatte? War der ganze Prozess gar eine Intrige? Aufgrund des langen Krieges gegen die Türken hatte sich das Haus Habsburg hoch verschuldet, und einer der Geldgeber war Erszébets verstorbener Mann gewesen. Wollte König Matthias II. von Ungarn die Gräfin Báthory nur aus dem Weg schaffen, um seine Schulden nicht begleichen zu müssen? Möglich ist es. Dass Erszébet deswegen aber gleich unschuldig gewesen sein soll, ihre Schandtaten also komplett erfunden worden sein sollen, um ihr den Prozess machen zu können, wie es manchmal behauptet wird, das erscheint dann doch arg unwahrscheinlich. Dass Erszébet Báthory eine sadistische Serienmörderin war, gilt als gesichert.

Wie auch immer: Erszébets vier Mitangeklagte (die ominöse Anna Darvulia war kurz zuvor eines natürlichen Todes gestorben) wurden zunächst in einem normalen Verhör, dann unter Folter vernommen und – wenig überraschend – für schuldig befunden. Der minderbemittelte Zwerg Ficzkó wurde geköpft, die Wäscherin durch einige Zeugenaussagen entlastet und zu lebenslanger Haft verurteilt. Die beiden anderen Frauen, denen die größte Mitschuld nachgewiesen worden war, wurden lebendig auf dem Scheiterhaufen verbrannt, nachdem man ihnen die »frevelnden« Finger gliederweise mit Zangen abgerissen hatte.

Und Erszébet? König Matthias II. hatte schon während des Prozesses die Todesstrafe für sie gefordert, doch Graf Thurzó wusste dies zu verhindern und setzte eine deutlich mildere Strafe für seine Kusine durch: Die »Blutgräfin« wurde auf ihrer Burg in einer kleinen, vermutlich ungeheizten Kammer lebenslang eingemauert. Nur durch eine kleine Aussparung bekam sie zu essen und zu trinken.

Als ihr am Morgen des 21. August 1614, nach dreieinhalb Jahren in diesem Verlies, Essen gebracht werden sollte, stand der Teller mit der Mahlzeit des Vorabends unberührt in der kleinen Durchreiche. Man spähte hinein und sah die Gräfin auf dem Boden liegen. Die Mauer wurde eingerissen, und man überzeugte sich: Sie war tot. Das Leben der grausamen »Blutgräfin« hatte, allen angeblichen Verjüngungsbädern zum Trotz, nur 54 Jahre gedauert.

Auf den Geschmack gekommen

Marie Alexandrine Becker (1877–1938)

Das kleine Belgien hat mit Marc Dutroux und dem sogenannten
»Schlächter von Mons« zwei Serienmörder hervorgebracht, deren Abscheu
erregende Taten weltweit für Aufsehen sorgten. Die berühmteste Serien-
mörderin des Landes steht dagegen in der öffentlichen Wahrnehmung
deutlich im Schatten dieser beiden Schwerverbrecher – dabei hat auch
sie eine beeindruckende Bilanz vorzuweisen: Mindestens elf Morde gehen
auf das Konto von Marie Alexandrine Becker. Eigentlich hatte sie nur
ihren langweiligen Mann umbringen wollen – doch das ging so einfach,
dass sie nicht mehr aufhören konnte …

55 Jahre lang ist nichts Besonderes passiert im Leben der Marie Alexandrine Becker. 55 Jahre Wohlanständigkeit, 55 Jahre eine biedere bürgerliche Existenz, 55 Jahre Normalität. Dann ein Mord und kurz darauf:
innerhalb von zwei Jahren zehn weitere Morde, vielleicht mehr.

Was diese unauffällige Frau zur Serienmörderin werden ließ, war
wohl das Leiden an der Eintönigkeit ihrer bisherigen und der Überdruss
an der Absehbarkeit ihrer zukünftigen Existenz, gepaart mit der unerwartet aufblitzenden Möglichkeit eines anderen, eines aufregenden Lebens. Denn es ist nicht so, dass sie Grund zur Klage gehabt hätte: Marie
Alexandrine war die Ehefrau eines respektablen Handwerkers, des Mö-
belschreiners Charles Becker, und lebte an seiner Seite in ihrer Geburtsstadt Liège (Lüttich) ein Leben ohne materielle Sorgen. Die Mittfünf-
zigerin mag ihren etwas schwerfälligen Mann als langweilig empfunden
haben, aber in welcher mehrere Jahrzehnte dauernden Ehe ist nicht irgendwann die Luft raus? Das ist noch kein Grund zu töten.

Doch eines Tages im Jahr 1932 begegnete die untadelige Hausfrau
(angeblich beim Gemüsehändler) dem 46-jährigen, also fast zehn Jahre
jüngeren Lambert Beyer, seines Zeichens Kaufmann von Beruf. Die
beiden begannen eine leidenschaftliche Affäre, und diese Schäferstündchen, deren Reiz durch die Geheimhaltung vermutlich noch erhöht

wurde, eröffneten Marie Alexandrine wohl die Aussicht auf ein Ende ihres eintönigen Lebens.

Ob sie ihren Mann einfach nur schrecklich satthatte und ihn nicht mehr ertrug oder ob sie frei für eine Hochzeit mit Lambert sein wollte, wissen wir nicht – jedenfalls vergiftete sie ihren nichtsahnenden Gatten mit einer Überdosis Digitalis. Das Glykosid des Fingerhuts ist ein Herzmedikament, und in zu hoher Dosierung führt es zu Herz-

Marie Alexandrine Becker, 1936

rhythmusstörungen und zum Tod. So auch bei Charles Becker. Ein mit Marie Alexandrine befreundeter Arzt stellte den Totenschein aus und kreuzte »natürliche Todesursache« an. Mann unter der Erde, Erbe bei Marie Alexandrine – so einfach ging das.

Nun war sie frei für Lambert. Nach einer angemessenen Trauerphase zeigte sie sich öffentlich mit ihm, und keiner nahm Anstoß daran. Doch was sie bei ihrem teuflischen Plan wohl nicht vorausgesehen hatte, war: Als der Reiz des Verbotenen ihren Treffen mit Lambert nicht mehr die Würze gab, wurde ihr auch diese Beziehung fad. Aber das war kein Problem für Marie Alexandrine: Sie wusste ja jetzt, wie man sich eines unliebsamen Mannes entledigte. Warum mühsam mit Trennungsgesprächen aufhalten – das Leben war zu kurz für solche Auseinandersetzungen. Marie Alexandrine hatte Blut geleckt: Das Leben bot so viel mehr als langweilige monogame Beziehungen, und als Frau in den besten Jahren hatte sie keine Zeit zu verlieren.

Im November 1934 starb Lambert Beyer. Todesursache: Herzversagen aufgrund einer Vergiftung durch eine Überdosis Digitalis. Doch im Totenschein war »natürliche Todesursache« vermerkt. Derselbe befreundete Arzt wie bei ihrem Mann hatte ihn ausgestellt.

Jetzt verlor Marie Alexandrine jede Hemmung. Mit dem Geld aus der Lebensversicherung ihres Mannes und dem, was sie bei Lambert

Beyer an sich gebracht hatte (ob sie lediglich sein Bargeld und seine Wertgegenstände an sich nahm oder ob er so dumm war, sie in sein Testament aufzunehmen, wissen wir nicht), war sie einigermaßen vermögend, und dieses Vermögen verprasste sie. Sie eröffnete eine schicke Boutique, in der sie edle Damenmode verkaufte, und stürzte sich ins Nachtleben, als gäbe es kein Morgen. Sie verkehrte in teuren Bars und gab die Grande Dame, wurde Stammkundin in diversen Nachtclubs der Stadt, in denen sie wilde Partys mit wechselnden Geliebten feierte, die halb so alt waren wie sie. Manchmal schleppte sie diese Männer, die ihre Söhne hätten sein können, mit nach Hause ab, manchmal bezahlte sie auch einen jungen Gigolo für seine Liebesdienste. Kurz: Marie Alexandrine genoss ihren zweiten Frühling und trieb es dabei richtig bunt.

Es verwundert nicht, dass bei diesem exzessiven Lebensstil schon nach einem halben Jahr das Geld weg war – die Boutique lief zwar einigermaßen, warf aber keine wirklich bedeutenden Gewinne ab. Was tun? Als eine etwas ältere Freundin namens Marie Castadot im Juli 1935 über ihre angegriffene Gesundheit, über Übelkeit und Schwindelanfälle klagte, muss Marie Alexandrine schlagartig den Ausweg aus ihrer finanziellen Misere gesehen haben. Sie bot der Freundin an, sie zu pflegen, was diese gerne annahm; doch der Gesundheitszustand der armen alten Dame verbesserte sich in Marie Alexandrines Obhut keineswegs, im Gegenteil: Am 23. Juli war sie tot. Und Marie hatte wieder etwas Geld im Portemonnaie sowie neuen Schmuck und wertvolle Kleider im Schrank.

Sie vergiftete in den folgenden rund 15 Monaten mindestens acht weitere ältere Menschen mit Digitalis, vielleicht sogar mehr. Alle Opfer stammten aus ihrem Bekanntenkreis oder waren Kundinnen ihrer Boutique, die sich in diesem Sinne doch noch als Goldgrube entpuppte. Stets waren die Damen pflegebedürftig, stets bot die gute Marie Alexandrine uneigennützig ihre Hilfe an, stets starben ihre Schutzbefohlenen binnen weniger Wochen. Und stets füllte sich Marie Alexandrine die Taschen – mit dem, was ihr ihre dankbaren »Patientinnen« schenkten oder vermachten, oder mit dem, was sie nach deren Ableben in der Wohnung fand. Nie schöpfte jemand Verdacht. Das mag vor allem an Marie Alexandrines eigenem Alter gelegen haben: Sie ging auf die 60 zu; es war einfach nicht auffällig, wenn eine 70-Jährige starb, die in ihren letzten Tagen von einer fast 60-jährigen Freundin gepflegt worden war. Außerdem verstand sie es meisterhaft, auf den Beerdigungen ihre tiefe Trauer für alle sichtbar zum Ausdruck zu bringen.

Aber irgendwann war es doch zu viel. Bei der Polizei gingen anonyme Briefe ein mit Hinweisen auf Marie Alexandrines Tun. Soweit man heute weiß, stammten die Briefe von einem verheirateten Polizisten, der eine kurze Affäre mit ihr gehabt hatte und dem die Häufung der Todesfälle in ihrem Umfeld höchst verdächtig erschienen war – weil er die Affäre geheim halten wollte, konnte er nicht offiziell tätig werden, daher dieser Umweg.

Im Oktober 1936 wurde Marie Alexandrine in Brüssel verhaftet. Überführt war sie schnell: Zum einen hatte sie in ihrer Handtasche ein Fläschchen mit größeren Mengen Digitalis bei sich, zum anderen fanden die Beamten in ihrer Wohnung Schmuck, Kleidung und andere Wertgegenstände aus dem Besitz mehrerer Toten. Eine Exhumierung der Leichen ihres Mannes, ihres Liebhabers und der in ihrer Obhut verstorbenen Menschen machte aus dem starken Verdacht eine Gewissheit.

Vor Gericht fand sie keine Gnade. Insbesondere die Aussagen jener Zeugen, die schilderten, wie Marie Alexandrine an den Gräbern ihrer Opfer hysterisch geweint hatte und auf die Knie gefallen war, um am selben Abend in irgendeinem Nachtclub wild tanzend eine Party zu feiern und das frisch gestohlene Geld zu verjubeln, lösten Empörung, ja Abscheu aus. Die 59-jährige Marie Alexandrine Becker wurde wegen elffachen Mordes verurteilt. Zu lebenslanger Haft – die Todesstrafe war in Belgien kurz zuvor abgeschafft worden.

Allzu lang musste sie nicht im Gefängnis sitzen; nach nicht einmal zwei Jahren starb Marie Alexandrine 1938 in ihrer Zelle eines natürlichen Todes. Wer weiß, ob sie auf dem Totenbett ihre Taten bereut hat – vielleicht. Vielleicht machte sie aber auch die nüchterne Rechnung auf: nicht einmal zwei Jahre Gefängnis für vier wilde Jahre unverhofftes Glück, für vier Jahre intensives, pulsierendes Leben nach 55 Jahren Langeweile. Wer weiß, vielleicht war es ihr das wert. Vielleicht starb Marie Alexandrine Becker mit einem Lächeln auf den Lippen.

Die »seltsame Krankheit des Erbrechens«

Gesche Gottfried (1785–1831)

Weil sie sich so aufopferungsvoll um ihre dahinsiechenden Familienmitglieder kümmerte und deren Tode so demütig ertrug, wurde sie bald »Engel von Bremen« genannt. Was die Leute nicht wussten: All die Menschen, die um Gesche Gottfried herum starben – 15 sollten es am Ende sein –, hatte sie selbst getötet. Zunächst aus niederen selbstsüchtigen Motiven (weil sie ihren Plänen im Wege standen oder aus Habgier), dann aber zunehmend aus einer schlichten Lust am Töten heraus.

Wenn alteingesessene Bremer Bürger heute am Dom ihrer Heimatstadt vorbeigehen, spucken sie nicht selten an einer bestimmten Stelle auf den Boden. Denn etwa 20 Meter vom Nordportal entfernt ist in das Straßenpflaster der sogenannte »Spuckstein« eingelassen, der an das Ende der berühmtesten Giftmischerin Bremens, ja vielleicht Deutschlands erinnern soll: An genau dieser Stelle soll das Schafott gestanden haben, auf dem am 21. April 1831 dem Leben derjenigen ein Ende gesetzt wurde, die 15 Menschen ermordet und mindestens 19 weitere zu ermorden versucht hatte; aus Abscheu vor Gesche Gottfried wird der Stein angespuckt – wenn man beobachtet, wie viele Bremer dies noch heute tun, wird ersichtlich, wie präsent die schrecklichen Taten der Gottfried auch nach fast zwei Jahrhunderten noch sind.

Dabei war sie so ein braves Mädchen gewesen. Gesche Margarethe Timm, geboren 1785 als Kind einfacher Bremer Handwerker (der Vater war Schneider, die Mutter Wollnäherin), war hübsch, sensibel und aufgeweckt; sie besuchte die fromme Domschule, lernte eifrig Französisch und übte sich im Klavierspiel. Ein so gelungenes Kind, dass der Vater Hoffnung hegte, sie günstig »nach oben« verheiraten zu können. Und tatsächlich lehnte Gesche alle Hochzeitsanträge ab, bis der in einem stattlichen Patrizierhaus wohnende, fünf Jahre ältere und aufgrund einer Erbschaft durchaus begüterte Sattlermeister Johann Miltenberg um ihre Hand anhielt. Eine gute Partie, wie es schien – Gesche nahm an, und

Porträt von Gesche Gottfried, gezeichnet 1829 im Kriminalgefängnis Bremen

am Tag ihres 21. Geburtstags wurde Hochzeit gefeiert. Sie gehörte nun zur wohlhabenden Oberschicht.

Doch Miltenberg entpuppte sich als schlechte Wahl. Er soff, verbrachte die Abende lieber in Kneipen und Bordellen als zu Hause und verschleuderte dabei sein Vermögen. Das Geld würde bald verbraucht sein, das begriff Gesche vermutlich schnell.

Drei Kinder bekam sie während der Ehe mit Miltenberg (zwei Totgeburten kamen hinzu). Die erstgeborene Tochter Adelheid war behindert (eine Folge von Miltenbergs Syphilis, wie es hieß); die beiden anderen waren gesund, dafür eventuell nicht von ihrem Mann: Gesche hatte sich, enttäuscht und angewidert von Miltenberg, bald einen Liebhaber zugelegt, den unverheirateten Weinhändler Michael Christoph Gottfried, und weil der sich nicht allzu eng auf sie einlassen wollte, gleich noch einen zweiten, einen verheirateten Familienvater.

Was für ein Abstieg. Aus der blühenden, mit so vielen Hoffnungen und Talenten ausgestatteten jungen Frau war die untreue Gattin eines die Familie sichtlich in den Ruin treibenden Säufers geworden, die nach den vielen Schwangerschaften zu allem Unglück ihre Schönheit verloren hatte und jetzt abgemagert und verhärmt aussah. Vor ihrem Mann, der zusehends verfiel, ekelte sie sich nur noch.

Dann starb Johann Miltenberg am 1. Oktober 1813 plötzlich nach mit Brechanfällen verbundenen Leibschmerzen. Das Mitgefühl der Nachbarn war groß. Gesche, 28 Jahre alt, dreifache Mutter und Witwe, veröffentlichte eine rührende Todesanzeige in den *Bremer Nachrichten*, in der sie ihren »unvergesslichen Mann« betrauerte, der »im achten Jahr unserer vergnügt geführten Ehe« an einem »hitzigen Gallenfieber« verstorben sei. Die arme Frau, werden alle gedacht haben. Dabei hatte Gesche ihren Mann kaltblütig selbst getötet: mit »Mäusebutter«, einer verbreiteten Mischung aus Schmalz und Arsen, mit der man üblicherweise Ratten und Mäuse vergiftete.

Gesche war ihren abstoßenden Mann los, doch sein ererbtes Vermögen hatte Miltenberg längst durchgebracht, und durch den Wegfall seiner Einkünfte verarmte Gesche jetzt erst richtig. Sie hoffte, ihr Liebhaber Michael Gottfried würde ihr helfen, indem er sie heiratete (der andere war ja schon verheiratet, der kam nicht in Frage), aber Gottfried machte keinerlei Anstalten, ihr aus der Patsche zu helfen. In dieser Situation traf Gesche eine Entscheidung, die bis heute nur schwer zu erklären ist – ihre komplette Familie zu töten.

Am 2. Mai 1815 starb ihre Mutter, am 10. Mai die dreijährige Tochter Johanna, am 18. Mai die sechsjährige Tochter Adelheid, am 28. Juni ihr Vater und am 22. September der fünfjährige Sohn Heinrich. Alle hatten Mäusebutter ins Essen oder Trinken bekommen, mal auf den Zwieback, mal in die Suppe, mal in die Limonade, im Fall der kleinen Johanna sogar auf den Kuchen, der am Tag zuvor beim Begräbnis der Mutter von der Trauerfeier übrig geblieben war. Die fünf ihr am nächsten stehenden Menschen, die ihr nichts getan hatten und für die sie vermutlich Liebe empfand, getötet in einem Sommer.

Als Motiv wird einerseits das elterliche Erbe genannt (das allerdings wenig üppig war), andererseits wird spekuliert, dass Gesche wohl glaubte, ihre Familie – insbesondere ihre Kinder – ständen einer Heirat mit Gottfried im Weg. Wenn dem so war, hat der Plan nicht funktioniert: Gottfried zeigte weiterhin keine Ambitionen, seine Geliebte zu ehelichen.

Im folgenden Jahr 1816 kehrte unvermutet Gesches Zwillingsbruder Johann, der gegen Napoleon gekämpft hatte und als vermisst galt, verkrüppelt und abgerissen nach Bremen zurück. Gesches Freude wird sich in Grenzen gehalten haben, denn ihr Bruder forderte seinen rechtmäßigen Anteil am elterlichen Erbe. Das hatte Gesche längst verbraucht. Da sie ihren quasi letzten Besitz, das Miltenberg'sche Haus, nicht aufgeben wollte, fiel ihr nur eine Lösung ein: Johann bekam, direkt als Willkommensmahlzeit, eine Portion Schellfisch vorgesetzt, ordentlich mit Mäusebutter angemacht. Am 1. Juni 1816 starb er.

Anfang 1817 wurde Gesche von ihrem Geliebten Michael Gottfried schwanger. Doch nicht einmal das konnte ihn dazu bringen, sie zur Frau zu nehmen. Daraufhin griff sie einmal mehr zur Mäusebutter, diesmal allerdings in niedrigerer Dosierung. Gottfried wurde krank. Gesche erhöhte die Dosis. Gottfried wurde kränker. Gesche mischte noch mehr Mäusebutter in sein Essen. Gottfried wurde sterbenskrank. Da, endlich, war er bereit, sie zu heiraten – ob aus Dankbarkeit für die »Pflege« während seines Siechtums oder weil er Gesche im Angesicht seines Todes dann doch versorgt sehen wollte, wissen wir nicht. Am 5. Juli 1817 starb er; noch auf dem Totenbett war die Ehe geschlossen worden. Gesche Gottfried, wie sie nun hieß, war zum zweiten Mal Witwe geworden. Das Kind kam drei Monate später tot zur Welt. Gesche stand wieder allein da – aber nun mit Gottfrieds Erbe für eine Weile versorgt.

Acht Menschen hatte Gesche in weniger als vier Jahren vergiftet, acht Menschen, die ihr nahegestanden hatten – eine verheerende Bilanz. Jetzt kehrte Ruhe ein – eine trügerische Ruhe, wie sich herausstellen sollte. Vier Jahre lang passierte nichts. Dann ging wohl Gottfrieds Hinterlassenschaft zur Neige, denn Gesche machte das Letzte zu Geld, was sie besaß, und verkaufte das schöne Miltenberg'sche Haus. Vom Erlös mietete sie eine Wohnung. Zwei weitere Jahre verstrichen.

1823, Gesche war 38, trat wieder ein Mann in ihr Leben, der Modewarenhändler Paul Thomas Zimmermann. Er machte ihr einen Heiratsantrag, Gesche akzeptierte. Quasi als Verlobungsgeschenk überschrieb er ihr testamentarisch einen Teil seines Vermögens. Damit musste Gesche ihn nicht mehr heiraten, um an sein Geld zu kommen, und entsprechend verlor sie keine Zeit: Am 1. Juni 1823 starb er, nachdem er einen von seiner Verlobten schön mit Mäusebutter bestrichenen Zwieback verspeist hatte.

Dieser »Rückfall« nach sechs Jahren muss bei Gesche eine Schleuse geöffnet haben. Waren all ihre bisherigen Taten immer noch irgendwie erklärbar gewesen, so fing sie nun an, nahezu wahllos den Menschen in ihrer Umgebung Gift zu verabreichen. Freunde, Nachbarn, Dienstboten – keiner war mehr sicher. Ob es Kinder waren, die sie besuchen kamen, oder Handwerksburschen, die etwas in ihrer Wohnung reparierten – nach Lust und Laune mischte Gesche ihnen Arsen in die kleinen Mahlzeiten, die sie ihnen vorsetzte. Man kann fast von einer Epidemie der »seltsamen Krankheit des Erbrechens« sprechen, die sich in Bremen ausbreitete – mit Gesche im Zentrum. Mindestens 25 Menschen, vermutlich mehr, wurden in der Folge von ihr vergiftet, sechs von ihnen starben qualvoll, die anderen hatten Glück und erholten sich.

Was trieb Gesche da? Empfand sie Lust am Töten? War sie in einem Machtrausch, weil sie sich als Herrin über Leben und Tod fühlte? Spielte sie mit den Leben ihrer Freunde? Das ist kaum zu beantworten. Später, in den Vernehmungen nach ihrer Verhaftung, sollte sie selbst von einem »Trieb« sprechen.

Das erste Todesopfer dieser etwa vier Jahre dauernden Periode fast wahllosen Vergiftens war die Klavierlehrerin Anna Lucia Meyerholz, eine gute Freundin – sie starb am 21. März 1825. Vier Tage zuvor war sie mit Gesche im Theater gewesen, am nächsten Morgen hatte sie noch einmal bei ihr vorbeigeschaut und einen Zwieback gegessen. Drei Tage lang quälte sie sich, bis sie erlöst wurde.

Am 5. Dezember desselben Jahres war dann ein Nachbar und Freund an der Reihe, Johann Mosees, der ein ganzes Jahr lang immer wieder aufs Neue Arsen verabreicht bekommen und schrecklich gelitten hatte. Auch sein Tod dürfte eine Erlösung gewesen sein.

Das nächste Mordopfer hieß Wilhelmine Rumpff. Sie und ihr Mann Christoph hatten inzwischen das Miltenberg'sche Haus gekauft, das einmal Gesche gehört hatte; freundschaftlich hatte man sich 1824 darauf geeinigt, dass Gesche dort wieder einziehen und als eine Art Haushälterin bei den jungen Rumpffs arbeiten würde – sie hieß dort »Tante Gesche« und hatte wohl mehr den Status eines Familienmitglieds als den einer Angestellten oder einer Mieterin. Die Freundlichkeit half Wilhelmine Rumpff wenig: Am 22. Dezember 1826, nur wenige Tage nachdem sie ein Kind zur Welt gebracht hatte, starb sie nach heftigem Erbrechen und Durchfall.

Im Mai 1827 tötete Gesche dann ihre gute Freundin Beta Schmidt und deren dreijährige Tochter Elise. Die arme Mutter musste am 13. Mai erst das Sterben ihres Kindes mit ansehen, zwei Tage später starb sie selbst qualvoll. Nicht zu glauben, welches Leid Gesche um sich herum verbreitete.

Ihr letztes Mordopfer fand sie in dem mit ihr befreundeten Beschlagmeister Friedrich Kleine aus Hannover. Er hatte ihr Jahre zuvor Geld geliehen, das er nun zurückforderte und das sie natürlich nicht hatte; Gesche reiste mit dem Zug nach Hannover und löste das Problem auf ihre Weise. Kleine starb am 24. Juli 1827 nach dem Verzehr eines von Gesche präparierten Schinkenbrots. Auch seine Kinder und das Dienstmädchen waren bei der Gelegenheit mit Mäusebutter bedacht worden, überlebten aber knapp.

Die Frage, was Gesche antrieb, ist genauso schwer zu beantworten wie die, warum ihr so lange niemand Einhalt gebot. Es muss doch aufgefallen sein, dass zwischen 1824 und 1828 so ziemlich jeder, der mit Gesche in Berührung kam, schreckliche Magenbeschwerden davontrug, unter Erbrechen, Durchfall und Krämpfen litt und im ungünstigsten Fall starb; Gesche brachte das Gift ja so ungezügelt unter die Leute, dass man von einem unbewussten Schrei nach Entdeckung sprechen kann. Warum griff so lange niemand ein? Tatsächlich gab es Gerüchte, massive Gerüchte, aber die bürgerliche Gesellschaft Bremens sah weg, vier Jahre lang.

Erst 1828 wurde Gesche das Handwerk gelegt. Ihr Vermieter und

Arbeitgeber Christoph Rumpff, dessen Frau sie 15 Monate zuvor getötet hatte und der inzwischen selbst unter Magenbeschwerden litt, entdeckte eines Tages kleine weiße Körner im Salat. Tante Gesche, darauf angesprochen, spielte die Sache herunter. Doch Rumpff war misstrauisch geworden, endlich. Als einige Tage später die weißliche Substanz in einem Stück Speck auftauchte, ließ er seinen Hausarzt den Stoff untersuchen. Die Analyse des Mediziners war eindeutig: Arsen. Am 6. März 1828, ihrem 43. Geburtstag, wurde Gesche Gottfried verhaftet.

Es folgten zweieinhalb Jahre in Untersuchungshaft, in denen Gesche fast täglich verhört wurde. Bereitwillig gestand sie Mord um Mord. Der Prozess war fast nur noch eine Formsache: Am 17. September 1830 wurde Gesche zum Tod durch das Schwert verurteilt. Es war das erste Todesurteil in Bremen seit über 40 Jahren und sollte die letzte öffentliche Hinrichtung in dieser Stadt sein.

Am 21. April 1831 gegen acht Uhr morgens wurde die Delinquentin in einer offenen Kutsche auf den Domplatz gebracht, wo ihr Schafott aufgebaut worden war. Sie war 46 Jahre alt, sah aber aus wie eine alte Frau. 35 000 Menschen hatten sich versammelt – eine stumme Menge, die weniger sensationslüstern als vielmehr betreten dem letzten Gang der einst angesehenen Bremer Bürgerin beiwohnte. Gesche bekam ein Glas Wein gereicht, an dem sie nur nippte, dann schüttelte sie, was so nicht vorgesehen war, jedem der anwesenden Richter die Hand. Anschließend waltete der Scharfrichter seines Amtes: Mit einem Schwerthieb wurde Gesche enthauptet.

Der abgetrennte Kopf wurde der Menge präsentiert. Kein Beifall erhob sich, kein Jubel war zu hören. Die Menschen schwiegen weiterhin. Viele wussten genau: Das verheerende Tun der Giftmörderin hatte direkt vor ihren Augen stattgefunden, und wenn jemand, statt nur zu tuscheln, die Zivilcourage besessen hätte, den Mund aufzumachen, wären wohl einige Morde zu verhindern gewesen. Gesche Gottfried hatte große Schuld auf sich geladen, doch auch die Bremer Bürger hatten sich nicht mit Ruhm bekleckert.

Fast beschämt, so dürfte es ausgesehen haben, gingen die Leute ihrer Wege.

Die Eitelkeit des Gutachters

Jeanne Weber (1874–1910)

Die Französin Jeanne Weber hat zu Beginn des 20. Jahrhunderts inner-
halb von nur fünf Jahren zehn Kinder erwürgt, darunter ihre drei eige-
nen. Den Taten schien es an jedem Motiv zu fehlen, es sah so aus, als
hätte die »Menschenfresserin«, wie sie bald hieß, aus purer Lust am
Töten gemordet. Das eigentlich Besondere an diesem Fall ist aber weniger
die Grausamkeit oder die hohe Zahl der Morde, sondern vielmehr die
Tatsache, dass ein gerichtsmedizinischer Gutachter aus Arroganz, Igno-
ranz und Eitelkeit unfassbare drei Mal dafür sorgte, dass die Weber
nicht wegen Mordes verurteilt werden konnte. Hätte der Pathologe sich
überwinden können, Fehler einzugestehen und die Meinung von Fach-
kollegen zu würdigen, hätten weitere Morde verhindert werden können.
Ein Sündenfall der Wissenschaft.

In der Goutte d'Or, einer engen Passage im Pariser Elendsviertel Montmartre, lebten zu Beginn des 20. Jahrhunderts fünf Brüder Tür an Tür:
Jean, Pierre, Léon, Charles und Marcel Weber. Alle waren verheiratet,
alle hatten Kinder, man raufte sich zusammen und half sich gegenseitig
aus, wo man nur konnte.

So war es eine Selbstverständlichkeit, dass Jeanne Weber, die Frau
von Jean, am Vormittag des 2. März 1905 auf die beiden Töchter einer
ihrer Schwägerinnen aufpasste, die zum Wäschewaschen in ein öffentliches Waschhaus gehen wollte. Jeanne war 30 Jahre alt und vom Schicksal hart geprüft, da sie bereits zwei ihrer drei Kinder verloren hatte,
zwei Mädchen. Mit nur einem eigenen Kind, dem siebenjährigen Sohn
Marcel, bot sie sich als Aufpasserin in diesem kinderreichen Milieu geradezu an, und sie tat es gerne.

Als eine Nachbarin zur Mutter der beiden Kinder ins Waschhaus gelaufen kam und atemlos berichtete, der kleinen Georgette scheine es
schlecht zu gehen, sie habe das Kind eigentümlich röcheln hören, stürzte
die Mutter nach Hause. Dort fand sie ihre 18 Monate alte Tochter auf

Le Petit Journal

Le Petit Journal — 5 CENTIMES — **SUPPLÉMENT ILLUSTRÉ** — 5 CENTIMES — **ABONNEMENTS**

CHAQUE JOUR — 6 PAGES — 5 CENTIMES — Le Petit Journal agricole, 5 cent. — La Mode du Petit Journal, 10 cent.

Administration : 61, rue Lafayette — Le Petit Journal illustré de la Jeunesse, 10 cent.

Les manuscrits ne sont pas rendus — On s'abonne sans frais dans tous les bureaux de poste

SEINE et SEINE-ET-OISE ... 2 fr. 3 fr. 50
DÉPARTEMENTS ... 2 fr. 4 fr. »
ÉTRANGER ... 2 50 5 fr. »

Dix-neuvième Année — DIMANCHE 24 MAI 1908 — Numéro 914

LE DERNIER CRIME DE L'OGRESSE

Umschlag des Pariser »Petit Journal« von 1908, das über die Morde von Jeanne Weber berichtete.

dem Schoß von Jeanne, die dem Kind die Brust zu massieren schien. Das Gesichtchen war blau angelaufen, aber als sie die Kleine auf den Arm nahm, kehrte die normale Farbe ins Gesicht zurück, der keuchende Atem beruhigte sich und dem Kind schien es wieder gut zu gehen. Sie versicherte sich, dass das Mädchen wirklich wieder normal atmete, und kehrte zu ihrer Wäsche zurück. Eine Stunde später war die kleine Georgette Weber tot.

Die Kindersterblichkeit war hoch in jenen Jahren, insbesondere in einem Armenviertel wie Montmartre, und so machte sich niemand groß Gedanken über die Todesursachen. Der Armenarzt schrieb »Krämpfe« in den Totenschein (was immer das für eine Todesursache sein sollte), und das Leben ging weiter.

Für die dreijährige Suzanne, die ältere Schwester der verstorbenen Georgette, sollte es allerdings nur noch neun Tage dauern: Am 11. März passte einmal mehr ihre Tante Jeanne auf sie auf – warum auch nicht –, und als die Eltern abends nach Hause kamen, fanden sie auch ihr zweites Kind tot vor. Wie ihre Schwester hatte Suzanne ein unnatürlich blaues Gesicht und Schaum vor dem Mund, und wie bei ihrer Schwester notierte der Arzt »Krämpfe«. So ging das weiter, in grausam rascher Abfolge. Am 26. März, zwei Wochen nach dem Tod von Suzanne, hütete Jeanne die sieben Monate alte Germaine, das jüngste Kind ihres Schwagers Léon Weber und seiner Frau. Als die Nachbarn das Baby unvermittelt losschreien hörten, eilten sie herbei, doch zu spät: Das in seinem Kinderwagen liegende Mädchen war tot. Das Gesicht war angeschwollen und wies rote Flecken auf. Jeanne stand daneben, beide Hände unter das Hemdchen des Kindes geschoben. Der Arzt diagnostizierte Diphtherie.

Nicht einmal eine Woche danach starb Jeannes eigener Sohn, der siebenjährige Marcel, ihr letztes Kind. Er kam auf die gleiche Weise ums Leben wie seine drei Nichten. Auch bei ihm wurde »Diphtherie« in den Totenschein eingetragen.

Innerhalb von weniger als vier Wochen waren in der Großfamilie Weber vier Kinder gestorben. Alle waren offensichtlich erstickt, alle hatten sich in Jeanne Webers Obhut befunden. Und doch fand sich immer noch jemand, der ihr ein Kind anvertraute. Erstaunlich.

Am 5. April wollte die Frau von Charles Weber (deren Vornamen wir nicht kennen) nur kurz einkaufen gehen und bat Jeanne, so lange auf den erst ein halbes Jahr alten Maurice aufzupassen. Diesen Dienst erwies Jeanne ihrer Schwägerin gerne. Als diese mit ihren Besorgungen zurückkam, fand sie Jeanne über das Kinderbett gebeugt, beide Hände fest auf die Brust des Babys gepresst. Maurice war blau angelaufen und hatte Schaum vor dem Mund. Aber er lebte.

Die Mutter rannte mit dem Säugling ins Hospital, wo ein Arzt nach kurzer Untersuchung feststellte, dass das Kind gewürgt worden sei. Als er von der Mutter erfuhr, dass im vergangenen Monat in der Familie Weber vier Kinder unter ähnlichen Symptomen gestorben waren, die sich alle in der Obhut der Frau befunden hatten, die auch auf den kleinen Maurice aufgepasst hatte, benachrichtigte er seinen Chef. Der untersuchte das Baby ebenfalls; die Gesichtsfarbe hatte sich zwar inzwischen normalisiert, doch die Würgemale am Hals traten umso deutlicher hervor. Der Chefarzt war wie sein Kollege überzeugt, dass das Kind gewürgt worden war, und die beiden Mediziner taten das einzig Richtige: Sie informierten die Polizei.

Der Inspektor, der mit dem Fall betraut wurde, war sich ebenfalls sicher, dass Jeanne Weber im Verlauf der vergangenen fünf Wochen ihren eigenen Sohn sowie ihre drei kleinen Nichten erdrosselt und dasselbe bei ihrem Neffen Maurice versucht hatte. Er ermittelte darüber hinaus, dass Jeanne 1902, also drei Jahre zuvor, als Kindermädchen gearbeitet hatte und dabei zwei Kleinkinder, Bruder und Schwester, in ihrer Obhut, ja in ihren Armen gestorben waren. Und auch Jeannes eigene Töchter waren etwa in dieser Zeit ums Leben gekommen. Bei allen vier Kindern war die Todesursache zweifelhaft.

Der Untersuchungsrichter war – genauso wie die Polizeibeamten und die Ärzte, die den kleinen Maurice untersucht hatten – davon überzeugt, dass Jeanne Weber eine vier-, wahrscheinlich sogar achtfache Mörderin war. Am 9. April ordnete er die Exhumierung der vier kürzlich verstorbenen Kinder an – alles sollte seine Ordnung haben, die Täterin sollte hieb- und stichfest überführt werden.

Jetzt, sollte man meinen, war es nur noch Formsache, Jeanne würde bald vor Gericht gestellt und ins Gefängnis gesteckt werden. Doch der

Untersuchungsrichter tat etwas, das sich als fatal erweisen sollte: Er beauftragte Dr. Léon Thoinot mit der Obduktion, einen überheblichen, selbstgerechten, ehrgeizig auf die nächste Beförderung lauernden Rechtsmediziner. Mit Thoinots Auftauchen in dieser Geschichte begannen die Dinge aus dem Ruder zu laufen.

Als Erstes wollte Thoinot den kleinen Maurice untersuchen, der den vermeintlichen Mordversuch seiner Tante überlebt hatte. Am 10. April inspizierte er das Kind, konnte aber keine Würgemale erkennen (was fünf Tage nach der Tat kein Wunder ist, zumal bei einem Kleinkind). Die Versicherung der Mutter, dass die Würgeabdrücke bis zum Vortag noch deutlich zu sehen gewesen seien, tat er mit einer blasierten Bemerkung ab, ebenso die Diagnosen der beiden Krankenhausärzte, die er als unwissenschaftlich und schlampig bezeichnete. Kurzum: Dr. Thoinot konnte keinerlei Anzeichen für Gewaltanwendung erkennen, und das schrieb er auch in seinen Bericht.

Vier Tage danach obduzierte er die vier Kinderleichen. Auch hier erkannte er außer einer »unbedeutenden (!) Blutstauung in der Lunge« bei der kleinen Germaine keine Anhaltspunkte, die auf eine Strangulation schließen ließen.

Als der Untersuchungsrichter ihn damit beauftragte, auch noch die Zeugenaussagen im Hinblick auf ihre medizinische Aussagekraft zu beurteilen, folgte Thoinots dritter Streich: All das, was die Eltern und Nachbarn über den Zustand der Kinder zu Protokoll gegeben hätten – von blauen Gesichtern über hervorquellende Augen bis zu Flecken am Hals –, sei unwissenschaftlich und besitze damit keinen Wert. Basta.

Im Januar waren die Untersuchungen abgeschlossen, und der Prozess begann. Jeanne Weber wurde wegen achtfachen Mordes angeklagt. (Offenbar gab es genug Indizien, die auch auf eine Ermordung ihrer beiden Töchter sowie der beiden 1902 gestorbenen Geschwister hindeuteten – leider haben sich keine Unterlagen darüber erhalten, sodass wir heute nichts über diese Fälle wissen.) Eine Menschenmenge versammelte sich vor dem Gerichtsgebäude und forderte eine harte Bestrafung der »Menschenfresserin aus der Goutte d'Or«, wie Jeanne inzwischen genannt wurde. Doch die hochmütigen Gutachten des Dr. Thoinot, der keine

Hinweise auf Gewaltanwendung sah und alle Zeugen, die Gegenteiliges behaupteten, abkanzelte, sowie ein äußerst geschickter Rechtsanwalt, der berühmte Strafverteidiger Henri Robert, der den Fall aus Popularitätsgründen übernommen hatte und die »einfachen Leute« unter den Zeugen mit rhetorischen Tricks in Widersprüche verwickelte, sorgten dafür, dass das Undenkbare geschah: Bereits am zweiten Prozesstag wurde Jeanne Weber freigesprochen.

Ein halbes Jahr nach ihrem Prozess ging Jeanne Weber weg aus Paris – trotz des Freispruchs galt sie überall als mehrfache Kindsmörderin, wurde geächtet und bespuckt, auch ihr Mann hatte sie verlassen. Um nicht stets mit den Mordvorwürfen konfrontiert zu werden, nahm sie wieder ihren Mädchennamen an, Jeanne Moulinet, und zog einige Monate als eine Art Landstreicherin umher. Schließlich fand sie in dem Städtchen Villedieu-sur-Indre eine Anstellung als Haushälterin auf dem heruntergekommenen Bauernhof eines Witwers. Der Mann hatte drei Kinder.

Am 17. April 1907 bat der Witwer den Arzt des Ortes um einen dringenden Hausbesuch, da es seinem jüngsten Kind, dem neunjährigen Auguste, sehr schlecht gehe. Als die beiden Männer auf den Hof kamen, fanden sie den Jungen tot. Die Haushälterin, Madame Moulinet, hatte den kleinen Körper bereits gewaschen und frisch angekleidet.

Der Arzt untersuchte den Leichnam und stellte eine rote Strangulationslinie fest, die sich rund um den Hals zog. Doch da die Haushälterin dem Kind nach seinem Tod ein äußerst enges, bis oben hin zugeknöpftes Hemd angezogen hatte, konnte diese Verfärbung auch postmortal durch den engen Kragen entstanden sein. Dem gewissenhaften Dorfarzt reichte das nicht als Erklärung, er weigerte sich, einen Totenschein auszustellen, und benachrichtigte die Polizei. Die ordnete eine Obduktion an.

Der Arzt, der die Leichenöffnung vornahm, Dr. Audiat, bemerkte die Strangulationsmale natürlich auch. Aber er konnte nicht ausschließen, dass diese tatsächlich erst nach dem Tod entstanden waren, herbeigeführt durch den engen Kragen des Totenhemdes. Er schwankte, und als er erfuhr, dass der Junge an den Tagen vor seinem Tod über Kopfschmerzen geklagt hatte, gab das den Ausschlag: Er attestierte einen natürlichen Tod infolge einer Meningitis.

Germaine, die ältere Schwester des ums Leben gekommenen Jungen, gab sich damit nicht zufrieden. Sie misstraute Madame Moulinet zutiefst, und in einem unbeobachteten Moment durchwühlte sie deren Gepäck. Sie fand ein Bündel mit Zeitungsausschnitten über den Prozess gegen die »Menschenfresserin aus der Goutte d'Or« Jeanne Weber. Einige der Artikel enthielten ein Foto der Angeklagten. Germaine erkannte Madame Moulinet. Das Mädchen begriff, dass es sich bei ihrer Haushälterin um Jeanne Weber handelte, und ging zur Polizei. Sie beschuldigte die Frau, ihren Bruder umgebracht zu haben. Obwohl das Kind schon obduziert und beerdigt worden war, ordnete der Untersuchungsrichter eine zweite Obduktion an.

Der Pathologe Frédéric Bruneau untersuchte den exhumierten Leichnam genau. Sein Gutachten ließ keinen Zweifel: Es gebe keinen Hinweis auf eine natürliche Todesursache (eine schwache Hirnhautreizung sei zwar vorhanden, aber nicht tödlich gewesen); hingegen habe er Einblutungen in der Halsmuskulatur und im Kehlkopf gefunden, außerdem Einkerbungen in der Haut, die von Fingernägeln stammen konnten. Zusammen mit der deutlich sichtbaren Strangulationslinie am Hals ergab das den klaren Befund: Auguste war erwürgt worden, vermutlich mit einem Taschentuch.

Dr. Audiat, der die erste Obduktion vorgenommen hatte, revidierte seine eigene Diagnose und schloss sich der Meinung seines Kollegen an. Damit schien Jeanne Weber nach ihrem neunten Mord endlich überführt zu sein. Am 4. Mai 1907 wurde sie verhaftet.

Was nun geschah, kann man ungeheuerlich nennen: Auftritt Henri Robert und Dr. Léon Thoinot.

Der Anwalt bot von sich aus an, Jeanne Weber (deren Verteidigung im ersten Prozess ihm großen Ruhm eingebracht hatte) erneut zu vertreten, und er schlug eine geschickte Strategie ein: Er erklärte immer wieder öffentlich, dass der Obduktionsbericht des Dr. Audiat nicht fundiert sei, und forderte eine weitere Obduktion, und zwar diesmal bitte schön durch die größte Koryphäe der Pathologie in Paris – Thoinot. Die geschickt platzierten Statements des Staranwalts verfehlten ihre

Wirkung nicht: Der öffentliche Druck auf den Untersuchungsrichter wurde so groß, dass dieser sich widerwillig dazu durchrang, eine weitere Obduktion des kleinen Auguste anzuordnen, die dritte.

Nun stand Dr. Thoinot vor einem moralischen Dilemma. Mochte er (auch wenn das eigentlich unwahrscheinlich ist) im ersten Prozess noch von der Unschuld Jeanne Webers überzeugt gewesen sein, so schien hier doch auf der Hand zu liegen, dass sie das Kind erdrosselt hatte. Doch wenn er dies bescheinigte, würde klar sein, dass er sich bei den vier Obduktionen zwei Jahre zuvor geirrt hatte. Das wäre höchst peinlich und könnte sich negativ auf seine Karriere auswirken. Die spannende Frage war: Würde der gefeierte Gerichtsmediziner Thoinot dies um der Wahrheit willen in Kauf nehmen und über seinen Schatten springen? – Natürlich nicht.

Thoinot wählte einen perfiden Ausweg. Er verzögerte einfach die Untersuchung, bis die Leiche des Jungen so weit verwest war, dass ein Nachweis von Strangulationsspuren gar nicht mehr möglich war. Erst am 27. Juli, mehr als drei Monate nach dem Tod des Kindes, nahm er die Obduktion vor. Sein Gutachten strotzte vor Hochnäsigkeit. Es gebe keine Hinweise auf Strangulation, schrieb er, und dann merkte er noch an, dass die Schnitte, die vor ihm Dr. Aubiat und Dr. Bruneau durchgeführt hätten, äußerst dilettantisch gesetzt worden seien; die beiden Mediziner hätten offenbar wenig Ahnung von der Kunst der Pathologie, daher sei ihrem Gutachten auch nicht zu trauen.

Ein halbes Jahr lang stritten sich nun die Fachleute, Thoinot auf der einen und Aubiat und Bruneau auf der anderen Seite. Weitere Gerichtsmediziner wurden hinzugezogen, neue Gutachten angefordert. Am Ende setzte sich der größere Name Thoinots durch. Im Dezember 1907 ließ der Untersuchungsrichter die Anklage gegen Jeanne Weber fallen.

Kurz nach ihrer Entlassung wollte George Bonjeau ihre Bekanntschaft machen, seines Zeichens Präsident der »Gesellschaft zum Schutze der Kinder«. Dieser Mann war von ihrer Unschuld überzeugt und stellte sie demonstrativ als Pflegerin in seinem Kinderheim an. Schon nach wenigen Tagen versuchte Jeanne, eines der Kinder zu erwürgen.

Beschämt und peinlich darauf bedacht, keinen öffentlichen Skandal zu verursachen, verzichtete der selbsternannte Kinderschützer darauf, Jeanne anzuzeigen. Er entließ sie still und heimlich. Der Vorfall wurde vertuscht. Jeanne Weber zog weiter.

Wenig später lernte sie einen Kalkbrenner namens Emile Bouchery kennen. Die beiden wurden ein Paar. Als Emile eine neue Arbeit in einem Steinbruch bei Commercy fand, gingen sie dorthin und mieteten sich als Monsieur und Madame Bouchery in der Pension der Familie Poirot ein. Die Wirtsleute hatten einen siebenjährigen Sohn.

Als Emile am Abend des 8. Mai 1908 noch einmal aufbrach, um den Weg zu seinem neuen Arbeitsplatz zu erkunden, erklärte Jeanne den Poirots, sie sei im Dunkeln sehr ängstlich, und bat, ob nicht der kleine Marcel bei ihr im Zimmer schlafen dürfe, bis ihr Mann zurück sei. Die Wirtsleute hatten nichts einzuwenden.

Gegen 22 Uhr hörten sie ihren Sohn laut schreien. Sie drangen ins Zimmer von Madame Bouchery ein und fanden ihren Sohn blutüberströmt im Bett liegen. Panisch schickten sie nach dem Arzt, doch der kam zu spät: Marcel Poirot war tot. An seinem Hals waren deutliche Quetschungsspuren zu erkennen. Das viele Blut rührte daher, dass er sich die Zunge abgebissen hatte.

Die Polizei wurde gerufen, und Jeanne Weber (als solche gab sie sich unumwunden zu erkennen) wurde einmal mehr verhaftet. Der Untersuchungsrichter von Commercy studierte eingehend die Akten, in denen das vorangegangene doppelte Debakel dokumentiert war, und wollte es besser machen als seine Kollegen. Ihm würde, wie er grimmig geäußert haben soll, »kein Thoinot mit weisen Argumenten die Tatsachen zertrümmern«.

Er sorgte dafür, dass die Leiche des Jungen umgehend fotografiert wurde. Er forderte für die Obduktion zwei Pathologie-Professoren von der Universität Nancy an. Er ließ die Autopsie so schnell wie möglich durchführen. Und er ließ jeden einzelnen Schnitt der Pathologen fotografisch dokumentieren. Den Obduktionsbefund, der eindeutig einen gewaltsamen Tod durch Strangulation feststellte, las er mit Genugtuung. Dass Jeanne Weber in Untersuchungshaft alle zehn Morde gestand, nahm er zur Kenntnis. Dass sie dieses Geständnis kurz danach widerrief, störte ihn wenig. Ihm würde die Weber nicht davonkommen.

Doch er hatte den langen Arm des Dr. Thoinot unterschätzt. Der Pariser Pathologe musste fürchten, durch einen Prozess, in dem womöglich alle zehn Morde verhandelt würden, komplett lächerlich gemacht zu werden und seine Reputation zu verlieren. Das durfte er nicht zulassen.

Dass er gegen das Gutachten der beiden Pathologen aus Nancy, wie er Koryphäen ihres Faches, nicht ankommen würde, wusste er. Aber Thoinot hatte Verbindungen. Noch bevor Jeanne Weber angeklagt werden konnte, wurde sie von einem mit Thoinot befreundeten Psychiater für unzurechnungsfähig erklärt – und das, obwohl ihr kurz zuvor von einem anderen Psychiater völlige geistige Gesundheit bescheinigt worden war.

Jeanne Weber wurde wieder nicht der Prozess gemacht. Man wies sie in eine psychiatrische Anstalt ein, allerdings nicht in Frankreich, wo ihre Anwesenheit für Dr. Thoinot vielleicht doch noch unangenehme Folgen gehabt hätte. Nein, sie wurde diskret nach Neukaledonien verschifft, eine Inselgruppe im Pazifik, über 17 000 Kilometer Luftlinie von Paris entfernt – buchstäblich ans andere Ende der Welt. Man kann es wohl so sehen, dass Dr. Léon Thoinot dafür sorgte, dass sein personifiziertes schlechtes Gewissen so weit weg von ihm geschafft wurde wie nur irgend möglich.

Was aus Thoinot wurde, dessen Eitelkeit und Stolz vermutlich dazu führten, dass eine achtfache Mörderin nicht ins Gefängnis gesteckt wurde, sondern zwei weitere Morde begehen konnte, wissen wir leider nicht. Wahrscheinlich wird er einfach seine Karriere weiterverfolgt haben.

Henri Robert, der Strafverteidiger, der die mehrfache Kindsmörderin zweimal so trick- wie erfolgreich vertreten hatte, zog sich eine Weile später von der Strafgerichtsbarkeit zurück und führte nur noch Zivilprozesse. 1913 wurde er zum Vorsitzenden der Pariser Anwaltskammer gewählt.

Und Jeanne Weber? Sie nahm sich nach weniger als zwei Jahren auf der Pazifikinsel das Leben. Man fand sie mit Schaum vor dem Mund in ihrer Zelle, die Hände fest um den eigenen Hals geschlossen. Sie hatte getan, was allgemein als unmöglich erachtet wird: Sie hatte sich selbst erwürgt.

Familienbande

Noch einen Keks?

Leonarda Cianciulli (1893–1970)

Sie war eine freundliche, umgängliche, allseits geschätzte Frau, und die Tatsache, dass sie zehn ihrer Kinder bereits im Säuglingsalter verloren und zusätzlich drei Fehlgeburten erlitten hatte, schien sie nicht allzu sehr aus der Bahn geworfen zu haben. Doch als ihr einziger Sohn, der es bis ins Erwachsenenalter geschafft hatte, zu Beginn des Zweiten Weltkriegs zum Militär eingezogen werden sollte, wurde Leonarda Cianciulli zur Furie: Sie war davon überzeugt, ihren geliebten Jungen durch Menschenopfer vor dem Kriegsdienst bewahren zu können, und wurde zur Mörderin.

Als »Seifenmacherin von Correggio« ging Leonarda Cianciulli in die italienische Geschichte ein: eine Frau, die aus rituellen Gründen dreimal tötete und die Leichen zu Seife und Keksen verarbeitete. Bevor wir die unappetitlichen Details ausbreiten, muss eines vorausgeschickt werden: Während an den Morden kein Zweifel besteht, stammen viele der Einzelheiten über die »Weiterverwertung« der Leichen aus der Autobiografie der Täterin, die sie im Gefängnis schrieb, deren Glaubwürdigkeit jedoch mit Fragezeichen versehen werden muss. Es ist also möglich, dass sich vieles nicht gar so drastisch zugetragen hat, wie es im Folgenden geschildert wird. Andererseits muss man fragen, welches Interesse Leonarda Cianciulli gehabt haben sollte, sich selbst als eine dermaßen unmenschliche Bestie darzustellen, wenn die Wahrheit eine andere war?

Seinen Ursprung hatte alles, wie so oft, in der Kindheit. Leonarda litt sehr unter ihrer Mutter, die das arme Mädchen hasste, wahrscheinlich weil es nicht der Ehe entsprungen, sondern das Resultat einer Vergewaltigung war. Man kann annehmen, dass Leonarda es unbedingt besser machen, dass sie eine liebende Mutter werden wollte. Mit dem Tag ihrer Hochzeit – 1914 heiratete sie 21-jährig den Landvermesser Raffaele Pansardi – brach sie jedenfalls jeglichen Kontakt zu ihren Eltern ab. Sie wird sich sehr darauf gefreut haben, selbst eine Familie zu gründen.

Doch die Dinge liefen nicht so, wie sie sich das als junge Frau ausgemalt haben wird. Die Ehe hielt zwar rund 20 Jahre, aber Raffaele entpuppte sich als Tunichtgut, der nach einer Weile arbeitslos wurde und dem Alkohol verfiel – irgendwann in den 1930er-Jahren wurde es so unerträglich mit ihm, dass Leonarda ihn nicht mehr in die Wohnung ließ. Er verschwand auf Nimmerwiedersehen. Leonarda musste selbst für den Unterhalt sorgen, was ihr mit einem kleinen Bekleidungsgeschäft in Correggio sowie einer Nebentätigkeit als Heiratsvermittlerin auch einigermaßen gelang.

Aber viel schlimmer als der allmähliche Niedergang ihrer Ehe waren die unzähligen Fehlschläge bei der Familiengründung – bittere Schicksalsprüfungen, wie man sie sich heute kaum mehr vorstellen kann. 17 Mal war Leonarda schwanger. Drei Kinder gebar sie tot, zehn kamen lebend auf die Welt, starben aber im Säuglingsalter. Zehn! Was für eine unfassbar traurige Bilanz.

Nur vier ihrer 17 Kinder überlebten das Säuglingsalter, drei Jungen und ein Mädchen. Diesen war sie eine hingebungsvolle, sich aufopfernde Mutter. Der älteste Sohn, Giuseppe, war ihr ausgemachter Liebling – das erste Kind, das es geschafft hatte, ihr Ein und Alles.

1939 war Giuseppe fast erwachsen, er studierte bereits in Mailand. Die anderen drei Kinder gingen noch zur Schule, die Tochter Norma auf die Klosterschule, die beiden jüngeren Söhne aufs Gymnasium. Das Leben der 46-jährigen Leonarda schien sich doch noch ins Positive gewandt zu haben: Der Mann war zwar weg, doch sie hatte vier gesunde und vielversprechende Kinder großgezogen und war eine angesehene, bei den Nachbarn beliebte Bürgerin der Kleinstadt Correggio.

Aber dann brach der Zweite Weltkrieg aus. Italien war zwar noch nicht in den Krieg eingetreten (dies geschah erst im Juni 1940), doch es wurde absehbar, dass Mussolini die italienischen Truppen in den Kampf schicken würde. Giuseppe drohte eingezogen zu werden – ein unerträglicher Gedanke für Leonarda. Sie musste etwas unternehmen.

Wie sie ausgerechnet darauf kam, für ihren Sohn Menschen zu opfern, ist nicht ganz klar. In ihren Lebenserinnerungen behauptete sie, sie habe sich Praktiken der Magie angeeignet, um böse Einflüsse abzuwehren, und dabei gelernt, dass Menschenopfer den besten Schutz böten; an einer anderen Stelle hieß es hingegen, ihr sei die Jungfrau Maria erschienen und habe ihr die Taten aufgetragen. Wie auch immer: Leonarda war davon überzeugt, töten zu müssen, um ihren Jungen vor einem schlimmen Schicksal zu bewahren.

Sie schritt zügig zur Tat. Ihr erstes Opfer war eine 50-jährige Nachbarin und Freundin namens Faustina Setti, der die Heiratsvermittlerin Leonarda Hoffnung auf einen Ehemann in Pula machte. Angesichts der bevorstehenden Reise zum potenziellen Gatten nach Istrien half Leonarda der des Schreibens nicht kundigen Freundin, ein paar Postkarten zu formulieren, die diese nach ihrer Ankunft in Pula an ihre Familie daheim schicken wollte, um zu vermelden, dass sie heil angekommen sei – eine perfekte Konstruktion, um das Verschwinden der Frau zu erklären, zumindest für eine Weile. Dann ließ sich Leonarda ihre vermeintlichen Vermittlerdienste noch gut bezahlen (30 000 Lire, ein Gutteil des Vermögens der armen Faustina), und schließlich lud sie sie am Vorabend der »Reise« noch zu einem Glas Wein in ihrer Wohnung ein.

Es sollte ihr letztes sein: Der Trank war vergiftet, und als Faustina Setti das Bewusstsein verloren hatte, schlug Leonarda sie mit einer Axt tot. Den Leichnam zerteilte sie in neun Stücke, wobei sie das Blut sorgsam auffing. Ihr weiteres Vorgehen beschrieb sie selbst in ihrer Autobiografie so unglaublich nüchtern, dass die Passage hier zitiert werden soll:

»Ich warf die Stücke in einen Topf, fügte sieben Kilogramm Ätznatron hinzu, das ich gekauft hatte, um Seife zu machen, und rührte die Mixtur um, bis die Stücke sich in eine dickflüssige, dunkle Masse verwandelt hatten, die ich mit Eimern in eine Sickergrube schüttete. Was das Blut betraf, so wartete ich, bis es geronnen war, dann trocknete ich es im Ofen, mahlte es und vermischte es mit Mehl, Zucker, Schokolade, Milch, Eiern und etwas Margarine. Aus diesem Teig machte ich jede Menge knusprige Kekse, die ich den Frauen anbot, die mich besuchen kamen. Aber auch Giuseppe und ich aßen davon.«

Es ist unklar, ob das Verspeisen des Opfers zum Ritus dazugehörte oder ob das Töten an sich ausreichte, um die magische Wirkung zu entfalten, und das Plätzchenbacken nur eine Art Resteverwertung war. So oder so – sich diese Frau vorzustellen, wie sie sich das Gesicht mit Seife wäscht, die sie aus dem Fleisch und den Knochen einer Freundin hergestellt hat, und wie sie Kekse verspeist, die sie aus deren Blut gebacken hat, ist widerwärtig. Aber sie glaubte an das, was sie tat.

Und sie war noch nicht am Ende. Am 5. September 1940 – Italien befand sich inzwischen im Krieg – wiederholte sie die Prozedur auf nahezu identische Weise. Das Opfer war diesmal die 53-jährige Francesca Soavi, eine arbeitslose Lehrerin. Ihr stellte Leonarda keinen Mann, sondern eine Stelle als Leiterin einer Mädchenschule in Piacenca in Aussicht, ansonsten war alles gleich: die Postkarten, die Provision (diesmal nur 3000 Lire), der vergiftete Wein, die Axt. Und tags drauf gab's wieder frische Kekse und neue Seife.

Bis zu ihrem nächsten, dem dritten Mord brauchte sie keine vier Wochen. Das Opfer war Virginia Cacioppo, eine 60-jährige ehemalige Sopranistin, der Leonarda eine Stelle als Assistentin bei einem Theateragenten in Florenz versprach. Wieder lief alles ab wie bei den beiden vorausgegangenen Morden, nur das Honorar war diesmal höher: 50 000 Lire und einige Schmuckstücke ließ die Opernsängerin sich die vermeintliche Vermittlung des Jobs kosten. Der Rest war Routine.

Die Konsistenz der Sopranistin war jedoch eine besondere – wir lassen ein letztes Mal Leonarda selbst zu Wort kommen, die in ihren Erinnerungen auf schaurig-trockene Art feststellte: »Ihr Fleisch war fett und weiß. Als ich alles aufgelöst hatte, gab ich eine Flasche Kölnischwasser hinzu, und nachdem ich das Ganze lange gekocht hatte, erhielt ich eine wunderbar cremige Seife. Ich verschenkte die Seifenstücke an Nachbarn und andere Bekannte. Auch die Kekse gelangen besser: Diese Frau war wirklich süß.«

Dies sollten Leonardas letzte Backwaren bleiben. Die Schwägerin der Sopranistin wandte sich an die Polizei von Correggio, wo mittlerweile auch die beiden anderen Opfer als vermisst gemeldet worden waren.

Nach einigen Untersuchungen geriet Leonarda Cianciulli ins Visier der Ermittler, und nachdem man auf ihrem Konto Zahlungseingänge der drei verschwundenen Frauen und in ihrer Wohnung den Schmuck der dritten Toten entdeckt hatte, wurde die »Seifenmacherin von Correggio« verhaftet.

Leonarda legte ein umfassendes Geständnis ab. Im Verlauf der Verhandlung, die erst nach Kriegsende begann, versuchte ihr Verteidiger, das Gericht von einer Mittäterschaft ihres ältesten Sohnes Giuseppe zu überzeugen, aber Leonarda selbst widersprach dem vehement. Nach einem kriminalpsychologischen Gutachten, das ihr partielle Unzurechnungsfähigkeit bescheinigte, wurde sie zu 30 Jahren Gefängnis und anschließender Sicherheitsverwahrung verurteilt. Ihre Entlassung erlebte Leonarda Cianciulli nicht mehr. Am 15. Oktober 1970 starb sie 77-jährig im Gefängnis an einem Hirnschlag.

Einige der Utensilien, die sie bei ihrem grausigen Tun verwendet hatte, kann man heute im Kriminalmuseum in Rom besichtigen. Der kupferne Schöpflöffel, mit dem sie bei der Seifenherstellung das Fett aus den Kesseln abschöpfte, ist nicht dabei. Den hatte sie an einer Sammelstelle abgegeben, da Italien in den letzten Kriegstagen so dringend Metall zum Einschmelzen benötigte. Es ist ja nicht so, dass sie gegen den Krieg gewesen wäre oder ihrem Vaterland den Sieg nicht gönnte. Nur ihren Sohn wollte sie dafür nicht hergeben – um keinen Preis.

Mutti, der Gangsterboss

Kate »Ma« Barker (1873–1935)

Wahrscheinlich war sie einfach nur eine Mutter, die zu ihren Kindern stand: Kate »Ma« Barker, die Mutter von vier kriminellen Söhnen, die in den 1920er- und 1930er-Jahren den Mittleren Westen der USA mit einer Serie von Banküberfällen, Entführungen und Raubmorden unsicher machten, kam in den Ruf, der Kopf der Verbrecherbande zu sein – ein kalt kalkulierender Gangsterboss. Ma Barker wurde zur Legende. Heute weiß man, dass sie eher eine harmlose Mutti war, die ihre Jungs bekochte, ihnen die Wäsche machte und ihnen Unterschlupf gewährte.

Die Aussichten, eine bezahlte Arbeit zu finden, waren gleich null für Kate Barker, als ihr Mann sie mit vier Kindern sitzen ließ, denn sie hatte nie etwas gelernt. Was sollte sie tun, um die hungrigen Mäuler zu stopfen? »Ma« Barker fand einen ungewöhnlichen Weg aus der Misere: Sie besorgte ihren Jungs Waffen und brachte ihnen bei, wie man Banken ausraubt.

Denn ein Bankjob erfordert Grips: Vom Auskundschaften der Örtlichkeit über das Einstudieren des genauen Ablaufs bis zum Ausarbeiten eines Fluchtplans – viel will bedacht sein, und was die Jungs an Unerschrockenheit und Kaltblütigkeit zu viel hatten, hatten sie an Verstand zu wenig. Und so war Ma Barker diejenige, die ihre Söhne drillte, die sie exakt instruierte, was sie beim nächsten Überfall wann und wo zu tun hatten, die die Überfälle plante, die Ausführung überwachte und die Beute verwaltete. Kurz: Ma Barker, eine Frau in ihren Fünfzigern, war das Gehirn der berüchtigten Barker-Bande, die eine schier unüberschaubare Zahl an Banküberfällen, Postrauben, Raubüberfällen und Entführungen beging; wahrscheinlich 14 Todesopfer gingen auf das Konto der Gang. Es war die Zeit, in der das FBI Listen mit den meistgesuchten Verbrechern der USA veröffentlichte (die berühmten »public enemies«) – die Barker-Jungs standen stets ganz oben. Und Ma Barker, der Kopf hinter den gewalttätigen Raubzügen, grinste sich eins – bis sie 1935 mit einer Maschinenpistole in der Hand im Kugelhagel des FBI starb.

Kate Barker, genannt »Ma« Barker, in den 1930er-Jahren

Eine schöne Geschichte, so schön, dass sie auf zahlreichen Wegen Eingang in die Populärkultur gefunden hat: Eine Handvoll Kinofilme erzählt die Geschichte der legendären Bandenführerin; in den »Lucky Luke«-Comics wurde ihr in der Figur der »Ma Dalton« ebenso ein Denkmal gesetzt wie in dem 70er-Jahre-Hit »Ma Baker« der Popgruppe Boney M. (»Ma Ma Ma Ma – Ma Baker – she taught her four sons – Ma Ma Ma Ma – Ma Baker – to handle their guns«).

Aber die Sache hat einen Haken: Die Geschichte ist nicht wahr. Soweit wir heute wissen, war Ma Barker nicht das Gehirn, sondern eher der Einfaltspinsel der Familie; die Söhne heckten ihre Raubzüge alleine aus und missbrauchten ihre gutmütige Mutter bestenfalls mal, wenn sie eine Tarnung brauchten.

Geboren wurde Ma Barker 1873 als Arizona Clark in einer Kleinstadt in Missouri. Mit 18 heiratete sie George Barker, das Paar bekam vier Söhne: Herman, Lloyd, Arthur und Fred. Entgegen allen Legenden war George vermutlich kein Taugenichts und Trunkenbold, sondern verdiente auf ehrliche Weise den Lebensunterhalt für die Familie. Und entgegen allen Legenden verließ er Frau und Kinder nicht, als Letztere noch jung waren und versorgt werden mussten, sondern ging erst, als die Jungs längst kriminell geworden waren und schon mehrere Gefängnisaufenthalte hinter sich hatten. Die Jungs wurden nicht Verbrecher, weil ihr Vater sie im Stich gelassen hatte, sondern sie waren längst Verbrecher, als er ging.

Wann genau George die Familie verließ, lässt sich nicht mehr sagen; vermutlich in der zweiten Hälfte der 1920er-Jahre. Da hatten die Jungs schon einiges hinter sich: Herman, der Älteste, hatte zweimal wegen bewaffneten Raubüberfalls gesessen, Lloyd zweimal wegen Landstreicherei und Postraubs und Arthur dreimal, u. a. wegen Autodiebstählen und Bankraubs. Bei ihm hatte es nach seiner letzten Entlassung nur ganze zwei Monate bis zu seinem nächsten Raubüberfall gedauert, bei dem er einen Nachtwächter erschossen hatte; wegen dieses Mordes war er seit

1922 zum vierten Mal hinter Gittern. Fred, das Nesthäkchen, saß wegen eines Bankraubs ebenfalls im Gefängnis. Eine wirklich nette Familie. So ganz verdenken kann man es Pa Barker nicht, dass er das Weite suchte.

Aber eine Mutter lässt ihre Kinder nicht im Stich. Ma Barker blieb für ihre Söhne da, sie war vermutlich gut damit beschäftigt, den Überblick zu behalten, wer gerade in welchem Gefängnis einsaß (die Jungs waren zeitweise in verschiedenen Bundesstaaten in Haft) und wer wann Verhandlungstermin, Besuchstag oder Entlassungstermin hatte.

Am 29. August 1927 nahm sich der älteste Sohn Herman das Leben. Das war allerdings nicht die Verzweiflungstat eines depressiven Charakters, der des Lebens überdrüssig war, sondern geschah mehr aus kühler Konsequenz: Herman hatte vier Wochen zuvor auf der Flucht nach einem Banküberfall einen Polizisten erschossen, seitdem jagte ihn die Polizei. Als er nun in eine Straßensperre der Polizei geriet, erschoss er sich selbst.

Fred wurde 1931 entlassen, Arthur 1932 (Lloyd, der ja wegen Mordes verurteilt worden war, saß bis 1938). Jetzt erst – also nur mit zwei der vier Brüder – entstand eine echte Bande; zuvor waren die Brüder ja meistens einzeln oder in wechselnden Grüppchen tätig gewesen. Gemeinsam mit einem Mann namens Alvin Karpis schlossen sich Fred und Arthur zur Karpis-Barker-Bande zusammen und erhöhten die Taktzahl und die Brutalität ihrer Verbrechen erheblich.

Die Jahre 1931 bis 1935 waren die Blütezeit dieser Bande, der zeitweilig 25 Männer angehörten. Die Menge der Überfälle und Entführungen, bei denen nicht selten ein Polizist oder ein Wachmann zu Tode kam, ist kaum überschaubar; es waren die Jahre, in denen die Brüder ebenso wie Alvin Karpis vom FBI in die Kategorie »Staatsfeind Nummer eins« aufgenommen und mit großem Personalaufwand gejagt wurden.

Und Ma Barker? War sie nun das Gehirn hinter der weit verzweigten Bande? Die Antwort lautet nach allem, was wir heute wissen: nein. Ma Barker wurde maximal zur Tarnung benutzt; an der Planung der Coups war sie vermutlich überhaupt nicht beteiligt. Sie war einfach nur die Mutter, bei der man sich unverdächtig treffen konnte. Wenn die Gangmitglieder in ihrer Wohnung versammelt waren und anfingen, einen Bank-Job zu planen, ging sie – wie es ein Bandenmitglied später zu Protokoll gab – ins Nebenzimmer und drehte die Musik im Radio lauter. Oder, wie es der Mann noch prägnanter formulierte: »Die alte Frau konnte nicht mal ein Frühstück planen.«

Vermutlich stand sie nicht einmal Schmiere, wie auch oft kolportiert wurde. Alvin Karpis, der Jahrzehnte später seine Memoiren veröffentlichte, fühlte sich auch nach so einer langen Zeitspanne noch in seiner Ganovenehre gekränkt, wenn er mit dieser Behauptung konfrontiert wurde. Nein, Ma Barker habe mit der Bande kaum etwas zu tun gehabt, schrieb er fast etwas beleidigt; sie sei bestenfalls eine Art Anhängsel gewesen. Wenn die Barker-Brüder zu einem Banküberfall aufbrachen, parkten sie ihre Mutter vorher im Kino. Dass Ma Barker dort in der Wochenschau vor dem Hauptfilm regelmäßig die Gesichter ihrer Söhne sah und den Sprecher sagen hörte: »Dies sind die gefährlichsten Verbrecher der USA! Halten Sie nach ihnen Ausschau! Sie könnten in diesem Moment neben Ihnen sitzen!«, gehört zu den großen Ironien dieser Geschichte.

Anfang Januar 1935 machte Ma Barker mit ihrem jüngsten Sohn Fred Urlaub in einem Ferienhaus am Lake Weir in Florida. Als Freds Bruder Arthur am 8. Januar in Chicago von der Polizei verhaftet wurde, fanden die Beamten bei ihm einen Zettel mit der Adresse. Am frühen Morgen des 16. Januar umstellte die Polizei das Haus in Florida.

Es folgte eine vierstündige Schießerei. Als die Waffen endlich schwiegen, war nicht nur Fred Barker von Kugeln durchsiebt, sondern auch seine 61-jährige Mutter. Die Treue zu ihren Kindern, die ganz einfache Mutterliebe – sie hatte Ma Barker letztlich das Leben gekostet.

Eine Frage bleibt: Wie kam es zu der Legende von Ma Barker als Chefin und Gehirn der mörderischen Karpis-Barker-Bande? Die Antwort klingt nach einer Verschwörungstheorie, ist aber nicht von der Hand zu weisen: Vielleicht wollte das (zu dieser Zeit noch junge) FBI den »Kollateralschaden« der unschuldig erschossenen alten Dame vertuschen, indem es sie nachträglich zur Schwerverbrecherin, zum Kopf der gesuchten Bande erklärte. Die Maschinenpistole jedenfalls, die Ma Barker bei ihrer Erschießung angeblich in den Händen hielt, stammte, soweit sich das rekonstruieren lässt, aus den Beständen des FBI.

Erst das Essen, dann der Nachschlag

Kate Bender (um 1848–1873?)

In den 70er-Jahren des 19. Jahrhunderts wurde eine einsam gelegene Blockhütte mitten in der Prärie von Kansas, USA, zum Schauplatz einer bestialischen Mordserie. Mindestens elf Morde gehen auf das Konto der vierköpfigen Familie Bender, die hier einen winzigen Kramladen betrieb. Jüngstes Familienmitglied der »Bloody Benders«: Kate. Außergewöhnlich hübsch war sie nicht, aber es reichte offenbar, um die angehenden Opfer so weit zu betören, dass sie zum Essen blieben – und damit ihr Schicksal besiegelten.

Es ist nicht allzu viel bekannt über die junge Frau, die sich Kate Bender nannte: Wir kennen ihr Geburtsdatum nicht, wir wissen nicht, wo sie herkam, wir können nur darüber spekulieren, wann und wo sie starb. Sie tauchte aus dem Nichts auf und verschwand im Nichts. Einigermaßen Bescheid wissen wir eigentlich nur über die gut zwei Jahre zwischen 1871 und 1873, in denen sie mit ihrer vermeintlichen Familie in der kargen, nahezu baumlosen Prärie von Kansas ein kleines Lädchen mit angeschlossener Gastwirtschaft betrieb, in dem so mancher ahnungslose Reisende seinen letzten Atemzug tat.

»The Wayside Inn«, wie sich das Gemischtwarenlädchen treffend nannte, in dem man neben Lebensmitteln und Artikeln des täglichen Bedarfs auch eine Mahlzeit und etwas zu trinken bekam, war Ende 1870 errichtet worden: Es lag tatsächlich am Wegesrand, und zwar am Osage Trail, dem einzigen Weg hier im Südostzipfel von Kansas, der weiter nach Westen führte. Wirkliche Nachbarn gab es keine; das nächste Haus war rund einen Kilometer entfernt.

Erbaut worden war die Hütte, die gerade einmal 5 x 7 Meter maß und nur aus einem Raum bestand, von zwei Männern, die sich skurrilerweise beide John Bender nannten, ohne miteinander verwandt zu sein: John Bender Senior (wir nennen ihn, um den Überblick zu behalten, künftig »Pa Bender«), hieß wohl in Wirklichkeit John Flickinger, war ein deutscher oder holländischer Immigrant, etwa 60 Jahre alt und sprach kaum Englisch – und wenn er die Zähne doch auseinander bekam, klang das so grunzend, dass niemand ein Wort verstand. Das passte zu seinem Wesen: Er war grimmig, abweisend, mürrisch. John Bender Junior (»John«) war etwa 27, wesentlich geselliger, stammte vermutlich ebenfalls aus Deutschland, sprach aber einigermaßen flüssig Englisch. Sein wahrer Name war, soweit heute bekannt, John Gebhardt.

Woher die beiden Männer sich kannten, wann sie Geschäftspartner zu werden beschlossen, ob sie schon von Anfang an mörderische Pläne hegten und warum sie sich als Vater und Sohn ausgaben, weiß man nicht. Bekannt ist nur, dass sie im Oktober 1870 im Südosten von Kansas ankamen und eine Parzelle Land in der Größe von 160 Acres (etwa 64 Hektar) am Osage Trail für sich beanspruchten. Im Zuge des Homestead Act von 1862, der die Besiedlung vorantreiben sollte, war das eine einfache Sache: Jeder, der wollte, konnte sich ein Grundstück nehmen und es bestellen; nach fünf Jahren gehörte es ihm. Also errichteten Pa und John Bender auf ihrem Stück Land ihre schlichte Blockhütte. Es war ein unwirtliches Haus an einem unwirtlichen Ort, doch Reisende gab es auf dem Osage Trail viele, und wer unterwegs ist, ist oft nicht wählerisch – die strategische Lage für eine Art Rasthaus war gut.

Im Winter 1870/71, als die Hütte fertig war, kamen die beiden Frauen an. Beide gaben sie sich den gleichen Vornamen: Kate. Ob Kate Bender Senior (die ab jetzt hier »Ma Bender« heißt) überhaupt mit Pa Bender verheiratet war, darf angezweifelt werden; Kate Bender Junior war jedenfalls weder die Tochter von Pa noch die Schwester von John. Die einzige blutsverwandte Beziehung, die zwischen den vier Personen dieser »Familie« wirklich bestand, war die zwischen den beiden Damen: Kate war tatsächlich die Tochter von Ma Bender. Sie hieß in Wirklichkeit Eliza Griffith, die Mutter Almira Griffith (geb. Nick).

Almira Griffith alias Ma Bender ist vielleicht die skurrilste Gestalt dieser absonderlichen Truppe, und womöglich war sie die treibende Kraft hinter den bestialischen Morden. Angeblich hatte sie schon mehrere Ehen hinter sich, als sie in Kansas ankam. Gesichert ist allerdings nur eine vorausgegangene Ehe, und zwar mit einem Mann namens George

Griffith, dem sie zwölf Kinder geboren hatte (Eliza, also unsere Kate Bender, war das fünfte Kind). Man kann davon ausgehen, dass das vorherige Leben der Ma Bender kein Zuckerschlecken gewesen war.

Das erklärt vielleicht ihren abweisenden, denkbar unfreundlichen Charakter – sie war so misanthropisch, dass sie in der Nachbarschaft »die Teuflin« hieß. Ma Bender sprach fast kein Wort, und die Leute glaubten, sie sei eine deutsche Immigrantin wie ihr Mann und beherrsche deshalb kein Englisch – dabei stammte sie aus dem Staat New York. Neben ihr muss Pa Bender, der ja nun auch kein Ausbund an Lebensfreude war, richtig fröhlich gewirkt haben. Dass die

Kate Bender

Zeichnung von Kate Bender für den Steckbrief nach ihrem »Verschwinden« 1873

beiden Alten ausgerechnet einen Laden mit angeschlossener Wirtschaft betrieben, kann man fast schon als ironisch bezeichnen. Kaum vorstellbar, dass Gäste – wenn sie denn am Leben gelassen wurden – freiwillig wiederkamen.

Aber vielleicht hatten sie ja Glück und wurden von John oder Kate bedient. Womit wir endlich bei unserer Hauptperson wären. Kate Bender war etwa 23, als sie mit ihrer Mutter am »Wayside Inn« ankam. Sie war keine ausgesprochene Schönheit, in dieser Ödnis und im Vergleich zu den beiden finsteren Alten aber sicherlich eine Attraktion. Sie war zugänglich, nett, sprach flüssig Englisch und war – quasi nebenberuflich – als Heilerin tätig: Auf Handzetteln, die sie verteilte, versprach sie alle möglichen Krankheiten kurieren zu können, bis hin zu Blind- und Taubheit.

Einiges spricht dafür, dass John und Kate ein Paar waren. Manche Nachbarn zerrissen sich jedenfalls das Maul über die vermeintlich inzestuöse Beziehung der beiden »Geschwister« – kein wirkliches Wunder bei einem 27-jährigen Mann und seiner 23-jährigen »Schwester«, die unter einem Dach lebten und keine Anstalten machten zu heiraten. Das Gerücht musste aufkommen; umso erstaunlicher, dass die Benders sich diesem Verdacht überhaupt aussetzten – es wäre doch deutlich unauffälliger gewesen, wenn John als Kates Mann und damit als Schwiegersohn der beiden Alten aufgetreten wäre.

Die vier Benders waren nun also in ihrer Hütte vereint, und Anfang 1871 dürfte das »Wayside Inn« aufgemacht haben. Der Raum war durch einen schweren Vorhang geteilt worden, das größere der so entstandenen zwei »Zimmer« war der Verkaufs- und Schankraum, im kleineren schlief die »Familie«.

Nur Wochen nach der Eröffnung begann der grausige Nebenerwerb der Benders: Sobald ihnen ein Kunde wohlhabend genug erschien, flirtete Kate mit ihm, um ihn dazu zu bewegen, zum Essen zu bleiben. Der Gast wurde im Schankraum mit dem Rücken zum Vorhang sitzend platziert; und während er sich seinem Essen widmete, erschlug ihn Pa oder John Bender von hinten mit einem Schmiedehammer. Anschließend war sofort eine der beiden Frauen zur Stelle, um dem Opfer mit einem scharfen Messer die Kehle durchzuschneiden. Der tödliche Sitzplatz befand sich genau über der Falltür in ein Kellerloch; unmittelbar nach dem Mord wurde die Leiche hinabgestoßen. Vermutlich war mit dieser Methode eine Minute nach dem ersten Schlag schon nichts mehr vom Opfer zu sehen. In Ruhe konnte dann das Blut aufgewischt und später im Keller die Leiche ausgeplündert werden.

Mindestens elf Morde verübten Kate Bender und ihre »Familie« auf diese Weise. Die meisten Opfer waren Männer, eine Frau und ein Kleinkind, das mit seinem Vater reiste, waren aber auch dabei. Der Umfang der Beute war Glückssache; in vier Fällen waren die Opfer der Raubmorde dicke Fische, die eine Menge Geld bei sich trugen (jeweils um die 2000 Dollar, damals eine sehr große Summe); es ist aber wohl auch einmal vorgekommen, dass ein Opfer nur ganze 40 Cent dabei hatte.

Die erste Leiche, ein Mann namens Jones, wurde im Mai 1871 mit eingeschlagenem Schädel und aufgeschlitztem Hals auf einem etwas entfernt gelegenen Stück Land gefunden; der Besitzer des Landes geriet unter Verdacht, die Sache wurde aber nicht weiter verfolgt (es waren raue Zeiten …). Im Februar 1872 wurden nach einem Blizzard zwei weitere männliche Leichen mit den gleichen Verletzungen entdeckt, die offenbar notdürftig verscharrt, durch den Sturm aber wieder freigelegt worden waren. Ob diese drei Morde wirklich von den Benders begangen wurden, lässt sich nicht beweisen (bei den erwähnten elf Opfern sind sie nicht mitgezählt), aber der Verdacht liegt nahe. Jedenfalls galt nach dem Fund der beiden Leichen die Gegend als gefährlich; der ohnehin für seine Räuber und insbesondere Pferdediebe berüchtigte Osage Trail wurde seitdem deutlich weniger frequentiert. Für die Benders reichte es aber noch.

Ob sie aufgrund der aufgefundenen Leichen vorsichtiger wurden oder ob sie mit diesen drei Morden gar nichts zu tun hatten – so oder so begannen die Benders 1872 damit, die Leichen der von ihnen gemeuchelten Menschen auf ihrem eigenen Grund und Boden zu vergraben, die meisten davon im Obstgarten. Die Ausgrabungen, von denen noch zu sprechen sein wird, förderten die Überreste von elf Leichen zutage, alle mit eingeschlagenem Schädel und durchschnittener Kehle. Nur die des kleinen Mädchens war unversehrt – es wurde wahrscheinlich lebendig begraben. Neben den elf vollständig erhaltenen Leichen wurde noch eine größere Anzahl einzelner Körperteile gefunden – von wie vielen Personen sie stammten und wer diese waren, konnte nie ermittelt werden.

Das vermutlich letzte Opfer der Benders war ein Arzt namens Dr. William York, der den Osage Trail bereiste, um nach dem bereits erwähnten Vater und seiner kleinen Tochter zu suchen, die er kannte und die seit Dezember 1872 vermisst wurden. Er brach am 9. März 1873 in Fort Scott auf – und kehrte ebenfalls nie heim. Was den Benders zum Verhängnis wurde, war die Tatsache, dass Dr. York zwei einflussreiche Brüder hatte: Der eine war Senator, der andere ein Colonel in Fort Scott. Der tatkräftige Colonel York brach mit einer 50 Mann starken Truppe auf, um seinen Bruder zu suchen – und da sie die geplante Reiseroute von William York kannten, kamen sie unweigerlich auch zu den Benders.

Am 28. März 1873 klopfte Colonel York an die Tür des »Wayside Inn«. Kate und John gaben freimütig zu, dass William York bei ihnen Station gemacht hatte, allerdings sei der Doktor unversehrt weitergereist. Colonel York hatte keinen Grund, ihnen nicht zu glauben, und zog zunächst weiter. Nachdem er aber in den folgenden Tagen einige wilde Geschichten über die Benders gehört hatte, kehrte er am 3. April zurück; seine bewaffneten Gefolgsleute waren schon so überzeugt von der Schuld dieser merkwürdigen Leute, dass sie wild entschlossen waren, die Benders direkt an Ort und Stelle aufzuknüpfen. Doch der Colonel gemahnte zur Besonnenheit – man sei doch zivilisiert. Bei diesem zweiten Besuch verhielt sich insbesondere Ma Bender extrem eigentümlich und aggressiv, doch neue Erkenntnisse wurden nicht gewonnen. Aber das Misstrauen gegenüber der Familie war nicht mehr aus der Welt zu schaffen.

Ende April 1873 bemerkte ein Nachbar, dass das »Wayside Inn« verlassen schien: Türen und Fenster waren verrammelt, die Tiere ungefüttert. Am 5. Mai kam Colonel York daher zum dritten Mal mit seiner um viele Freiwillige angewachsenen Truppe dorthin, aber die Benders hatten sich abgesetzt.

Ein übler Geruch führte die Suchmannschaft zu der Falltür. Man fand das Kellerloch und viel Blut (von dem der Gestank ausging). Außerdem entdeckte man mehr als ein Dutzend Einschusslöcher in den Wänden – wahrscheinlich hatte sich das eine oder andere Opfer nach dem Schlag mit dem Hammer noch zu wehren versucht.

Um leichter nach Leichen graben zu können, die man im Boden unter dem Kellerloch vermutete, hoben die Männer einfach das komplette Blockhaus zur Seite. Sie wurden aber nicht fündig. Erst als man am Nachmittag die Suche auf den Garten ausdehnte, wurde die erste Leiche entdeckt: ausgerechnet die von William York. Die weiteren Grabungen wurden auf den nächsten Morgen vertagt – mit dem bekannten Ergebnis.

Auf die Ergreifung der Benders wurden hohe Belohnungen ausgesetzt. Suchtrupps formierten sich. Knapp 20 Kilometer nördlich des »Wayside Inn« fand man angeblich ihr Wagengespann, beide Pferde halbverhungert, eine Stute lahmte. Möglicherweise haben die vier in dem Städtchen Thayer Eisenbahntickets gekauft; John und Kate reisten eventuell in die Grenzregion zwischen Texas und New Mexico, wo sie untertauchten; Ma und Pa Bender könnten sich nach Missouri abgesetzt haben. Doch das ist alles Spekulation.

Die Suche nach den »Bloody Benders« hörte nie ganz auf. Mehrere Gruppen von Leuten behaupteten, die Benders aufgespürt und getötet zu haben, doch Leichen konnte niemand vorweisen. Immer wieder mal gab es jemanden, der einen Bender gesehen zu haben glaubte; insbesondere paarweise reisende Frauen wurden mehrfach für Ma und Kate Bender gehalten. Ende 1889 verhaftete man in Michigan zwei Frauen, die sich Almira Monroe und Eliza Davis nannten (die Vornamen stimmten also) und angeblich anhand von alten Fotografien als die Täterinnen identifiziert wurden. Sogar eine Verhandlung wurde angesetzt, doch der Anwalt der beiden konnte nachweisen, dass Mrs. Davis – die vermeintliche Kate – 1872, also in dem Jahr, in dem die meisten Morde geschahen, in Michigan verheiratet gewesen war. Das war weit weg von Kansas – die Anklage wurde fallengelassen. Vielleicht waren sie es doch; es gibt begründete Zweifel an der Echtheit der Ehebescheinigung, die der Anwalt vorlegte.

Hier könnte das Kapitel über Kate Bender enden. Aber die Geschichte ist noch nicht zu Ende: 36 Jahre nach der vermeintlichen Flucht der vier Serienmörder, 1909, erzählte einer der Männer, die an der Suche und den anschließenden Grabungen teilgenommen hatten, man habe die Benders sehr wohl in ihrer Hütte angetroffen. Die aufgebrachten Helfer hätten die vier Schuldigen dermaßen brutal gelyncht und verstümmelt, dass die Beteiligten sich im Anschluss geschworen hätten, für alle Zeiten Stillschweigen darüber zu bewahren. 1910 bestätigte ein weiterer Mann diese Version.

Vielleicht ist Kate Bender also gar nicht entkommen. Vielleicht starben sie und ihre drei Komplizen am 5. Mai 1873, grausam massakriert durch einen wütenden Mob. Auch das lässt sich nicht beweisen. Ihre Leichen wurden nie gefunden.

Die Unergründliche

Audrey Marie Hilley (1933–1987)

*Eigentlich jede der in diesem Buch vorgestellten Frauen hat ein Motiv
für ihr kriminelles Tun. Eine nicht: Audrey Marie Hilley. Sie hat vier
ihr nahe stehende Menschen vergiftet, ohne dass ein plausibles Tatmotiv
zu erkennen wäre. Außergewöhnlich an dem Fall ist zudem der Umstand,
dass Hilley zweimal die Flucht gelang.*

Audrey Marie Frazier war ein völlig normales amerikanisches Mädchen.
1933 geboren, wuchs sie in einer Kleinstadt in Alabama auf; ihre Eltern
ließen es an nichts fehlen, förderten sie, wo sie konnten, und hofften,
dass sie es mal weiter bringen würde als sie selbst.

Audrey Marie Frazier war ein völlig normaler amerikanischer Teenager.
An ihrer Highschool war sie beliebt, sie sah gut aus, und die Jungs
drehten sich nach ihr um. Ihr Herz gewann schließlich Frank Hilley,
der sie auf Händen trug. Obwohl Frank ein anständiger Junge war, fanden ihre Eltern, es sei zu früh für eine feste Beziehung. Doch Audrey
kümmerte das nicht, sie war Franks Mädchen und blieb es, auch als er
nach der Highschool zur Navy ging. Während eines Heimaturlaubs
heirateten sie, wenige Tage vor Audreys 18. Geburtstag.

Audrey Marie Hilley war eine völlig normale junge amerikanische
Ehefrau. Als ihr Mann nach Boston versetzt wurde, zog sie mit ihm
dorthin. Nachdem er die Navy verlassen hatte, kehrte sie mit ihm in
ihre Heimatstadt zurück. Frank fand einen Job in einer Gießerei, sie
einen als Sekretärin. Sie kauften ein Häuschen. Bald war Audrey
schwanger.

Audrey Marie Hilley war eine völlig normale amerikanische Mutter.
Ihr Sohn Michael wurde im November 1952 geboren, das zweite Kind,
Tochter Carol, folgte acht Jahre später. Beide Eltern arbeiteten, was in
jenen Tagen eher die Ausnahme war – Frank war befördert worden und
verdiente mittlerweile recht gut, und Audrey genoss im Städtchen einen
Ruf als ausgezeichnete Sekretärin –, aber den Kindern fehlte es an nichts.

Audrey Marie Hilley war eine völlig normale amerikanische Frau. 20 Jahre verstrichen, nichts Besonderes passierte. Audrey war in der Kirche engagiert, half an der Schule der Kinder aus, war ein angesehenes Mitglied der Gemeinde. Im Beruf war sie erfolgreich, die Ehe war glücklich, die beiden Kinder waren wohlgeraten.

Die ersten 41 Jahre ihres Lebens verbrachte Audrey Marie Hilley denkbar unspektakulär. Dann tötete sie ihren Mann.

Im Mai 1975 ging Frank Hilley zum Doktor. Seit Monaten litt er unter ständig wiederkehrenden Übelkeitsanfällen, die er mal auf verdorbenes Essen, mal auf schädliche Chemikalien in der Gießerei zurückgeführt hatte, doch diesmal war es so schlimm, dass er den Hausarzt aufsuchte. Der verschrieb ihm ein paar Medikamente, doch nichts half. Am 23. Mai waren die Schmerzen so groß, dass Frank ins Krankenhaus ging. Dort stellte man Leberversagen fest und diagnostizierte infektiöse Hepatitis. Frank starb am 25. Mai um vier Uhr früh. Seine Frau Audrey saß in dieser Nacht bei ihm, verschlief seine letzten Atemzüge aber.

Mit Audreys Einwilligung wurde eine Autopsie vorgenommen. Alles, was der Pathologe sah, deutete darauf hin, dass der Hepatitis-Befund korrekt gewesen war. Tests auf Giftstoffe wurden nicht vorgenommen, es gab keinen Grund dafür. Im Totenschein wurde »natürliche Ursache« angekreuzt.

Audrey kassierte 31 140 Dollar aus Franks Lebensversicherung. Kein unerheblicher Betrag, angesichts ihres Einkommens und Lebensstandards aber auch nicht überwältigend viel. Keine Summe, wegen der man seinen Mann umbringt, eigentlich.

Die untröstliche Witwe scharte ihre Familie um sich. Die 15-jährige Tochter Carol lebte noch bei ihr; der 22-jährige Michael war frisch verheiratet und schon aus dem Haus – er hatte eine Stelle als Aushilfspastor in einer Nachbargemeinde. Jetzt bat Audrey ihre Mutter sowie Michael und seine junge Frau Teri, zu Carol und ihr zu ziehen. Alle folgten Audreys Wunsch gern, aber das Zusammenleben der fünf funktionierte nicht gut. Michael und Teri beschlossen bald, wieder auszuziehen, und mieteten ein Apartment.

In der Nacht, bevor der Umzug stattfinden sollte, brannte Audreys Haus. Der Schaden war zu beheben, doch für die Zeit der Sanierung mussten Audrey, ihre Mutter und ihre Tochter woandershin – was lag da näher, als mit Michael und Teri in die neue Wohnung zu ziehen. Just als das Haus wieder bezugsfähig war, brannte Michaels und Teris Nachbarwohnung aus. Die Renovierung war aufwendig und würde auch ihr eigenes Apartment betreffen – also zog das junge Paar gemeinsam mit den drei Frauen wieder zurück in Audreys Haus. Es war, als ob das Schicksal etwas dagegen hätte, dass Michael und Teri von Audrey loskamen. Das Schicksal – oder wer auch immer.

Nachdem Michael und Teri es irgendwann endlich geschafft hatten, einen eigenen Hausstand zu gründen, starb 1977 Audreys Mutter. Sie hatte Krebs gehabt, also stellte niemand die Todesursache in Frage. Audrey und ihre Tochter Carol lebten wieder allein.

Als Carol 1979 im ersten Jahr auf dem College war, wurde sie krank. Wie ihr Vater litt sie unter plötzlich auftretenden Übelkeitsanfällen, die teilweise so heftig waren, dass sie mehrfach in die Notaufnahme des Krankenhauses gebracht wurde. Da die Ärzte keine Ursache für ihre Schmerzen fanden, vermuteten sie schließlich psychosomatische Gründe und überwiesen sie an einen Psychiater, doch auch der konnte nichts finden; psychisch war Carol völlig gesund. Körperlich offensichtlich nicht. Als es so schlimm wurde, dass Carol dauerhaft im Krankenhaus bleiben musste, war ihre Mutter fast ständig an ihrer Seite, obwohl die junge Frau das gar nicht unbedingt wollte. Aber Audrey kümmerte sich aufopferungsvoll, und als sie nach drei Wochen keine Genesungsfortschritte bei ihrer Tochter sah, bestand sie darauf, dass sie in ein anderes, besseres Krankenhaus verlegt wurde.

Im Universitätsklinikum von Birmingham, Alabama, fand dann endlich ein kluger Arzt die Erklärung für Carols Zustand, deren Hände und Füße schon taub waren: schwere Arsenvergiftung. Die Diagnose kam gerade noch rechtzeitig – Carol konnte gerettet werden. Durch Untersuchungen des Arsengehalts ihrer Haare konnte ermittelt werden, dass ihr über einen Zeitraum von ca. sechs Monaten immer höhere Dosen des Gifts verabreicht worden waren.

Der Verdacht fiel sofort auf Audrey. Ein stichhaltiges Motiv war zwar nicht erkennbar (es gab auch bei Carol eine Lebensversicherung, doch bringt man für 25 000 Dollar seine geliebte Tochter um?), aber es kam einfach niemand anderes in Frage. Umgehend wurde die Exhumierung von Frank Hilleys Leichnam veranlasst. Und tatsächlich: In seinen Organen fand man hohe Arsenkonzentrationen, über Monate hinweg musste ihm das Gift verabreicht worden sein. Nun wurde auch Audreys Mutter exhumiert, auch sie war mit Arsen vergiftet worden. Sie war zwar tatsächlich an Krebs gestorben, doch ohne die Tumorerkrankung hätte die Arsenvergiftung sie kurze Zeit später dahingerafft.

Am 9. Oktober 1979 wurde Audrey festgenommen. Nach etwa vier Wochen in Untersuchungshaft befand der Haftrichter, dass keine Fluchtgefahr bestehe und man sie bis zum Prozess auf Kaution freilassen könne. Die Kaution war, gemessen am Delikt, ungewöhnlich niedrig: 14 000 Dollar. Audrey zahlte, und am 11. November 1979 wurde sie freigelassen. Da sie nicht nach Hause wollte – unter anderem aus Angst vor ihrem Sohn –, brachte ihr Anwalt sie vorübergehend in einem Motel unter.

Genau eine Woche nach Audreys Freilassung, am 18. November, starb ihre Schwiegermutter Carrie Hilley an Krebs. Da die Behörden Audrey mittlerweile alles zutrauten, wurden umgehend die Haare der Toten untersucht. Überraschung: Genau wie Audreys Mutter war sie zwar wirklich an Krebs gestorben, zuvor aber mit hohen Dosen Arsen vergiftet worden.

Exakt am Todestag ihrer Schwiegermutter, dem 18. November 1979, verschwand Audrey. Im Motelzimmer fand man eine obskure Nachricht, die auf eine Entführung hindeutete, doch daran glaubte niemand. Audrey war offensichtlich geflohen. Die Polizei und das FBI begannen eine fieberhafte landesweite Fahndung. Doch es sollte über drei Jahre dauern, bis man Audrey aufspürte.

Audrey Marie Hilley hatte vier Menschen vergiftet, von denen einer, ihr Mann Frank, gestorben war. Ihre Tochter Carol hatte überlebt, ihre Mutter und Schwiegermutter waren an Krebs gestorben, bevor das Arsen sie umbrachte. Ein Mord, drei versuchte Morde, alle vier Taten ohne plausibles Motiv.

Weitere schwere Verbrechen sollte sie nicht mehr begehen. Und doch ist ihre Geschichte noch lange nicht zu Ende.

Audrey, mittlerweile 46 Jahre alt, nahm den Namen Robbi Hannon an und reiste unbehelligt nach Florida. Sie lernte einen Mann namens John Homan kennen, lebte über ein Jahr mit ihm zusammen und heiratete ihn im Mai 1981. Das Ehepaar zog nach New Hampshire und lebte dort ein weiteres Jahr vergnügt vor sich hin. Wahrscheinlich hätte Audrey dieses neue Leben bis ans Ende ihrer Tage fortführen können, ohne je entdeckt zu werden. Doch dann machte sie etwas, das schließlich zu ihrer Enttarnung führte. Es war etwas so Unglaubliches, so Unerklärliches, so offenkundig Unsinniges, dass bis heute über die Gründe gerätselt wird.

Im September 1982 teilte Audrey alias Robbi ihrem Mann mit, sie müsse nach Texas, um sich dort wegen einer Krankheit behandeln zu lassen. Tatsächlich hielt sie sich nur ein paar Tage in Texas auf und ging nach Florida, wo sie sich die Haare färbte, eine andere Frisur zulegte und unter dem Namen »Teri Martin« einen Job als Sekretärin suchte. Nach sechs Wochen, am 10. November, rief sie ihren Mann John an, gab sich aber nicht als Robbi aus, sondern als deren Zwillingsschwester Teri. Sie teilte dem erstaunten John mit, dass Robbi leider in Texas an Krebs gestorben sei. Nein, er brauche nicht zu kommen, es gebe keine Beerdigung, die Leiche sei der Wissenschaft vermacht worden.

Was Audrey mit dieser Aktion bezweckte und warum sie sich dabei, ausgerechnet den Vornamen ihrer Schwiegertochter zulegte – niemand weiß es. Die naheliegende Vermutung, dass sie sich von John Homan lösen wollte, traf jedenfalls nicht zu, denn groteskerweise stand sie zwei oder drei Tage nach ihrem Anruf bei John vor seiner Tür in New Hampshire: Sie sei Teri, Robbis Zwillingsschwester, und wolle ihrem Schwager ihr Beileid aussprechen. Schön, dich kennenzulernen.

Tatsächlich fiel John Homan auf den Schwindel herein. »Teri« hatte eine andere Frisur und Haarfarbe als »Robbi«, außerdem ein paar Kilo weniger auf den Hüften – warum sollte er Verdacht schöpfen? Der trauerde Witwer und die trauernde Schwester trösteten sich gegenseitig über ihren Verlust hinweg.

Diese seltsame, unerklärliche Scharade sollte schließlich zu Audreys Entdeckung führen: Als Teri gab sie gemeinsam mit John Homan eine Todesanzeige in der Zeitung ihres Städtchens in New Hampshire auf, in der sie Robbi Homans bedauerlichen Tod mitteilten. Doch ein Polizist schöpfte Verdacht, machte ein paar Anrufe und fand heraus, dass sowohl die in der Anzeige genannte Kirchengemeinde als auch das Krankenhaus, dem angeblich die Leiche vermacht worden war, gar nicht existierten, und es war an dem genannten Todesdatum in der betreffenden Stadt in Texas auch keine Frau an Krebs gestorben.

Der Detective war sich sicher, dass Robbi Homan ihren Tod vorge-täuscht hatte und als Teri Martin nach New Hampshire zurückgekehrt war, warum auch immer. Als er sie am 12. Januar 1983 mit den Vor-würfen konfrontierte und sie streng nach ihrem wahren Namen fragte, hoffte er, sie würde einknicken und »Robbi Homan« sagen. Doch was sie sagte, verschlug ihm die Sprache: Sie erklärte, Audrey Marie Hilley zu sein.

Audrey wurde festgenommen und umgehend nach Alabama überstellt, wo ihr der Prozess gemacht wurde. Ihre Kinder, Michael und die längst wieder genesene Carol, wurden als Zeugen geladen. Gerade das Wie-dersehen mit Carol war innig und tränenreich. Beide Kinder waren of-fensichtlich willens, zugunsten ihrer Mutter auszusagen, doch die Wahr-heit ließ sich nicht verbergen. Audrey Marie Hilley wurde zu lebenslanger Haft für den Mord an ihrem Mann plus 20 Jahren Haft für den ver-suchten Mord an ihrer Tochter verurteilt.

Am 9. Juni 1983 bezog sie ihre Zelle im Frauengefängnis von We-tumpka, Alabama. Ihre Führung war tadellos, sodass ihre Sicherheitsstufe nach zwei Jahren heruntergesetzt und ihr nach einem weiteren Jahr ge-legentliche achtstündige Freigänge genehmigt wurden. John Homan war von New Hampshire nach Alabama gezogen, um in ihrer Nähe zu sein; er besuchte sie oft und freute sich, wenn sie mal für acht Stunden zu ihm kommen durfte. War die Zeit in Freiheit um, kehrte Audrey jedes Mal brav ins Gefängnis zurück. Im Februar 1987 wurde ihr erstmals ein dreitägiger Ausgang genehmigt. Am 19. Februar verließ sie das Gefängnis und traf sich mit John in einem Hotel. Sie würde nie zurückkehren.

Am Morgen nach der ersten Nacht verließ Audrey das Hotelzimmer; sie wolle kurz das Grab ihrer Eltern besuchen, John solle um zehn Uhr unten im Restaurant zum Frühstück auf sie warten. Das tat er, aber sie kam nicht. Als er ins Zimmer zurückkehrte, fand er eine Nachricht von ihr,; sie sei mit der Hilfe eines Mannes namens Walter nach Kanada geflohen; er solle ihr ein bisschen Vorsprung gewähren, bevor er die Polizei informierte, und ihr bitte nicht böse sein. Sie würde sich melden.

Audrey Marie Hilley war zum zweiten Mal geflohen. Und es sah nach einer geplanten und gut vorbereiteten Flucht aus. Alle, einschließlich der Polizei, waren sich sicher, dass Audrey Alabama längst verlassen hatte.

Umso überraschender, was dann geschah: Vier Tage nach Audreys Verschwinden rief jemand aus dem Nachbarort die Polizei, weil er eine zitternde, orientierungslos wirkende Frau bei strömendem Regen durch die Wälder hatte kriechen sehen. Die Beamten griffen die Frau auf, die schwer unterkühlt war; die hinzugerufenen Rettungssanitäter stellten eine Körpertemperatur unter 28 Grad fest. Noch im Krankenwagen verlor sie das Bewusstsein, und wenige Minuten, bevor der Wagen das Krankenhaus erreicht hätte, starb sie an Herzversagen. Erst nach dem Tod der Frau stellte sich heraus, dass es Audrey Marie Hilley war.

Ihr Ende war genauso mysteriös wie ihre Taten und wie die absurde Scharade, die zu ihrer Ergreifung geführt hatte. War sie die ganzen vier Tage durch den eiskalten Februarregen geirrt? Warum? Hatte sie einen Fluchtplan gehabt, so wie es den Anschein hatte, und war von ihrem ominösen Fluchthelfer Walter im Stich gelassen worden? Oder gab es gar keinen Walter und auch keinen Fluchtplan?

Ein Rätsel, genau wie die ganze Frau.

Freiheit und Abenteuer

»Live fast, die young«

Bonnie Parker (1910–1934)

*Von den 30 in diesem Buch vorgestellten Frauen ist sie vielleicht die be-
rühmteste – und das, obwohl sie nur 23 Jahre alt wurde und ihre kriminelle Karriere gerade einmal zwei Jahre dauerte. Doch in diesen zwei
Jahren wurde Bonnie Parker gemeinsam mit ihrem Partner Clyde Barrow zu einem Mythos, der – verstärkt durch Hollywood – bis heute an-
hält. Bonnie und Clyde sind der Inbegriff des sich intensiv liebenden
und zugleich Angst und Schrecken verbreitenden Gangsterpärchens, der
Inbegriff der sich um keine Gesetze, keine Autoritäten und keine moralischen Grenzen scherenden puren Lust am Leben, der Inbegriff der
Symbiose von Sex & Crime.*

Er hatte sie gewarnt: An seiner Seite würde sie ständig auf der Flucht vor
der Polizei sein, und sie würde früher oder später eines gewaltsamen Todes
sterben. Clyde Barrow war gerade auf Bewährung aus dem Gefängnis
entlassen worden, als er dies zu seiner Freundin Bonnie Parker sagte, die
zwei Jahre auf ihn gewartet hatte – und er meinte es ernst. Als sie antwortete, sie würde ihn niemals verlassen, was auch immer geschehe, meinte
auch sie es ernst. Ein Treueschwur, den sie halten würde: Bonnie und
Clyde begannen, den Mittleren Westen der USA mit einer spektakulären
Serie an Überfällen zu überziehen, bei der mindestens 13 Menschen zu
Tode kamen, und sie blieben tatsächlich unzertrennlich – bis sie am 23.
Mai 1934 gemeinsam im Kugelhagel der Polizei ihr Ende fanden.

Bonnie stammte aus bescheidenen Verhältnissen. Ihr Vater war Mau-
rer, und sein Einkommen reichte gerade so fürs Allernötigste. Als er
1914 starb – da war sie vier –, verschärfte sich die wirtschaftliche Situation, doch die Mutter schaffte es, Bonnie und ihre beiden Geschwister
nicht nur durchzubringen, sondern ihnen auch alle Chancen auf ein
besseres Leben zu bieten. Und Bonnie schien diese Chancen nutzen zu
wollen: Sie war eine gute, fleißige Schülerin, vielseitig interessiert, mu-
sisch begabt, eine leidenschaftliche Gedichteschreiberin und eine schlag-

Bonnie Parker posiert als Gangsterbraut, 1932

fertige Rednerin, die die Leute bei improvisierten Auftritten zum Lachen
brachte. Sie war intelligent, charmant, witzig und sah (trotz ihrer geringen Körpergröße von nur 147 Zentimetern) auch noch blendend aus –
ein Mädchen, das zu Hoffnungen Anlass gab.

Auf der Highschool in Dallas, wo die Familie lebte, verliebte Bonnie
sich in einen Klassenkameraden, Roy Thornton, den man sich als coolen,
verwegenen James-Dean-Typen vorstellen muss. Die Liebe war groß, Bonnie brach die Schule ab, ließ sich »Roy and Bonnie« über ihr rechtes Knie

tätowieren, und am 25. September 1926 wurde geheiratet – da war Bonnie noch nicht einmal 16. Der Überschwang und die Absolutheit, mit der sie sich Roy verschrieb, waren typisch für Bonnie und sollten in der späteren Beziehung mit Clyde noch ganz andere Ausmaße annehmen.

Roy war selten zu Hause, und zu allem Überfluss entpuppte er sich auch noch als Krimineller. Die Ehe der beiden Teenager hielt nicht einmal drei Jahre, und noch bevor sich die beiden mit den Modalitäten der Trennung hätten auseinandersetzen müssen, schuf der Staat Texas Fakten: 1929 wurde Roy wegen Mordes verurteilt und ins Gefängnis gesteckt. Geschieden wurde die Ehe nie (bei ihrem Tod trug Bonnie sogar immer noch Roys Ehering!), doch seit seiner Inhaftierung haben sich die beiden nie mehr gesehen.

Bonnie lebte wieder bei ihrer Mutter und jobbte als Kellnerin in einem Café – das war sicher nicht das Leben, das sie sich erträumt hatte. Doch bald schon schien Rettung zu nahen: Im Januar 1930, Bonnie war 19, lernte sie auf einer Party einen anderthalb Jahre älteren, nur unwesentlich größeren jungen Mann kennen, in den sie sich Hals über Kopf verliebte und dem sie sich binnen kürzester Zeit mit allem, was sie hatte, verschrieb. Sein Name: Clyde Barrow.

Clyde hatte mit seinen 20 Jahren schon ein ordentliches Vorstrafenregister vorzuweisen und bereits Haftstrafen wegen Autodiebstählen, Safeknackereien und Raubüberfällen hinter sich. Nachdem Bonnie und er sich kennengelernt hatten, blieben dem Paar nur gut zwei Monate, bis er im April 1930 schon wieder ins Gefängnis sollte, und zwar für 14 Jahre – doch diese zwei Monate reichten, um die beiden so fest zusammenzuschweißen, dass sie unzertrennlich wurden.

Bonnie muss gewusst haben, dass sie an Clydes Seite unweigerlich ein von Kriminalität, Knastaufenthalten und Angst vor der Polizei geprägtes Leben führen würde, aber sie nahm es in Kauf. Vermutlich machte sie sich sogar romantische Vorstellungen von den Abenteuern, die ein solches Leben bieten würde. Das Erste, was sie tat, nachdem Clyde ins Gefängnis gewandert war, belegt diese These: Bonnie, die bis dahin noch nie etwas Gesetzwidriges getan hatte, besorgte sich eine Pistole, schmuggelte sie an den Aufsehern vorbei ins Gefängnis und verhalf Clyde zum Ausbruch.

Bonnie und Clyde waren wieder vereint, und sie waren auf der Flucht. Nach nur einer Woche wurde Clyde in Ohio wieder gefasst – das Abenteuer hatte nicht lange gedauert. Doch man kann davon ausgehen, dass diese eine Woche Bonnies Beschluss zementierte: Dieses Leben wollte sie führen. Sie würde geduldig warten, bis man Clyde entließ. Und dann würde sie eine Gangsterbraut sein.

Bonnie wartete.

Im Februar 1932 wurde Clyde nach nur zwei Jahren auf Bewährung entlassen – die Gefängnisse in Texas waren hoffnungslos überfüllt, weshalb damals die wenigsten Verbrecher ihre Strafen voll verbüßen mussten. Doch Clyde hatte sich verändert: Hübsch und jung, wie er war, war er im Gefängnis vielfach misshandelt worden, und er hatte einen Zellengenossen erschlagen, der sich oft brutal an ihm vergangen hatte. Als Bonnie ihn am Tor der Haftanstalt abholte, war er nicht mehr der fröhlich-gewitzte Gauner, der aus Abenteuerlust und jugendlichem Überschwang Betrügereien beging. Er war ein Schwerkrimineller und hatte sich geschworen, nie wieder ins Gefängnis zu gehen. Bonnie störte das nicht, und seine Warnung, welches Leben sie erwarten würde, wenn sie bei ihm blieb, schlug sie in den Wind. Was auch immer Clyde vorhatte – Bonnie würde dabei sein.

Und so begannen im März 1932 die zwei Jahre, innerhalb derer Bonnie und Clyde zur Legende wurden. Sie fuhren durch die Gegend und begingen kleinere Raubüberfälle: Tankstellen, Lebensmittelgeschäfte und Drogerien waren ihre hauptsächlichen Ziele, ab und zu war auch mal eine Bank in irgendeiner Kleinstadt dabei. Das Schema war simpel: Sie stürmten rein, zwangen den Ladenbesitzer mit vorgehaltener Waffe, das Geld aus der Kasse herauszurücken, und verschwanden wieder. Bald schlossen sich ihnen weitere Kriminelle an, meist Freunde oder Knastbekanntschaften von Clyde; aus dem Paar wurde eine Bande. Doch Bonnie und Clyde blieben die unangefochtenen Köpfe der Truppe.

Je mehr Mitglieder die »Barrow-Gang« hatte – es waren bis zu neun –, desto größer wurde der Radius ihrer Verbrechen; bald machten sie den kompletten Süden und Mittleren Westen der USA unsicher. Am Ende hatten sie Raubüberfälle in immerhin sieben Staaten begangen: Texas, Oklahoma, Indiana, Minnesota, Missouri, Louisiana und New Mexico.

Bei einem Raubüberfall auf einen Laden in Hillsboro, Texas, am 30. April 1932 wurde der Geschäftsinhaber erschossen. Auch wenn wahrscheinlich keiner der beiden die Schüsse abgegeben hat (Bonnie war bei dem Überfall gar nicht dabei, und Clyde war an diesem Tag der Fahrer des Fluchtwagens), erreichten die Taten der Bande nun eine neue, tödliche Dimension. Bonnie und Clyde standen jetzt weit oben auf der Fahndungsliste der Polizei. Das ging mit der entsprechenden Berühmtheit einher, dafür sorgten die sensationsgierigen Zeitungen – und sie selbst: Immer wieder schickten sie Fotos von sich in »Gangsterposen« an die Zeitungen; Bonnie legte gelegentlich selbstverfasste Gedichte bei. Alle sollten wissen: Wer sich Bonnie und Clyde in den Weg stellt, muss das mit dem Leben bezahlen. Bonnie genoss diesen Ruf und die Publicity außerordentlich.

Im August 1932, also nach nicht einmal einem halben Jahr auf ihrem kriminellen Trip durch den Mittelwesten, erschoss Clyde erstmals einen Polizisten. So wie in jedem Land der Welt die Polizei besonders sauer reagiert, wenn einer der eigenen Leute getötet wird, wurden die Mitglieder der Barrow-Gang, insbesondere Bonnie und Clyde selbst, nun zu Staatsfeinden erklärt. Sogar das FBI schaltete sich in die Suche ein. Bonnie und Clyde war klar: Würde man sie schnappen, würden sie mit Sicherheit hingerichtet werden. Sie hatten nichts mehr zu verlieren.

Mindestens 13 Morde gingen bis Anfang 1934 aufs Konto des Gangsterpärchens. Neun der Opfer waren Polizisten. Als Bonnie und Clyde im Januar 1934 auch noch fünf Mitglieder ihrer Bande aus dem texanischen Eastham-Gefängnis befreiten (darunter der 21-jährige Raymond Hamilton, der eine Freiheitsstrafe von 362 Jahren verbüßte!) und bei dieser Aktion zwei Gefängniswärter mit automatischen Pistolen und Maschinengewehren erschossen wurden, mobilisierte man alle verfügbaren staatlichen Kräfte, die zur Ergreifung der Bande beitragen konnten. Immer häufiger kam es zu blutigen Schusswechseln. Mehrere Male konnten die Cops sie stellen, doch die Gangster schossen sich den Weg stets wieder frei. Die Bande zerfiel, doch Bonnie und Clyde blieben zusammen. Sie befanden sich auf einem Weg, von dem es kein Zurück geben konnte und dessen Ende ihnen klar vor Augen gestanden haben muss. Nur der Zeitpunkt stand noch nicht fest.

Am 23. Mai 1934 sollte es so weit sein: Die Verbrechen von Bonnie und Clyde, die zunehmend brutaler, rücksichtsloser und mörderischer geworden waren, fanden ein blutiges Ende. Auf einer verlassenen Landstraße am Black Lake in Louisiana lockten sechs Polizisten, die die beiden seit Wochen gejagt hatten, das Paar in einen Hinterhalt. Als Bonnie und Clyde gegen 9.15 Uhr am Morgen mit ihrem Ford V-8 auf der Straße entlanggefahren kamen, eröffneten die hinter Büschen verborgenen Polizisten mit ihren automatischen Waffen das Feuer. Das ging so schnell, dass keiner der beiden Zeit hatte, selbst eine Waffe zu ziehen. Am Auto wurden hinterher 167 Einschusslöcher gezählt; Bonnie und Clyde wurden von jeweils ca. 50 Kugeln durchsiebt. Das war keine versuchte Festnahme, das war eine Hinrichtung. Die 23-jährige Bonnie und der 25-jährige Clyde waren sofort tot.

Das Auto mit den beiden Leichen wurde in die nächste Stadt geschleppt, Arcadia. Die Meldung über den spektakulären Tod des Verbrecherpärchens verbreitete sich wie ein Lauffeuer: Innerhalb von Stunden wurde das 2000-Seelen-Städchen von geschätzten 12 000 Schaulustigen überschwemmt, die die Leichen von Bonnie und Clyde oder zumindest das zerfetzte Auto sehen wollten.

Am Ende wurde das unzertrennliche Paar doch noch auseinandergerissen: Ihrem Wunsch, gemeinsam in einem Grab beerdigt zu werden, kamen die Familien nicht nach. Beide wurden in ihrer Heimatstadt Dallas bestattet, aber auf unterschiedlichen Friedhöfen.

Bonnies Beerdigung war ein Spektakel. 20 000 Menschen drängten sich auf dem Friedhof, so viele, dass die Familie Mühe hatte, bis zum Grab durchzukommen. Der Sarg war mit Blumen und Kränzen überhäuft. Das größte Blumengebinde stammte von einer Gruppe von Zeitungsjungen, die ihren Dank ausdrücken wollten: Das Ende von Bonnie und Clyde hatte ihnen einen Absatz von 500 000 Zeitungen allein in Denver beschert. Das hätte Bonnie, die nach Freiheit und Abenteuer ebenso hungrig war wie nach Ruhm, sicher gut gefallen.

Die Frau, die Friedrich August II. war

Sophie Apitzsch (1692–1752)

Als August der Starke, Kurfürst von Sachsen, im Februar 1715 davon Kunde erhielt, dass sich sein Sohn, Kurprinz Friedrich August, seit mehreren Wochen auf dem Jagdschloss Augustusburg im Erzgebirge aufhalte, staunte er nicht schlecht: Er wähnte den Prinzen auf einer Reise nach Frankreich und hatte doch auch erst wenige Tage zuvor einen Brief von ihm aus Wien erhalten! August der Starke ließ seinen vermeintlichen Sohn von Schloss Augustusburg nach Dresden holen. Wer ihm da gebracht wurde, war jedoch nicht Kurprinz Friedrich August – sondern eine junge Frau.

Sie ging als »Prinz Lieschen« in die Geschichte ein – Sophie Sabina Apitzsch, eine junge Sächsin, die mehrere Wochen lang für Kurprinz Friedrich August II. gehalten wurde, ohne sich je wirklich für ihn ausgegeben zu haben. Als ihre Scharade aufflog, schütteten sich die Leute aus vor Lachen und Spott – aber nicht über sie, sondern über die speichelleckerischen Karrieristen und Möchtegernhöflinge, die auf sie hereingefallen waren.

Dabei hatte Sophie doch nur nicht heiraten wollen. Sie war 1692 in Lunzenau geboren worden, als Tochter eines armen Webers, der nur das Beste für seine Tochter wollte und ihr eine gute Schulbildung ermöglichte – angesichts seines Standes und ihres Geschlechts eine ungewöhnliche Begünstigung. Doch vielleicht war es ja gerade die durch ihre höhere Bildung erworbene Perspektive, die sie aus ihrem Heimatstädtchen hinaustrieb, das sie vermutlich als beengend empfand? Sie wird von der großen weiten Welt geträumt haben, und nicht von einem Leben in Lunzenau.

1710, Sophie war 18, verlobte ihr Vater sie mit dem Jäger Matthias Melchior Leonhard. Nicht die schlechteste Partie, doch die Aussicht auf ein Leben als den Haushalt bestellende Ehefrau und Mutter gab ihr wohl den Rest. Über zwei Jahre lang wusste sie die Eheschließung hinauszuzögern, doch 1713 wurde der Hochzeitstermin festgelegt. Damit stand für sie fest: Sie musste weg.

Als ihr Vater mal nicht zu Hause war, zog Sophie seinen schwarzen Sonntagsanzug über, der ihr gut passte, setzte sich seinen Hut auf und stahl sich davon. Ein Leben in Freiheit war es, das sie führen wollte, so ungebunden wie möglich – und das ging als Mann deutlich besser denn als Frau. Also gab sie sich als wandernder Barbier aus, wenn sie in eine Stadt kam – und die Leute glaubten ihr.

Sophie wanderte bis nach Bayern, verdiente sich mal hier, mal dort einen Groschen und genoss vermutlich das freie Vagabundenleben. Als sie im fränkischen Ansbach ankam, wurde sie, da sie sich nicht ausweisen konnte, zum Militär zwangsverpflichtet. Auch unter den Soldaten fiel niemandem auf, dass sie eine Frau war.

Vier Wochen hielt sie den Dienst aus, dann floh sie und zog weiter. Ihr Weg führte sie nun wieder nach Norden, zurück Richtung Sachsen. Sie hielt sich in Aue auf, in Schwarzenberg, Annaberg, Schneeberg, Buchholz und Oederan, alles Städtchen nahe Chemnitz. Sophie hatte sich inzwischen auch einen Namen zugelegt, als Herr von Marbitz stellte sie sich vor. Sie lebte von Gelegenheitsarbeiten, auch von Almosen. Alles ging gut, und alles hätte vermutlich noch lange gutgehen können. Doch dann wurde ihr ein Gerücht zum Verhängnis, das eigentlich gar nichts mit ihr zu tun hatte.

Dieses Gerücht, es dürfte im Sommer oder Herbst des Jahres 1714 aufgekommen sein, besagte, dass der Sohn des Landesherren, der junge Kurprinz Friedrich August II., inkognito durch Sachsen reise, um Land und Leute kennenzulernen. Wer als Erstes auf die Idee kam, jener Herr von Marbitz müsse der junge Prinz sein, lässt sich nicht sagen, aber offensichtlich war es glaubhaft – Sophies stets etwas geheimnisvolle Art, mit der sie ihre wahre Identität verbergen wollte, wird einen Teil dazu beigetragen haben. Wo sie auch war, plötzlich wurde sie überall äußerst freundlich und zuvorkommend behandelt. Sprach einer sie direkt darauf an, dass sie ja wohl der Kurprinz sei, wies sie das zwar von sich – aber das machte es ja gerade noch glaubwürdiger.

Sollte Sophie diese ihr aufgedrängte Rolle anfangs unangenehm gewesen sein, so fühlte sie sich mit der Zeit zunehmend geschmeichelt; wir können davon ausgehen, dass ihr die Aufmerksamkeiten, die ihr zuteilwurden, immer besser gefielen, sie sich immer stärker daran gewöhnte und sie sich immer mehr so verhielt, wie sie glaubte, dass sich ein inkognito reisender Prinz verhalten würde. Und so war ihr Protest sicher nicht allzu laut, als ein ehrgeiziger Oberfischmeister namens von Günther, der sich eine Erhebung in den Adelsstand erhoffte, den Herrn von Marbitz – zwinker, zwinker – auf die Augustusburg einlud, ein edles Jagdschlösschen am Nordrand des Erzgebirges.

Pompöse Wochen folgten, sicher die aufregendste Zeit im Leben der Sophie Sabina Apitzsch. Sie bekam neue Anzüge geschneidert, eine Kutsche mit sechs Pferden zur Verfügung gestellt, einen Beutel mit 300 Dukaten »gespendet«, damit sie etwas Geld zur freien Verfügung hatte (bei dieser Gelegenheit dürfte wieder gezwinkert worden sein). Vier Diener standen allzeit zu ihrer Verfügung. Es wurde fürstlich getafelt, Musikanten spielten zu ihrer Unterhaltung auf, zu ihren Ehren wurden rauschende Feste veranstaltet. Ein Leben in Saus und Braus. Und sollte Sophie zwischendurch doch das eine oder andere Mal angemerkt haben, sie sei aber keineswegs der Kurprinz, so dürfte der eilfertige Herr von Günther stets verschwörerisch geantwortet haben: »Selbstverständlich, Eure Hoheit. Ich weiß ja, dass Eure Hoheit nicht erkannt werden wollen.« Was sollte man da machen?

Irgendwann flog der Schwindel doch auf. August der Starke hörte, wie eingangs beschrieben, von dem Gerücht, dass sein Sohn es sich auf Schloss Augustusburg gutgehen ließe, und da er ziemlich sicher war, dass sich sein Sohn gerade im Ausland aufhielt und nicht im nahen Erzgebirge, ließ er diesen ominösen Herrn von Marbitz sowie dessen Gönner, Herrn von Günther, nach Dresden einbestellen. Natürlich flog sofort auf, dass es sich bei dem jungen »Herrn« weder um den Kurprinzen noch überhaupt um einen Herren handelte.

Man kann sich die Empörung des Herrn Oberfischmeisters über diese unverfrorene Hochstapelei bildlich vorstellen, mit hochrotem Kopf wird er vor seinem Landesherrn gestanden und nach Luft geschnappt haben vor Entrüstung über diese Betrügerin, die sich bei ihm eingenistet habe wie die Made im Speck. Doch August der Starke, ein Mann von Humor, hörte sich die Geschichte an, bekam vom zerknirschten Oberfischmeister bestätigt, dass Sophie stets abgestritten habe, der Kurprinz zu sein, und ließ dem aufgeblasenen Herrn von Günther dann – wir dürfen annehmen: genüsslich – die Luft raus.

Denn er sprach ein Urteil, das milder kaum hätte ausfallen können und dem Herrn von Günther neben seinem Schaden nicht nur viel Spott, sondern sogar noch weiteren Schaden einbrachte. Prinz Lieschen – so hieß Sophie fortan – müsse zwar als Hochstaplerin bestraft und in den Kerker gesperrt werden, daran führe kein Weg vorbei, als Frau in Männerkleidern war sie selbstredend eine Betrügerin. Aber sie dürfe alles behalten, was ihr »aufgedrängt« worden sei, und außerdem habe der Herr Oberfischmeister ihr für die Dauer ihrer Haft noch einen Reichstaler pro Tag für ihren Unterhalt auszubezahlen, um ihr die Zeit im Gefängnis angenehmer zu machen. Was für ein Urteilsspruch! Deutlicher konnte August der Starke kaum zum Ausdruck bringen, auf welcher Seite seine Sympathien lagen.

Und so wurde Sophie nach Augustusburg zurückgebracht. Eine Stunde lang hatte sie zunächst am Pranger zu stehen. Die Leute haben sie nicht etwa verspottet oder beschimpft, sondern ihr Geld zugesteckt. Dann kam sie in Haft, zuerst in einer Zelle auf Schloss Augustusburg, später im berühmten Zuchthaus von Waldheim. Die Kutschfahrt dorthin wurde ein von jubelnden Menschen begleiteter Triumphzug.

Sophie war der erste weibliche Häftling in Waldheim. Sie war beliebt und galt nicht wirklich als Verbrecherin. Die Mahlzeiten nahm sie zusammen mit dem Gefängnispersonal ein. Bereits 1717 wurde sie begnadigt, nach nur gut einem Jahr im Zuchthaus. Im Oktober kam sie frei, 25-jährig. August der Starke hatte sich noch etwas Besonderes für sie ausgedacht: Auf seine persönliche Genehmigung hin war es ihr weiterhin erlaubt, Männerkleidung zu tragen.

Sophie kehrte nach Lunzenau zurück, wo sie vier Jahre zuvor aufgebrochen war. Sie verließ ihre Geburtsstadt nicht mehr, starb hier 1752 im Alter von 60 Jahren. Geheiratet hat sie nie.

Dichtung und Wahrheit

Belle Starr (1848–1889)

Über keine der Frauen in diesem Buch sind so viele Mythen in Umlauf wie über die »Räuberbraut« Belle Starr, die in der Blütezeit des Wilden Westens ein legendärer Outlaw war, die berühmteste Frau unter all den berüchtigten Banditen und Räuberbanden, die in jenen Jahren Furcht und Schrecken verbreiteten: Im Saloon soll sie Pokerspiele, die nicht nach ihren Vorstellungen verliefen, mit ihrem Revolver beendet haben. Ihre erste Ehe mit dem Banditen John Reed soll auf dem Rücken eines Pferdes geschlossen worden sein, auf der Flucht vor einem Sheriff. Bei ihren Raubzügen soll sie von den Reichen genommen und den Armen gegeben haben. Das alles stimmt wahrscheinlich nicht. Doch auch ohne solche Ausschmückungen ist das Leben der Belle Starr außergewöhnlich und erzählenswert – wenngleich es bei dieser Frau nicht einfach ist, Dichtung und Wahrheit auseinanderzuhalten.

Geboren wurde Belle 1848 in einem Städtchen in Missouri. Ihr Vater war wohlhabend; ihm gehörten ein Hotel, eine Gastwirtschaft, ein Stall und eine Schmiede. Dem Status ihrer Familie entsprechend, bekam Belle eine höhere Ausbildung. Sie war auf dem besten Wege, ein normales bürgerliches Leben zu führen.

Der Ausbruch des amerikanischen Bürgerkriegs 1861 veränderte alles. Belles Heimat wurde zum Schlachtfeld, die Armeen beider Seiten wälzten sich mehrmals durch die Region. Die Familie schlug sich auf die Seite der Südstaatenrebellen; Belle, im Teenageralter, streunte durch die Gegend und verriet die Lager der Unionstruppen an die Soldaten der Konföderierten. Mehrere ihrer Brüder kämpften im Krieg, einer fiel im Alter von 22 Jahren. Belle lernte zu dieser Zeit einige junge Männer kennen, die sich zu Guerillagruppen zusammengeschlossen hatten und auf Seiten der Konföderierten kämpften – Männer, die nach dem Krieg nahtlos vom Guerilla- zum Outlawdasein übergingen und berühmte Banditen wurden, etwa Jesse James oder Cole Younger.

Porträt von Belle Starr im Alter von 36 Jahren, 1884

Der Bürgerkrieg ruinierte die Geschäfte des Vaters; als er 1865 zu Ende war (Belle war 17), verkaufte der Vater, was sich verkaufen ließ, packte seine Habseligkeiten auf einen Planwagen und zog mit der Familie nach Texas, wo er eine Farm erwarb und sich nach Jahren als erfolgreicher Geschäftsmann nun als Bauer durchschlug.

Viele der Männer, die im Krieg auf der Seite der Konföderierten gekämpft hatten und sich nun als »Verlierer der Geschichte« betrachteten, schlossen sich zu Banden von Gesetzlosen zusammen und zogen marodierend durchs Land. Als eine solche Bande eines Tages auf der Flucht vor den Gesetzeshütern auf die Farm von Belles Familie kam, gewährte der Vater ihnen Unterschlupf. Einer der Banditen war Jim Reed, der drei Jahre älter war als Belle. Zwischen den beiden entwickelte sich eine Romanze, 1866 heirateten sie.

Jim versuchte es nach der Hochzeit zunächst auf die ehrliche Tour. Er half Belles Vater auf der Farm, später zog er mit seiner jungen Frau auf den Hof seiner Eltern nach Missouri. 1868 brachte Belle dort ihr erstes Kind zur Welt, eine Tochter namens Pearl. Alles war in bester Ordnung.

Aber Jim Reed hatte in den Jahren des Vagabundierens offenbar Gefallen an einem Leben als Gesetzloser gefunden. Während Belle mit dem Baby bei ihrer Schwiegermutter auf der Farm saß, war er kaum zu Hause und begann krumme Geschäfte zu machen, insbesondere mit dem Cherokee-Indianer Tom Starr, einem gesuchten Mörder, der einen florierenden illegalen Handel mit Whiskey und Waffen in den Indianerreservaten des heutigen Oklahoma betrieb. Als er dann auch noch aus Rache kaltblütig einen Mann erschoss, wurde steckbrieflich nach ihm gesucht. 1869 kam Jim nach Hause, packte Frau und Tochter und floh mit seiner Familie nach Kalifornien.

Eine Zeitlang ging alles gut. Jim und Belle ließen sich mit Pearl in Los Angeles nieder, im Februar 1871 kam hier ihr zweites Kind auf die Welt, Sohn James Edwin. Nur wenige Wochen danach wurde Jim wegen der Verbreitung von Falschgeld angeklagt – kein allzu schweres Delikt, aber bei den Untersuchungen kam zutage, dass er in Missouri wegen Mordes gesucht wurde. Jim musste abermals das Weite suchen; überstürzt floh er in einem Gewaltritt nach Texas. Seine Familie kam mit der Kutsche nach.

Jim und Belle begannen eine Farm zu bewirtschaften, aber das war wohl mehr Fassade als wirklicher Broterwerb. Die Farm diente Jim und seinen finsteren Komplizen als Unterschlupf, auch andere Banden konnten sich hier auf der Flucht vor den Gesetzeshütern verstecken. Jim und seine Spießgesellen gingen immer rücksichtsloser und gewalttätiger vor; sie stahlen ungeniert in der Nachbarschaft Vieh, überfielen Banken, Züge und Kutschen und schreckten auch vor Mord nicht zurück. 1873 fand Belle heraus, dass Jim sie mit einer anderen Frau betrog, und als er dann auch noch wegen eines brutalen Doppelmordes einmal mehr den Staat verlassen wollte, reichte es ihr: Sie gab ihm den Laufpass und zog mit ihren Kindern zurück zu ihren Eltern. Jim wurde im Jahr darauf getötet: Er hatte eine Postkutsche überfallen, woraufhin ein Kopfgeld auf ihn ausgesetzt wurde; die Belohnung reizte einen seiner »Freunde« offenbar so sehr, dass er ihn erschoss.

Belle war 26 Jahre alt, als sie Witwe wurde. Obwohl sie sich seit ihrer Jugend im Kreise von Gesetzlosen bewegt und sieben Jahre lang mit einem notorischen Verbrecher zusammengelebt hatte, war sie bis zu diesem Zeitpunkt (allen Legenden zum Trotz, die ihr nachträglich über die Jahre mit Jim Reed angedichtet wurden) selbst keine Banditin, eher im Gegenteil: Sie bemühte sich wohl, ein einigermaßen gewöhnliches, gesetzestreues Leben zu führen, war nur an den falschen Mann geraten.

Über die nächsten sechs Jahre ist nicht allzu viel bekannt (was wiederum die Phantasie vieler Hobby-Historiker und Wildwest-Fans angeregt hat, die Belle für diese Zeit die unterschiedlichsten Aktivitäten zugeschrieben haben, von einer Haftstrafe wegen Pferdediebstahls über Brandstiftung bis zu bewaffnetem Banküberfall, aber das sind bestenfalls Spekulationen, vermutlich sogar blanke Erfindungen). Wahrscheinlich verlebte Belle einfach ruhige Monate bei ihren Eltern. Als 1876 ihr Vater starb und ihre Mutter die Farm verkaufte, musste sie sich ein neues Nest für sich und ihre Kinder suchen und zog zu ihrer Schwiegermutter.

Nicht die Bekanntschaft mit all den späteren berüchtigten Outlaws während des Bürgerkriegs, nicht der Kontakt mit den Gesetzlosen-Banden, die auf der Farm ihres Vaters in Texas Unterschlupf suchten, nicht die Ehe mit dem Verbrecher Jim Reed – nein, der Umzug zu ihrer Schwiegermutter war wahrscheinlich die entscheidende Veränderung in ihrem Leben, die Belle selbst zur Banditin werden ließ. Denn hier, auf der Reed-Farm in Missouri, kam Belle wieder mit all den harten Jungs zusammen, mit denen ihr Mann verkehrt hatte, mit den Pferdedieben, den Bankräubern, den Alkoholschmugglern, den Raubmördern. Und offensichtlich ließ sie sich jetzt – vielleicht enttäuscht vom ›ehrlichen Weg‹, der sie nicht sehr weit gebracht hatte – bereitwillig auf diese Welt ein. Belle wurde zur Räuberbraut.

Anfang 1880 hatte sie eine Beziehung mit Bruce Younger, einem Cousin des erwähnten legendären Cole Younger und Mitglied in dessen Bande. Dann wechselte sie den Mann: Am 5. Juni 1880 heiratete sie den deutlich jüngeren Sam Starr, Sohn des berüchtigten Cherokee-Schmugglers Tom Starr, mit dem ihr erster Mann so viele krumme Geschäfte abgewickelt hatte. Jetzt hieß sie Belle Starr – der Name, unter dem sie berühmt werden würde.

Das frisch vermählte Paar ließ sich in einer abgelegenen, nur für Eingeweihte auffindbaren Hütte im Indianer-Territorium im späteren Oklahoma nieder. Die Hütte wurde zum ultimativen Versteck für gesuchte Gesetzesbrecher; neben vielen anderen lebte auch Jesse James hier, sieben Monate lang. Auch Belle und Sam Starr waren keine Kinder von Traurigkeit, und 1882 wurden beide gemeinsam wegen Pferdediebstahls verhaftet – kein kleines Delikt in der damaligen Zeit. Den Prozess in Fort Smith führte Bundesrichter Isaac C. Parker, der den sprechenden Spitznamen »Hanging Judge« trug (er brachte es im Lauf seiner Karriere auf stolze 160 Todesurteile) und der später eine richtiggehende Besessenheit in Bezug auf Belle Starr entwickelte, die er aller möglichen Schandtaten bezichtigte und am liebsten am Galgen gesehen hätte. Es war Belles und Sams erste Anklage, und beide bekamen je ein Jahr Gefängnis aufgebrummt.

Nach neun Monaten wurden sie auf freien Fuß gesetzt und kehrten in ihre Hütte und ihr altes Leben zurück. Die nun folgenden fünf Jahre – es sollten die letzten in Belles Leben sein – waren turbulent. Ein aufs andere Mal wurde sie von Richter Parker angeklagt, doch er musste sie immer wieder aus Mangel an Beweisen laufen lassen.

So wenig, wie sie die Gesetze achtete, so wenig genau nahm Belle es nun auch mit der ehelichen Treue. Sie hatte mehrere Liebhaber – fast immer gesuchte Schwerverbrecher –, und die Affären wurden meist dadurch beendet, dass der aktuelle Verehrer ins Gefängnis kam – oder getötet wurde. Den Anfang machte der indianischstämmige mehrfache Mörder Bluford »Blue« Duck, der erst 23 Jahre alt war (Belle war mittlerweile 36); als er hinter Gitter musste, kam der gesuchte Mörder John Middleton an die Reihe. Middleton wurde nach ein paar Monaten an Belles Seite auf der Flucht erschossen; nicht viel später, am 17. Dezember

1886, kam auch Belles Immer-noch-Ehemann Sam Starr ums Leben: Auf einer Weihnachtsparty traf er einen langjährigen Intimfeind, einen indianischen Polizisten; die beiden Männer zückten ihre Colts und erschossen sich gegenseitig.

Belle war zum zweiten Mal Witwe, aber nicht lange: Nach mindestens zwei weiteren Affären – natürlich mit Banditen von standesgemäßem Kaliber – nahm sie den rund 15 Jahre jüngeren Cherokee Jim July Starr zum Ehemann, einen Adoptivsohn des berüchtigten Tom Starr und damit eine Art Stiefbruder ihres letzten Gatten. Diese Ehe hatte vor allem einen praktischen Zweck: Nur durch die Verbindung mit einem Indianer verlor Belle nach dem Tod ihres vorherigen Mannes nicht den Anspruch auf das Stück Land im Cherokee-Territorium, auf dem ihre Hütte lag.

Und so wäre es wahrscheinlich noch lange weitergegangen mit einem stürmischen Leben voller Überfälle, Fluchten, Verhaftungen und wechselnder Männer – wenn nicht Belle Starr selbst am 3. Februar 1889 erschossen worden wäre, zwei Tage vor ihrem 41. Geburtstag. Sie war auf dem Heimritt vom Einkaufen, als von hinten zwei Schüsse aus einem Schrotgewehr auf sie abgefeuert wurden; Belle war sofort tot. Wer das getan hat und warum, darüber wird bis heute gerätselt.

So endet die Erzählung bei einem einfachen Grab im Territorium der Cherokee. Der Name Belle Starr ist sicher größer als die Geschichte dahinter – die Legenden um diese Frau sind so gewaltig, dass man fast ein bisschen enttäuscht ist, wenn man feststellt, dass an gesicherten Fakten kaum ein nachgewiesenes Verbrechen übrig bleibt, mit ziemlicher Sicherheit kein Mord und nur eine einzige Gefängnisstrafe wegen Pferdediebstahls.

Und doch stand diese Belle Starr im absoluten Zentrum der Räuberbanden, die den Mythos vom Wilden Westen mit ausmachten. Wenn man auch nicht viel weiß über die tatsächliche Verbrechensgeschichte, so kann man doch eines mit Sicherheit sagen: Ohne diese Frau wäre der Wilde Westen ein ganzes Stück weniger wild gewesen.

La Pistolera

Sharon Kinne (*1940)

Sie war wohl einfach zu jung: zu jung, um zu heiraten, zu jung, um Kinder zu bekommen, zu jung, um besonnen und überlegt mit Streit, Vorwürfen und Aggressionen umzugehen. Sharon Kinne war 20, als sie ihren Mann, einen Waffennarr, mit seiner eigenen Pistole erschoss – kein ganz seltener Vorgang in den schusswaffenverliebten USA. Das Besondere an ihr ist, dass sie in der Folge noch öfter zur Pistole griff, um Probleme aus der Welt zu schaffen – und dass sie vor über 40 Jahren aus dem Gefängnis floh und nie gefasst wurde. Es ist also wie im Märchen: Wenn sie nicht gestorben ist, dann lebt sie noch heute.

Als die aufreizend hübsche 16-jährige Sharon 1956 den fünf Jahre älteren James Kinne heiratete, war das ein Akt der Notwendigkeit: Sie war schwanger, und unverheiratet brachte man in den 50er-Jahren in den Südstaaten der USA kein Kind auf die Welt. Sharon, selbst noch ein halbes Kind, erlitt zwar eine Fehlgeburt, aber da war sie schon Mrs. Kinne.

Die Ehe lief nicht gut. Sharon und James hatten bald zwei Kinder und stritten laufend, meistens über Geld: Er verdiente ihrer Ansicht nach zu wenig; statt sich mit den ständig hereinflatternden Mahnungen herumschlagen zu müssen, wollte sie hübsche Kleider kaufen, in Urlaub fahren, ein eigenes Auto besitzen – einen neuen Ford Thunderbird am liebsten. Was sie sich denn einbilde, schrie James sie an, sie gebe ohnehin schon viel zu viel Geld aus – wie solle er das denn alles bezahlen? Es ist die immergleiche Geschichte: Sharon hatte viel zu jung geheiratet, war viel zu jung Mutter geworden, war frustriert, überfordert und hungrig nach Leben; sie hatte hochfliegende Träume, die ihr James nicht erfüllen konnte.

Am 19. März 1960, einem Samstagnachmittag, muss es wieder einen heftigen Streit gegeben haben. An dessen Ende lag James, wie so viele US-Amerikaner Besitzer mehrerer Schusswaffen, mit einer Kugel im Kopf tot in seinem Bett, erschossen mit einer seiner eigenen Pistolen.

Ein klarer Fall, sollte man meinen – doch der Polizei gegenüber behauptete Sharon, die zweijährige Tochter Danna habe den tödlichen Schuss abgegeben, während sie mit Daddys Pistole gespielt habe. Erstaunlicherweise wurde ihr ohne großartige weitere Untersuchungen geglaubt.

Sharon kassierte ein hübsches Sümmchen von der Versicherung. Das Erste, was sie sich davon kaufte, war ein brandneuer blauer Thunderbird. Bei der Gelegenheit begann sie eine Affäre mit dem Autoverkäufer, einem Mann namens Walter Jones.

Dummerweise war Walter Jones verheiratet. Ihn störte das nicht, Sharon offenbar schon: Am 27. Mai 1960, gerade einmal zwei Monate nach

Buchumschlag der 1997 erschienenen Biografie »The Sharon Kinne Story«

dem Tod von Sharons Mann, musste auch Patricia Jones sterben. Gefunden wurde sie mit vier Kugeln in ihrem Körper am Rand eines Waldwegs, der im Ort als »Lover's Lane« galt, also als ein Sträßchen, in das man als Paar fuhr, wenn man ein ungestörtes Schäferstündchen im Auto verbringen wollte.

Die Entdeckerin der Leiche war – Sharon. Sie behauptete, Walter habe sie bei der Suche nach seiner Frau um Hilfe gebeten. Wahrscheinlich dachte Sharon, es wirke unverdächtiger, wenn sie selbst als Finderin auftrat und die Polizei alarmierte, doch die Beamten fielen diesmal nicht auf ihre Spielchen herein.

Sharon und Walter Jones wurden gebeten, sich freiwillig einem Lügendetektortest zu unterziehen. Walter war einverstanden – und »bestand« den Test. Sharon weigerte sich. Das sei unnötig, sie sei ja unschuldig, ließ sie über ihren Anwalt verlauten.

Nachdem die Polizei einen Zeugen aufgetrieben hatte, der Patricia Jones zu Sharon ins Auto hatte steigen sehen (was ihrer Version der Geschichte komplett widersprach), wurde sie verhaftet und wegen Mordes angeklagt. Gegen Hinterlegung einer Kaution durfte sie bis zur Verhandlung in Freiheit bleiben. Im Prozess, der im Juni 1961 begann, wurde ihr nachgewiesen, kurz vor dem Mord genau eine Pistole der Art gekauft zu haben, mit der Patricia Jones erschossen wurde. Das sei richtig, gestand Sharon freimütig ein, aber die habe sie verloren.

Das sah nicht gut aus für sie. Doch dann kam der Paukenschlag: Der Vorbesitzer von Sharons Waffe wurde vernommen, und er erinnerte sich, eine Weile zuvor ein paar Testschüsse damit abgegeben zu haben. Die Kugeln hatte er noch und stellte sie gerne zur Verfügung. Eine ballistische Untersuchung wurde durchgeführt, und das Ergebnis überraschte alle: Die Pistole, mit der Patricia Jones ermordet wurde, war nicht identisch mit der, die Sharon gekauft (und angeblich verloren) hatte. Sharon wurde freigesprochen.

Ihre Freude dürfte nicht allzu lange gewährt haben. Kaum auf freiem Fuß, wurde sie wieder verhaftet – diesmal wegen des Mordes an ihrem Ehemann. Angesichts des Patricia-Jones-Falles waren die Behörden doch misstrauisch geworden, was die vermeintliche Täterschaft der zweijährigen Tochter betraf. Sharon wurde ein zweites Mal wegen Mordes vor Gericht gestellt. Ein Gutachter wies nach, dass eine Zweijährige unmöglich den Abzug der Pistole durchgedrückt haben könne, mit der James Kinne erschossen worden war. Nach nur drei Prozesstagen wurde Sharon wegen Mordes zu lebenslanger Freiheitsstrafe verurteilt.

Sharon kam ins Gefängnis, doch der Fall wurde längst noch nicht zu den Akten gelegt. Ein Ritt durch die Instanzen nahm seinen Lauf. Ein Jahr nach ihrer Verurteilung hob das Oberste Bundesgericht von Missouri den Schuldspruch auf und ordnete einen neuen Prozess an. Sharon war, nachdem sie eine Kaution zusammengekratzt hatte, wieder frei.

Am 24. März 1964 begann die neue Verhandlung, Sharons mittlerweile dritter Mordprozess. Er wurde wegen Verfahrensmängeln abgebrochen – einem Mitglied der Geschworenenjury wurden frühere berufliche Verflechtungen mit dem Vertreter der Anklage nachgewiesen. Sharon blieb in Freiheit. Drei Monate später wurde der nächste Anlauf unternommen – Sharons vierter Mordprozess begann. Es gab viele Ungereimtheiten, zu viele: Die Jury konnte sich am Ende nicht auf ein Urteil einigen. Ein neues Verfahren wurde angesetzt. Sharon blieb in

Freiheit, bis im Oktober 1964 dann ihr fünfter Mordprozess beginnen sollte. Doch Sharon hatte andere Pläne.

Im September 1964, mit 24 Jahren, überquerte Sharon zusammen mit ihrem neuen Freund Samuel Puglise die Grenze nach Mexiko – das widersprach ihren Kautionsbedingungen. Kurz zuvor hatte sie noch mit ein paar ungedeckten Schecks bezahlt, was nachträglich als Zeichen gewertet wurde, dass sie nicht vorhatte zurückzukehren: Sharon hatte sich abgesetzt.

Das Paar bezog ein Hotelzimmer in Mexico City, doch schon nach vier Tagen gab es Streit – Sharon verließ wütend das Hotel und gabelte umgehend einen neuen Mann auf, den Radiomoderator Francisco Ordonez. Die beiden checkten als Ehepaar in einem Motel ein; ein paar Stunden später fielen Schüsse: Sharon hatte Ordonez zweimal ins Herz geschossen. Anschließend wollte sie offensichtlich fliehen, doch der Manager des Motels stellte sich ihr in den Weg – woraufhin sie ihm in die Schulter schoss. Aber es gelang ihm trotz seiner Verletzung, Sharon festzuhalten, bis die Polizei eintraf. Mit den Beamten lieferte sich Sharon einen weiteren Schusswechsel, bevor sie endlich überwältigt wurde.

So eine schießwütige Frau war selbst im heißblütigen Mexiko selten, weshalb ihr bald der Spitzname »La Pistolera« anhaftete. Sharon wurde verhaftet. Warum sie Ordonez erschoss, ist unklar; ihre Beteuerung, sie habe in Notwehr gehandelt, da Ordonez sie habe vergewaltigen wollen, nahm ihr jedenfalls niemand ab. Ein US-amerikanischer Kriminalbeamter flog umgehend nach Mexiko, um die Waffe sicherzustellen, mit der Sharon um sich geballert hatte, da man überprüfen wollte, ob mit ihr vier Jahre zuvor auch Patricia Jones erschossen worden war. Doch die mexikanischen Behörden verweigerten die Herausgabe, ebenso wie sie es ablehnten, Sharon wegen des dort anhängigen Mordprozesses an die USA auszuliefern – sie wollten sie selbst vor Gericht stellen.

Aber sie erklärten sich einverstanden, ballistische Tests durchführen zu lassen. Das Ergebnis lag bald vor: Tatsächlich war die Waffe, mit der »La Pistolera« Ordonez getötet hatte, seinerzeit auch die Tatwaffe beim

Mord an Patricia Jones gewesen. Es gab kaum mehr einen Zweifel daran, dass Sharon Kinne der Morde an ihrem Ehemann und an der Frau ihres früheren Liebhabers schuldig war. Sollte sie je in die USA zurückkehren, würde sie dort umgehend vor Gericht gezerrt werden. Doch dazu sollte es nie kommen.

Zunächst wurde ihr wegen des Mordes an Ordonez und der Schüsse auf den Hotelmanager und die Polizisten in Mexiko der Prozess gemacht. Das Urteil fiel relativ milde aus, vielleicht aufgrund ihrer US-amerikanischen Staatsbürgerschaft: zehn Jahre Gefängnis. Sharon war das immer noch zu viel, sie legte Berufung ein – mit dem Ergebnis, dass die nächsthöhere Instanz die Strafe um drei Jahre erhöhte.

Gut vier Jahre saß sie in einem mexikanischen Gefängnis. Was für andere der reine Horror gewesen wäre – sie teilte die Zelle mit 15 Frauen, ohne ein Wort Spanisch zu sprechen –, wusste sie zu ihrem Vorteil zu wenden: Sie verschaffte sich Einfluss und Respekt; bald hatten nicht nur ihre Mitgefangenen, sondern auch die Wärter Angst vor ihr.

Am 7. Dezember 1969 verschwand Sharon Kinne aus dem Iztapalapa-Frauengefängnis in Mexiko City. Es wurde vermutet, dass sie über die Grenze nach Guatemala geflohen ist, doch Belege gibt es keine. Es ist, als habe sie sich in Luft aufgelöst.

Vielleicht ist sie irgendwann gestorben. Vielleicht aber auch nicht. Sharon Kinne wäre heute, mehr als 40 Jahre nach ihrer Flucht, 71 Jahre alt. Vielleicht sitzt sie auf einer Hacienda in Guatemala im Schaukelstuhl und genießt ihren Lebensabend.

Gesucht wird sie noch heute. Über 50 Jahre nach dem Mord an ihrem Ehemann steht sie in Kansas, USA, immer noch auf der Fahndungsliste. Sollten Sie sie gesehen haben, rufen Sie bitte die Telefonnummer 001-816-4748477 an.

Rache und Männerhass

Rache und Männerha

»Es ist um keinen Mann schade, wenn er stirbt«

Elfriede Blauensteiner (1931–2003)

Die Schwarze Witwe ist eine Kugelspinne. Das Weibchen lockt das Männchen an, lässt sich von ihm begatten und frisst es dann manchmal auf. Die Österreicherin Elfriede Blauensteiner wurde ebenfalls »Schwarze Witwe« genannt. Sie umgarnte und pflegte einsame Männer, nur um sie dann zu vergiften und das Erbe an sich zu bringen, notfalls mit gefälschten Testamenten. Eine adrette ältere Dame war sie, die nach ihrer Verhaftung mit skurrilen Äußerungen viel Aufsehen erregte und das Rampenlicht sichtlich genoss – nur ein Wort der Reue, das fand sie nie.

Kurz bevor am Rosenmontag, dem 10. Februar 1997, um neun Uhr morgens vor dem Landgericht Krems der Prozess wegen Mordes gegen sie eröffnet werden sollte, wurde Elfriede Blauensteiner in das Justizgebäude geführt. Ein Pulk von Journalisten wartete auf die mutmaßliche Serienmörderin. Im braunen Kostüm mit weißer Bluse, mit frisch toupierten platinblonden Haaren und einer blau getönten Brille trat die rüstige 66-Jährige vor die Medienvertreter und hielt gut gelaunt eine Art spontane Pressekonferenz ab – man könnte auch sagen, sie hielt Hof. Das öffentliche Interesse schmeichelte ihrer Eitelkeit, und sie wusste die Aufmerksamkeit zu schüren: Mit salbungsvoll vorgetragenen Äußerungen wie »Die Schlechtigkeit ist nicht in mir selbst, sondern ausschließlich um mich herum!« würde sie in die Abendnachrichten kommen, da konnte sie sicher sein.

Zum Höhepunkt ihrer Inszenierung kam sie, als sie plötzlich ein goldenes Kruzifix hervorzog und es mit ausgestrecktem Arm in die auf sie gerichteten Fernsehkameras hielt. »Niemals wollte ich töten, niemals!«, rief sie, »Gott allein wird mir glauben, und Gott allein wird über mich richten!« Und dann zitierte sie auch noch Pontius Pilatus: »Ich wasche meine Hände in Unschuld!«

Die 66-jährige Angeklagte Elfriede Blauensteiner im Gerichtssaal in Krems am 10. Februar 1997

Doch Elfriede Blauensteiner war alles andere als unschuldig. Gut drei Wochen später, am 7. März 1997, wurde sie wegen Mordes zu lebenslanger Haft verurteilt. Nach der Urteilsverkündung rief sie den wartenden Journalisten noch zu: »Macht's ordentliche Fotos von mir. I' bin nämlich jetzt prominent.«

Zwei Motive wurden hinter den Taten der Elfriede Blauensteiner erkennbar: Geldgier und Männerhass. Beides war ihr früh mitgegeben worden. Die Armut wurde ihr bereits in der Kindheit zur Feindin; 1931 als eines von sieben Kindern armer Eltern im Wiener Arbeiterbezirk Favoriten geboren, merkte Elfriede schnell, was es hieß, kein Geld zu haben. Denn der Vater starb schon 1933, und danach reichte es selten für das Lebensnotwendige. Die Familie lebte in einer Art Holzhütte, in der Elfriede auf nackten Brettern schlief, zugedeckt nur mit Kleidungsstücken. Aus diesen Verhältnissen wollte sie raus, mit allen Mitteln. Dazu brauchte man Geld, das verstand sie früh.

Auch ihr Männerbild prägte sich früh aus, nämlich als ihre Mutter drei Jahre nach dem Tod ihres ersten Mannes erneut heiratete: einen Mann, der elf Jahre jünger war als sie. Der Stiefvater tat nichts Verbotenes, doch Elfriede verabscheute ihn, da er sich ständig mit seiner Frau vergnügen wollte – was angesichts der beengten Wohnverhältnisse allzu oft vor den Augen der Kinder geschehen sein dürfte.

Als der Stiefvater die Familie nach nicht allzu langer Zeit wieder verließ, wird Elfriede Erleichterung verspürt haben, doch zugleich bedeutete dieses Verschwinden des Ernährers einen Rückfall in stärkere Armut. Hier lernte sie eine Lektion, die ihr Leben prägte: Männer sind Abschaum, aber als Frau kommt man trotzdem nicht ohne sie aus: zum einen weil es sich nicht schickt, unverheiratet zu sein, zum anderen weil sie das Geld nach Hause bringen.

Mit 17, der Krieg war seit drei Jahren vorbei, fand sie in Wien eine Anstellung als Verkäuferin. Hier lernte sie Alfred Franze kennen, einen Schriftenmaler, den sie bald heiratete und der ihr Männerbild noch verfestigte: Er schlug sie, verlangte »Schweinereien« von ihr und betrog sie häufig, unter anderem mit einer ihrer Schwestern, die sogar ein Kind von ihm bekam. Aber was sollte Elfriede tun? Wie so viele misshandelte Ehefrauen hielt sie einfach nur still. 1954 brachte sie eine Tochter zur Welt; als sie 1960 erneut schwanger war, schlug der fesche »Fredi« ihr so stark auf den Bauch, dass sie eine Fehlgeburt erlitt.

Ein erbärmlicher Vertreter seines Geschlechts. Ihm vor allem dürfte es zu verdanken sein, dass Elfriede Männer so sehr verabscheute. »Es ist um keinen Mann schade, wenn er stirbt«, sagte sie fast 40 Jahre später bei einer polizeilichen Vernehmung. Und trotz alledem war sie empört, als Fredi die Scheidung verlangte. Er verließ Frau und Kind und setzte 1967 die Scheidung durch – da war sie 36, die Tochter 13.

In dieser Zeit begann Elfriede zu spielen. Zunächst besuchte sie die Casinos von Wien und Baden nur hin und wieder, bald regelmäßig zweimal pro Woche, später nach eigener Angabe »21 Tage im Monat«. Sie staffierte sich mit Pelzen und Schmuck aus, wurde zuvorkommend als Stammgast behandelt, gefiel sich in der Rolle der wohlhabenden Dame von Welt – kleine Fluchten. Doch die gelegentlichen Gewinne machten die Verluste nie wett. Elfriede war in Geldnot, ab jetzt fast immer. Ihre Spielsucht, die sie nun jahrzehntelang begleiten würde, wurde neben dem Hass auf Männer zum Motor ihres Tuns.

1983 lernte sie Rudolf Blauensteiner kennen, den sie noch im selben Jahr heiratete. Der Fahrdienstleiter der österreichischen Bundesbahn war ein kränklicher Mann, er litt unter einer chronischen Lungenerkrankung, gepaart mit Epilepsie. Ob sie ihn schon mit dem Hintergedanken geheiratet hat, ihn bald zu beerben, wissen wir nicht, ebenso wenig, ob Liebe im Spiel war – wahrscheinlich wollte sie einfach nur versorgt sein. Elfriede pflegte ihn jedenfalls, verabreichte ihm seine Medikamente, setzte ihm die nötigen Spritzen – hier erwarb sie das medizinische und pharmazeutische Handwerkszeug für ihre späteren Morde.

Durch ein befreundetes älteres Ehepaar, Viktoria und Otto Reinl, kam sie mit Euglucon in Verbindung, einem blutzuckersenkenden Mittel, das der schwer diabeteskranke Rentner einnehmen musste. Nachdem seine Frau 1984 gestorben war, nahm Elfriede den 76-Jährigen zur Pflege in ihre Wohnung auf. An »Vatili«, wie sie ihn nannte, begann sie zu experimentieren; neben Euglucon – von dem sie sich größere Mengen beschaffte, indem sie sich selbst bei verschiedenen Ärzten als Diabetikerin ausgab – verabreichte sie ihm das Antidepressivum Anafranil. In einer entsprechenden Dosis, wie sie feststellen sollte, ergab das eine tödliche Mischung.

Der Rentner konnte bald seinen Stuhlgang nicht mehr kontrollieren. Dass er »mir dauernd die Wohnung verschmutzt hat«, wie Elfriede später bei der Polizei zu Protokoll gab, konnte die reinliche Hausfrau nicht hinnehmen. Am 23. September 1986 starb er an einer Überdosis des Medikamentencocktails. Todesursache laut Totenschein: Diabetes mellitus. Elfriede: »Ich habe ihn von seinen Leiden befreit.«

Nicht lange darauf begann sie sich um eine Nachbarin zu kümmern, ebenfalls krank, ebenfalls alt, ebenfalls alleinstehend: Franziska Köberl, 79 Jahre alt, war zwar kein Mann, dafür aber wohlhabend. Elfriede kümmerte sich um sie, aus Dank schenkte ihr die alte Frau ihr Sparbuch.

Für dieses großzügige Geschenk bekam sie, so könnte man böse sagen, einen Aufschub. Elfriede wandte sich zunächst einem anderen Opfer zu: ihrem Mann Rudolf. Es war ihm in der zweiten Hälfte ihrer zehnjährigen Ehe ohnehin immer schlechter gegangen (ob mit oder ohne das Zutun seiner Frau, wissen wir nicht), jetzt senkte sie seinen Blutzuckerspiegel mit den bewährten Medikamenten so tief ab, dass er Anfang August 1992 ins Koma fiel. Er kam ins Krankenhaus und starb dort nach einer Woche, am 10. August, nur 52-jährig. »Der Rudl hat seinen Tod verdient«, so Elfriede später lapidar. Und sie verdiente sich eine monatliche Pension von 13 850 Schilling. Den Leichnam ihres Mannes ließ sie einäschern. Sie wird schon gewusst haben, warum.

Nun kam aber doch Franziska Köberl an die Reihe – das Geld vom Sparbuch war vermutlich längst an den Roulettetischen verprasst, doch bei der Nachbarin war sichtlich noch mehr zu holen. Elfriede erhöhte die Intensität ihrer »Pflege«. Die dankbare Seniorin kam – Elfriede wird sie entsprechend bearbeitet haben – auf die unglückselige Idee, sie im Testament als Alleinerbin einzusetzen. Kurz nach der Unterzeichnung war die 84-Jährige tot, gestorben am 15. Dezember 1992 an den Folgen akuter Unterzuckerung. Dass Elfriede mit hohen Dosen Euglucon nachgeholfen hatte, merkte wiederum niemand.

Vielleicht waren im Freundeskreis und in der Nachbarschaft keine geeigneten Kandidaten mehr vorhanden, die die Kriterien »alt«, »krank«, »alleinstehend«, »wohlhabend« und möglichst »männlich« erfüllten; jedenfalls fing Elfriede nun an, sich ihre Opfer per Annonce zu suchen. Als »treusorgende Kameradin und Krankenschwester« pries sie sich in der Kontaktanzeige an – über 100 Antwortschreiben trudelten herein.

Elfriedes Wahl fiel auf den 64-jährigen Friedrich Döcker, der bald der Einfachheit halber in ihre Wohnung zog und sich dort von ihr »pflegen« ließ. Da er sein Haus ja nun nicht mehr brauchte, unterschrieb er einen Vertrag, in dem er es mitsamt dem Grundstück Elfriede schenkte – kaum war die Tinte getrocknet, machte sie das Anwesen zu Geld, immerhin drei Millionen Schilling. Beim Aufsetzen der Schenkungsurkunde half ihr ein Anwalt namens Harald Schmidt, der auch schon bei der Testamentsänderung von Franziska Köberl freundliche Unterstützung geleistet hatte – von ihm, den man im Licht der späteren Ereignisse mit Fug und Recht Elfriedes Komplizen nennen darf, wird noch die Rede sein.

Nur etwa ein Jahr lang konnte Friedrich Döcker den in der Annonce versprochenen »ruhigen Lebensherbst« genießen: Am 11. Juni 1995 starb er an einer Überdosis Euglucon und Anafranil. Mit gefälschter Unterschrift vermachte Elfriede seinen Leichnam dem Anatomischen Institut der Universität Wien – wohl im Kalkül, dass man die Leiche unauffällig verschwinden lassen kann, indem man sie Medizinstudenten zum Zerschnippeln überlässt. Falsch gedacht, wie sich noch zeigen wird.

So ganz nebenbei »half« Elfriede in dieser Zeit wahrscheinlich auch noch einem Mann beim Selbstmord. Über diesen Fall weiß man wenig; Fakt scheint aber zu sein, dass der 61-jährige Hausmeister Erwin Niedermayer zuvor seiner Frau einen Schädelbruch zugefügt hatte. Ob er sich deshalb wirklich das Leben nehmen wollte? Ja, behauptete Elfriede später bei der Polizei, und sie habe ihm mit einer Giftmischung »beim notwendigen Selbstmord hilfreich zur Seite gestanden«. Richtig aufgeklärt wurde das nie, aber allein ihre Verwendung des Wörtchens »notwendig« lässt Abgründe erahnen.

Friedrich Döcker war gut ein Vierteljahr tot, da schaltete Elfriede die nächste Kontaktanzeige. »Suche einsamen Mann, der sich nach einer häuslichen Witwe, 62/166, sehnt«, hieß es am 5. Oktober 1995 in der *Kronen Zeitung.* Einer der über 80 Männer, die sich angesprochen fühlten und Elfriede schrieben, war der 76-jährige Alois Pichler, pensionierter Postamtsleiter aus dem hübschen Örtchen Rossatzbach in der Wachau. Eine Woche nachdem sie seinen Brief erhalten hatte, besuchte sie ihn in seinem Haus. Sie blieb direkt über Nacht. Schon am nächsten Tag beauftragte sie Anwalt Schmidt, einen Schenkungsvertrag aufzusetzen, in dem Pichler ihr seinen Grundbesitz übertrug. Doch »Burli«, wie sie ihn nannte, weigerte sich zu unterschreiben. Zwei Tage, nachdem er Elfriede zum ersten Mal getroffen hatte, fiel er, der sein Lebtag gesund gewesen war, plötzlich ins Koma. Sie hatte ihm 50 Tabletten Euglucon, das praktischerweise geschmack- und geruchlos ist, in die warme Milch gerührt, die er so gern trank.

Er wurde ins Krankenhaus eingeliefert, erholte sich, durfte wieder nach Hause. Doch einen Monat später wiederholte sich das Ganze; Pichler fiel wieder »plötzlich« ins Koma und überlebte nur, weil ihm der Notarzt geistesgegenwärtig Glukose spritzte.

Elfriede hatte in der Zwischenzeit sein Testament entdeckt, in dem sie natürlich nicht erwähnt war; Hauptbegünstigter sollte ein Wahlneffe sein. Kurzerhand verbrannte sie das Dokument und ließ von Anwalt Schmidt ein neues aufsetzen, das sie zur Alleinerbin erklärte und dessen Unterschrift sie fälschte. Außerdem fand sie zwei Sparbücher mit zusammen 1,2 Millionen Schilling, die allerdings durch jeweils ein Passwort vor fremdem Zugriff geschützt waren. Auch diese Hürde nahm Elfriede, indem sie zur Bank spazierte, einer Angestellten vom angeschlagenen Gesundheitszustand ihres armen »Burli« berichtete und der Frau zumindest die Anfangsbuchstaben der Codewörter abrang. Nach ein bisschen Knobelei hatte sie sie herausgefunden und räumte die Konten leer.

Am Morgen des 20. November 1995 begann das qualvolle Sterben des Alois Picher. Elfriede verabreichte ihrem »Burli« einmal mehr eine Riesenportion Euglucon und Anafranil und sperrte ihn halbnackt und mit nassen Handtüchern bedeckt in eine Kammer, bei abgedrehter Heizung und offenen Fenstern – Ende November, wohlgemerkt. Den ganzen

Tag und die ganze Nacht brachte er dort zu. Am nächsten Morgen kam zufällig eine Bekannte ins Haus und sah den blut- und kotverschmierten Mann auf dem Boden liegen – das komme vor, beruhigte Elfriede sie, »Burli« falle manchmal aus dem Bett, und der Arzt sei eh schon unterwegs. Die Bekannte ging wieder.

Als er am Abend immer noch lebte, verfrachtete Elfriede den armen Mann in die Badewanne. Vermutlich hat sie ihn ein paar Mal abwechselnd eiskalt und dann heiß abgebraust, den Duschstrahl immer schön auf sein Herz gerichtet, und ihn dann im kalten Wasser sitzen lassen. Dort starb er schließlich.

»Wo die Kraft zu Ende geht, ist Erlösung Gnade«, mit diesem süffisanten Satz war die Todesanzeige überschrieben, die Elfriede in die Zeitung setzen ließ. Die Dorfbewohner von Rossatzbach tobten, für sie war diese Frau, die überhaupt erst vor sechs Wochen aufgetaucht war und den kerngesunden Nachbarn in dieser kurzen Zeit »zu Tode gepflegt« hatte, eine Erbschleicherin. Zur Beerdigung am 1. Dezember erschien sie im Begleitschutz zweier Privatdetektive, die sie engagiert hatte, um sie vor der aufgebrachten Bevölkerung zu schützen. Sie fuhr vor (die Beerdigung hatte längst angefangen), stiefelte in ihrem schicken Pelzmantel ohne Umweg aufs Grab zu, ließ mit den Worten »Adieu Alois« einen Strauß langstielige Rosen ins Grab fallen und marschierte umgehend zum Auto zurück. Nach Aussage eines der Detektive, der den Wagen steuerte, soll sie schon während der Rückfahrt damit begonnen haben, Formulierungen für die nächste Kontaktanzeige zu notieren.

Aber Alois Pichler sollte Elfriedes letztes Opfer sein. Pichlers Schwester, eine 91-jährige Nonne, und der unerwartet »enterbte« Wahlneffe hatten Verdacht geschöpft und Anzeige erstattet. Die Mordkommission beschloss, Pichlers Leichnam zu exhumieren, und nachdem der Gerichtsmediziner erhöhte Dosen der beiden Medikamente im Körper des Toten gefunden hatte, wurde ab dem 9. Januar 1996 Elfriedes Telefon abgehört. Lange mussten die Beamten nicht warten: Schon am nächsten Tag sprach sie in einem Telefonat mit ihrem Anwalt Harald Schmidt ganz unverblümt über den Mordhergang; sie erzählte sogar noch stolz, warum sie die

Wanne nur halb voll gemacht habe: »Ich war ja so gescheit und hab nur wenig Wasser in die Wanne gelassen (…). Zum Glück hat der nichts geschluckt. Weil, dann hätten die gesagt: Aha, Wasser in der Lunge.«

Das war genug. Am frühen Morgen des 11. Januar wurde Elfriede verhaftet. In den polizeilichen Vernehmungen gestand sie freimütig die fünf Morde und die Beihilfe zum Selbstmord. Ohne jedes Schuldbewusstsein, offenbar geschmeichelt durch die Aufmerksamkeit und fast ein bisschen kokett beantwortete sie jede Frage. »Ein bisserl machen wir schon noch weiter, jetzt, wo's so spannend ist, oder?«, fragte sie an einem der Abende, als die Beamten Feierabend machen wollten.

13 Monate dauerte die Untersuchungshaft, so lange brauchen die Beamten, um alle Beweise zusammenzutragen. In einigen Fällen erwies sich das als schwierig, und als Elfriede irgendwann aus heiterem Himmel ihr umfangreiches Geständnis widerrief, beschloss die Staatsanwaltschaft, sie zunächst nur für den letzten Mord an Pichler anzuklagen, der ihr auch ohne Geständnis wasserdicht nachgewiesen werden konnte.

Das Interesse der Medien an diesem Paradiesvogel stieg derweil immens, und sie genoss das. Die »Schwarze Witwe«, wie sie bald hieß, gab launige Interviews, in denen sie über die Haftbedingungen schwadronierte (»Wunderbar ist es in der Haft!«) oder sich Gedanken darüber machte, welches Kleid sie zum Prozess tragen sollte. Sie begann ihre Memoiren zu schreiben, und an einem Tag verblüfft sie die Pressevertreter mit der Behauptung, Steven Spielberg wolle ihr Leben verfilmen. Liz Taylor könne sie sich als Verkörperung ihrer selbst vorstellen.

Als am 10. Februar 1997 nach ihrem eingangs geschilderten Auftritt der Prozess vor dem Landgericht Krems endlich begann, zeigte Elfriede weiterhin keinerlei Schuldbewusstsein. Sie habe nie absichtlich getötet, sie habe immer nur helfen wollen, war der Tenor all ihrer Aussagen, sie habe immer nur das Beste gewollt für den Alois und auch die anderen. Als der Richter sie fragte, warum denn Pichler dann bitte schön so unterkühlt gewesen sei, antwortete sie verschmitzt mit einer unglaublichen Mischung aus Dreistigkeit und Schmäh: »Wird ihm halt kalt gewesen sein.« Die Leute liebten solche Äußerungen der Blauensteiner, an allen Verhandlungstagen war der Zuschauerraum voll besetzt. Wenn Elfriede zu dick auftrug, etwa bei einer Aussage wie »Nach seinem Tod zog ich mich tief trauernd und schmerzvergrämt in meine Wohnung zurück«, konnte es vorkommen, dass die Zuschauer laut auflachten und sogar dazwischenriefen: »Ja, ja, du Luder!«

Am 7. März 1997 wurde Elfriede Blauensteiner wegen Mordes an Alois Pichler zu lebenslanger Haft verurteilt, als strafverschärfend wirkten sich ihre Heimtücke, ihre Grausamkeit und ihre Habgier aus. Versuchte Testamentsfälschung und der Versuch, sich Pichlers Sparbücher betrügerisch angeeignet zu haben, konnten ihr nicht nachgewiesen werden. Ihr Komplize Harald Schmidt wurde wegen Betrugs und Beihilfe zur schweren Körperverletzung mit Todesfolge zu sieben Jahren Gefängnis verurteilt.

Die Staatsanwaltschaft ermittelte indes weiter, schließlich hatte Elfriede fünf Morde plausibel und detailliert gestanden, auch wenn sie dieses Geständnis später widerrufen hatte. Elfriedes erstes Opfer, »Vatili« Otto Reinl, war jedoch zu lange tot, als dass eine Exhumierung Ergebnisse hätte bringen können, und auch den Mord an ihrem Ehemann Rudolf konnte man ihr nicht mehr nachweisen – seine Leiche hatte sie ja wohlweislich verbrennen lassen. Doch die Exhumierungen der Leichname von Franziska Köberl und Friedrich Döcker erbrachten den Nachweis hoher Dosen der tödlichen Medikamente (im letzteren Fall trotz der Spende des Körpers an die Anatomie).

Im Sommer 2000 erhob die Wiener Staatsanwaltschaft auf der Grundlage dieser neuen Beweise erneut zweifache Mordanklage gegen die inzwischen 69-jährige Witwe. Da sie ohnehin lebenslang einsaß, hatte man es mit dem Prozess nicht eilig; erst am 18. April 2001 begann die Verhandlung. Sie dauerte nur drei Prozesstage. Elfriede Blauensteiner wurde in beiden Fällen des Mordes für schuldig befunden. An ihrer Strafe änderte das nichts.

Ein halbes Jahr später, im Dezember, bestätigte der Oberste Gerichtshof das Urteil. In der Begründung war die Rede von einer »Unrechtsdimension, die für einen irdischen Gerichtshof eigentlich zu groß ist«.

Wer weiß, vielleicht hat Elfriede Blauensteiner ja noch einen angemesseneren Richter gefunden: Sie starb am 16. November 2003 an den Folgen eines Hirntumors im Gefängnis.

Menü des Tages: Gemüseeintopf, Bratensoße und Mensch

Katherine Knight (*1955)

*Wie so oft brachten es die Boulevardmedien auf den Punkt: Der Spitz-
name, den sie der Australierin Katherine Knight nach ihrer Festnahme
verpassten, lautete »Hanna Lecter« – in Anlehnung an den schaurigen
Dr. Hannibal Lecter aus dem Horrorthriller »Das Schweigen der Läm-
mer«. Wie der fiktive Psychopath hat auch sie getötet – und aus den
Leichenteilen ein Mittagessen gekocht. Die Mahlzeit muss tatsächlich
lecker ausgesehen haben, doch die Geschichte dazu ist alles andere als
appetitlich.*

Katherine Knight hat ihren Lebensgefährten getötet. Abgehärtet durch
die vielen Serienmörderinnen, von denen in diesem Buch schon die
Rede war, ist man fast geneigt zu sagen: Nur ein Mord? Das ist ja vergleichsweise harmlos!

Ja, es war nur ein einzelner Mord. Aber: Nein, harmlos ist nichts an
dieser Geschichte. Die Art und Weise, wie die damals 44-jährige Katherine Knight im Februar 2000 ihren Lebensgefährten getötet, gehäutet,
zerlegt und gekocht hat, ist ungeheuerlich. Und das vorherige Leben
dieser Frau, das in dieser grausamen, unverständlichen Tat kulminierte,
ist es auch.

Schon ihr Berufswunsch als Kind spricht Bände: Die kleine Katherine
wollte nie irgendwo anders arbeiten als in einem Schlachthof. Das lag
natürlich an ihrem Vater, der die Familie als Schlachter ernährte. So wie
andere Kinder vielleicht Pfeifentabakrauch oder einen bestimmten Ra-
sierwasserduft mit ihrem Vater assoziieren, muss es für Katherine der
süßliche Geruch von Blut gewesen sein, den sie mit ihrem Daddy verband.

Dieser Mann war ein brutaler, animalischer Alkoholiker, der bis zu
zehn Mal am Tag über seine Frau herfiel. Diese wusste sich nicht anders
zu helfen, als ihren Töchtern noch die abgeschmacktesten Details der

ehelichen Vergewaltigungen zu schildern, wodurch sie ihr gestörtes Verhältnis sowohl zu Sex als auch zu Männern insgesamt auf Katherine übertragen haben dürfte. Katherine war gleichwohl ein freundliches, nettes Mädchen – nur ihre unkontrollierten Wutanfälle, bei denen sie jede Beherrschung verlor, gaben zu denken.

Mit 15 verließ sie die Schule, ohne lesen oder schreiben gelernt zu haben. Im Jahr darauf fand sie in ihrer Heimatstadt – dem 1750-Seelen-Nest Aberdeen zwei Autostunden nördlich von Sydney – nach einem unbefriedigenden Zwischenspiel in einer Textilfabrik ihren Traumjob: Sie wurde Entbeinerin im örtlichen Schlachthof. Man kann sich ein 16-jähriges Mädchen schwer in diesem ausgesprochenen Männerumfeld vorstellen, aber Katherine arbeitete hart, erwarb sich Respekt, und wenn ihr einer der rüpelhaften Kollegen zu nahe kam, zögerte sie nicht, ihr Messer aus der Rinderhälfte zu ziehen, an der sie gerade arbeitete, und es dem Kerl an die Brust zu setzen. Ihr persönlicher Satz von Schlachterwerkzeugen war ihr ganzer Stolz; zu Hause hängte sie die Beile und Messer tatsächlich jeden Abend wie Fetische an Haken über ihr Bett, zum Teil um sie (wie einen Revolver unterm Kopfkissen) stets greifbar zu haben, vor allem aber um sie als Erstes zu erblicken, wenn sie morgens die Augen aufschlug – eine Angewohnheit, die sie ihr Leben lang beibehalten sollte. Irgendetwas stimmte mit diesem Mädchen nicht.

Mit 17 verliebte sie sich in den fünf Jahre älteren David Kellett, der zu diesem Zeitpunkt noch Fernfahrer war, bald aber auch in ihrem Schlachthof arbeitete, dort, wo die Schweine getötet wurden. Kaum war sie 18, zog sie mit ihm zusammen, weniger als ein Jahr später heirateten sie. Angeblich soll sie in der Hochzeitsnacht versucht haben, ihn zu erwürgen, weil er nach dreimaligem Geschlechtsverkehr nicht mehr konnte und eingeschlafen war.

David war ein schwerer Trinker, und Katherine übernahm eindeutig den dominanten, männlichen Part in dieser Ehe. Es kam vor, dass sie bei einer Kneipenschlägerei die Fäuste fliegen ließ, wenn jemand David dumm angemacht hatte. Auch zu Hause hatte sie eine kurze Zündschnur und explodierte bei den geringsten Anlässen. So verbrannte sie an einem Abend Davids sämtliche Anziehsachen, weil er nicht zur ausgemachten

Zeit zu Hause war, und donnerte ihm dann, als er endlich kam, eine Pfanne auf den Kopf – er trug einen schweren Schädelbruch davon. Länger fortgeblieben war er übrigens nur, weil er beim Dart-Turnier in der Kneipe die Finalrunde erreicht hatte.

Im Mai 1976, Katherine war 20, kam ihre erste Tochter zur Welt. Kurz darauf verließ David sie und das Baby, um mit einer anderen Frau zusammenzuziehen. Katherine rastete komplett aus. Sie legte ihr gerade einmal zwei Monate altes Kind auf die Gleise einer vielbefahrenen Eisenbahnlinie (das Baby wurde gottlob gefunden, kurz bevor ein Zug kam); sie rannte axtschwingend durch die Stadt und schrie, sie werde alle umbringen; und sie hielt einer fremden Frau ihr Messer ins Gesicht und nötigte sie, sie nach Queensland in die Stadt zu fahren, in die David gezogen war. An einer Tankstelle konnte die verängstigte Frau fliehen und die Polizei alarmieren; um ihrer Verhaftung zu entgehen, nahm Katherine einen kleinen Jungen als Geisel. Die Beamten konnten sie überwältigen und festnehmen.

Sie kam in eine geschlossene psychiatrische Klinik, wurde aber – erstaunlich genug nach dem, was sie getan hatte – nach wenigen Tagen wieder entlassen: David, ihr Ehemann, hatte sich bereiterklärt, zu Katherine zurückzukehren, und sich verpflichtet, gemeinsam mit seiner Mutter, die zu ihnen ins Haus zog, ihre Medikation zu überwachen. Unter diesen Bedingungen bekam Katherine sogar das Baby wieder in ihre Obhut.

David wird diese Entscheidung bereut haben. Mehr denn je flogen in den nächsten acht Jahren die Fetzen; oft genug bekam er Katherines unkontrollierte Wut am eigenen Leib zu spüren. Der umgekehrte Fall ist ja leider überall auf der Welt an der Tagesordnung, aber hier lag die seltene Konstellation einer Ehe vor, in der der Mann regelmäßig von der Frau verprügelt wurde. Trotzdem bekamen die beiden 1980 ein zweites Kind, wieder eine Tochter.

1984, von einem Tag auf den anderen, verließ Katherine ihren Mann. Er dürfte es als Geschenk des Himmels betrachtet haben. Mit den beiden Töchtern zog sie zunächst zu ihren Eltern, dann in ein gemietetes Häuschen. 1986, sie war jetzt 30 Jahre alt, begann sie eine Beziehung mit dem 38-jährigen Minenarbeiter David Saunders. Dieser Mann zog quasi bei ihr ein; dass er trotzdem nicht bereit war, seine Wohnung aufzugeben, machte sie schier wahnsinnig vor Eifersucht. Nur um ihm zu zeigen, wozu sie fähig war, wenn er sie je betrügen sollte, schnitt sie vor seinen Augen seinem zwei Monate alten Dingo-Welpen den Hals durch; anschließend schlug sie David mit einer Pfanne bewusstlos. War er ob dieser Demonstration zu eingeschüchtert, um sie zu verlassen, oder gefiel ihm ihre raubeinige Art? Wie auch immer, die Beziehung lief weiter, als sei nichts vorgefallen, und 1989 gebar Katherine ihm eine Tochter.

Ruhige, vergleichsweise friedliche Monate brachen an. Katherine war vornehmlich auf das Baby fokussiert. Doch der Friede hielt nicht lange: Eines Abends schlug sie David in Rage ein Bügeleisen an den Kopf und rammte ihm einer Schere in den Bauch. Das war dann doch zu viel des Guten: David ergriff die Flucht und versteckte sich vor Katherine. Alle Bekannten, die sie fragte, behaupteten, keine Ahnung zu haben, wo er sei. Er blieb unauffindbar, jedenfalls für Katherine.

Sie fand schnell einen neuen Liebhaber, den 43-jährigen John Chillingworth, einen früheren Kollegen aus dem Schlachthof. Auch von ihm wurde sie schwanger; 1991 brachte sie ihr viertes Kind zur Welt, einen Jungen. Die Beziehung dauerte drei Jahre, dann verließ sie Chillingworth für einen anderen Mann, John Price, mit dem sie schon seit einer Weile eine Affäre laufen hatte. (Dass die Liste der Namen der insgesamt vier Männer, die in Katherines Leben eine Rolle spielten, David–David–John–John lautet, macht die ganze Angelegenheit ein wenig unübersichtlich, aber so wollte es das Schicksal nun mal.) Mit John Price kommen wir nun zum traurigen Höhepunkt dieser Geschichte: Er ist derjenige, der sechs Jahre, nachdem er Katherine kennengelernt hatte, auf ihrem Teller landen sollte.

John war ungefähr gleich alt wie Katherine, seit fünf Jahren geschieden und lebte mit den zwei älteren seiner drei Kinder, die im Teenageralter waren, in einem Haus. Obwohl er genau gewusst haben muss, was für eine Frau er sich da angelacht hatte – Katherines Wutanfälle waren stadtbekannt –, nahm die Beziehung ernste Formen an, und 1995 zog

Katherine zu ihm. Sie hoffte darauf, dass John sie heiraten würde. Als er das 1998 in einem Streit explizit ablehnte, übte die wutschnaubende Katherine auf für sie ungewöhnlich gewaltlose und subtile Art Rache: Sie filmte mit der Videokamera ein paar Gegenstände in seinem Haus, die er auf der Arbeit entwendet hatte, und schickte den Film seinem Chef. Obwohl es sich nur um wertlose oder in der Firma ausgemusterte Dinge handelte, wurde John gekündigt, nach 17 Jahren im Job. John schmiss Katherine noch am selben Tag raus.

Hätte er es nur dabei belassen! Aber nach ein paar Monaten nahm er die Beziehung wieder auf. Sein Umfeld schüttelte fassungslos den Kopf; er verlor buchstäblich einige Freunde, die nichts mit ihm zu tun haben wollten, solange diese Frau an seiner Seite war. Doch das hielt ihn nicht ab; etwas muss ihn wie magisch hingezogen haben zu der Frau mit den Schlachtermessern.

Aber im Februar 2000 ertrug er sie dann doch nicht mehr. Sie stritten nur noch, und als Katherine ihm nach einer dieser Auseinandersetzungen ein Messer in die Brust rammte, beschloss er, der Sache ein Ende zu bereiten. Am 29. Februar fuhr er früh zum Gericht, um eine einstweilige Verfügung zu beantragen, die sie ein für alle Mal von ihm, seinen Kindern und seinem Haus fernhalten sollte. Dann ging er zur Arbeit. Wenn er am nächsten Tag nicht zum Dienst erscheinen würde, so sagte er seinen Kollegen, sollten sie die Polizei rufen, denn dann hätte Katherine ihn umgebracht. Ob das ernst gemeint war oder im Spaß dahingesagt – es waren schicksalhafte Worte.

Als John am Abend nach Hause kam, war niemand da; die beiden halbwüchsigen Kinder übernachteten bei Freunden, was offenbar Katherine arrangiert hatte. Um elf Uhr abends, nach ein paar Bieren mit den Nachbarn, ging er ins Bett. Irgendwann in der Nacht kam Katherine. Sie duschte, weckte John, dann hatten sie Sex.

Ob er ihr während des Sexgerangels etwas von der einstweiligen Verfügung ins Ohr murmelte? Ob es nach dem Sex zum Streit kam? Oder waren Katherines Sicherungen ohnehin schon durchgebrannt? Wir wissen es nicht. Wir wissen nur, dass John irgendwann wieder einschlief und nicht mehr aufwachte.

Als die Nachbarn am nächsten Morgen zu einer Zeit, wo er längst zur Arbeit gefahren sein müsste, Johns Auto in der Einfahrt stehen sahen, wurden sie misstrauisch. Sie klopften an Türen und Fenster, doch nichts rührte sich. Ein Anruf bei seiner Firma ergab nicht nur, dass er tatsächlich noch nicht zum Dienst erschienen war, sondern es kam auch seine düstere Prophezeiung vom Vortag zur Sprache. Die Nachbarn riefen die Polizei. Die Beamten kamen und brachen schließlich die Hintertür auf. Was sie sahen, war ein Bild des Grauens: überall Blut, Leichenteile, und in der Küche eine wie zum Trocknen aufgehängte menschliche Haut. Und sie fanden Katherine: Sie lag im Bett und schlief.

Wie die späteren Untersuchungen ergaben, hatte Katherine mit einem langen Messer 37-mal auf den schlafenden John eingestochen. Viele der Stichwunden hatten lebenswichtige Organe verletzt und wären für sich genommen schon tödlich gewesen. Gegen 2.30 Uhr, da war John schon tot, fuhr sie zu einem Geldautomaten und hob von seinem Konto tausend Dollar ab. Anschließend kehrte sie in sein Haus zurück und machte sich an die Arbeit.

Zuerst häutete sie den Leichnam. Das machte sie so fachmännisch und mit so ruhiger Hand, dass sie die komplette Haut in einem Stück vom Fleisch lösen konnte, ohne dass ein Stück abgetrennt wurde: vom Kopf (inklusive Gesicht und Ohren) über den Rumpf einschließlich Genitalien bis zu den Zehen. Handwerklich eine beeindruckende Leistung. Die Haut hängte sie zum Trocknen quer durch die Küche. Dann trennte sie den Kopf vom Rumpf, warf ihn gemeinsam mit einigem Gemüse in einen Topf und kochte ihn mehrere Stunden lang. Vom Torso trennte sie einige Teile ab und kochte sie ebenfalls. Anschließend deckte sie den Esstisch für drei Personen; auf die Teller kamen jeweils ein Steak, verschiedene Gemüse (Kartoffeln, Kürbis, Zucchini und Salat) und Bratensoße. Die Steaks stammten aus Johns Hinterbacken.

Offensichtlich hatte sie vorgehabt, Johns beiden Kindern die gekochten Überreste ihres Vaters vorzusetzen. Doch noch war Nacht (oder früher Morgen), und Katherine überkam vielleicht Hunger. Ob sie wirklich von ihrem Gericht probierte, ist unklar; wenn, dann hat es ihr nicht geschmeckt, oder es hat sie doch zu sehr angewidert – jedenfalls fanden die Polizisten ihre Portion samt Teller im Vorgarten, wohin sie sie geschleudert hatte. Den Kindern blieb, dank des frühen Eingreifens der Nachbarn und der Polizei, die abartige Mahlzeit erspart; als sie nach Hause kamen, war das Haus längst abgesperrt und Katherine fortgeschafft.

Katherine Knight behauptete bei sämtlichen Vernehmungen und auch später vor Gericht, keinerlei Erinnerung an das Geschehen zu haben. Die psychologischen Gutachten, von denen mehrere angefertigt wurden, erklärten einvernehmlich, dass Katherine zum Zeitpunkt der Tat geistig gesund und bei klarem Verstand gewesen sei. Allgemein wird angenommen – obwohl sich das nicht beweisen lässt –, dass sie tatsächlich vom Fleisch ihres Lebensgefährten aß und ihr das plötzlich so grauenerregend vorkam, dass ihr Bewusstsein die Erinnerung an die Geschehnisse dieser Nacht komplett ausgelöscht hat.

Am 15. Oktober 2001 begann ihr Prozess. Katherine überraschte das Gericht und die Prozessbeobachter, indem sie sich unumwunden für schuldig bekannte. Dadurch musste nicht mehr der Beweis geführt werden, dass sie die Tat tatsächlich begangen hatte (was der Familie des Ermordeten die Ausbreitung all der grausamen Details ersparte), und es kam nur noch auf das Strafmaß an. Am 8. November sprach der Richter sie des Mordes an John Price schuldig und verurteilte sie zu lebenslanger Haft, die bis zu ihrem natürlichen Tode nicht ausgesetzt werden dürfe – eine solche Strafe, lebenslänglich ohne Chance, je begnadigt zu werden, war in Australien noch nie über eine Frau verhängt worden.

Seitdem sitzt Katherine Knight im Frauengefängnis von Silverwater, einem Vorort von Sydney. Hier wird sie den Rest ihres Lebens verbringen. An die Nacht vom 29. Februar auf den 1. März 2000 hat sie nach wie vor keine Erinnerung.

Suche: Anstellung, spätere Heirat nicht ausgeschlossen. Biete: Arsenvergiftung

Anna Margaretha Zwanziger (1760–1811)

Sie hatte es von Anfang an nicht leicht, und im Laufe ihres Lebens wurde es ihr noch schwerer gemacht: Anna Margaretha Zwanziger hatte eine unglückliche Kindheit und eine unglückliche Ehe hinter sich, doch als ihr Mann nach 18 Ehejahren starb und sie mittellos zurückblieb, ging es ihr noch schlechter. Verzweifelt suchte sie nach einem neuen Mann; andere Möglichkeiten, die eigene Versorgung sicherzustellen, gab es in jener Zeit für eine Frau kaum. Doch sie war wohl zu alt und zu hässlich – keiner wollte sie haben. Da griff Anna Margaretha Zwanziger zur Arsendose und vergiftete großzügig all jene, die sie enttäuscht und verletzt hatten. Innerhalb eines Dreivierteljahres starben drei Menschen, zahllose überlebten unter Qualen. Merkwürdige Pointe: Erstaunlich lange schöpfte niemand Verdacht – und das, obwohl die Männer, bei denen sie ihr Glück versuchte, sämtlich Justizbeamte waren ...

Als den Besitzern des Gasthauses »Zum Schwarzen Kreuz« in Nürnberg am 7. August 1760 eine Tochter geboren wurde, war die Welt noch in Ordnung. Doch das Schicksal meinte es nicht gut mit der kleinen Anna Margaretha Schönleben: Sie war erst anderthalb Jahre alt, da starb der Vater, und als sie fünf war, verlor sie auch noch ihre Mutter und ihren einzigen Bruder. Anna war Vollwaise.

Ein angesehener Nürnberger Kaufmann wurde zum Vormund bestellt und sollte sich um das Kind kümmern. Viel Eifer entwickelte er dabei nicht: Fünf Jahre lang wurde Anna herumgereicht; erst war sie bei einer Pflegemutter in Nürnberg, dann bei einer Tante in Feucht, dann wieder in Nürnberg bei einer Pfarrerswitwe. Sie muss sich ungeliebt vorgekommen sein, abgeschoben.

Erst im Alter von zehn Jahren nahm ihr Vormund sie in seinen eigenen Haushalt auf. Warum er ihr die Odyssee der fünf vorausgegangenen Jahre zugemutet hatte, ist nicht bekannt; jetzt jedenfalls kümmerte er sich vorbildlich um Anna. Sie lernte Lesen, Schreiben, Rechnen und Französisch (keine Selbstverständlichkeit für ein Mädchen), außerdem all die Dinge, die man wissen und beherrschen muss, wenn man einen Haushalt führen will. Anna war nicht hübsch – sie war hager, reizlos, ohne weibliche Rundungen und bekam schon früh den Ansatz eines kleinen Buckels –, aber sie würde, natürlich auch wegen ihres Erbes, eine gute Partie sein.

Als sie 15 war, bestimmte ihr Vormund den angehenden Notar Zwanziger zu ihrem Ehemann. Anna sträubte sich gegen diese Hochzeit, der Mann war mehr als doppelt so alt wie sie, doch nach drei Jahren gab sie ihren Widerstand auf: Am 5. Oktober 1778 heiratete sie Zwanziger, zwei Monate nach ihrem 18. Geburtstag.

Anna gebar zwei Kinder, doch die Ehe mit Zwanziger war von Anfang an unglücklich. Ihr Mann war ungehobelt und brutal, und er war ein Säufer, der angeblich an manchen Abenden bis zu zehn Flaschen Wein in sich hineinschüttete. Das Erbe ihres Vaters, das an Annas 21. Geburtstag an ihren Mann ausgezahlt wurde, trug Zwanziger in die Wirtschaft; nach wenigen Jahren war es durchgebracht. Um sich und die Kinder zu ernähren, musste Anna schon während der Ehe immer wieder diskret ihren Körper an andere Männer verkaufen.

1796, nach 18 Ehejahren, starb ihr Mann an den Folgen seiner Alkoholsucht. Anna war 36 und nach wie vor keine Schönheit. Um zu überleben, musste sie Arbeit finden oder wieder heiraten.

Sie hoffte, auf dem Weg über das Erste zum Zweiten zu gelangen. In den folgenden zwölf Jahren nahm sie eine Stelle als Haushälterin nach der anderen an, in Wien, Nürnberg, Frankfurt, Weimar, München und Neumarkt, fast immer bei Witwern oder Junggesellen, stets bestrebt, die Zuneigung ihres Arbeitgebers zu gewinnen und ihn – da sie doch ohnehin schon im Haus lebte – zur Hochzeit zu bewegen. Doch niemand wollte sie: Wurde sie zu aufdringlich, wurde ihr meistens gekündigt. Auch Tricks wie eine vorgetäuschte Schwangerschaft führten nicht zum Ziel, sondern bewirkten nur, dass der vermeintliche werdende Vater das Weite suchte. Es waren bewegte Jahre, voller Hoffnungen, voller Enttäuschungen. Am Ende stand Anna immer wieder allein da. Und sie wurde nicht jünger. Die Zeit lief ihr davon.

Anna muss bereits mächtig frustriert gewesen sein, als sie am 25. März 1808 wieder einmal eine Stelle als Haushälterin antrat, diesmal beim Justizamtmann Wolfgang Glaser in Kasendorf, einem Örtchen in der Fränkischen Schweiz zwischen Pegnitz und Bayreuth. 48 Jahre war sie mittlerweile alt, doch die Hoffnung auf eine zweite Ehe hatte sie noch nicht aufgegeben: Ihr Arbeitgeber war um die 50, das würde doch passen.

Eine Haushälterin brauchte Glaser, weil seine Ehefrau ihn verlassen hatte. Er war freundlich zu Anna, und wieder einmal verfiel sie in ihr altbekanntes Muster: Sie verwechselte diese Freundlichkeit mit Liebe. Sie war sich sicher: Gäbe es die entlaufene Ehefrau nicht, hätte Glaser ihr schon längst seine Liebe gestanden und sie um ihre Hand gebeten.

Diesmal beschloss Anna in ihrem aufgestauten Frust, nachzuhelfen und vollendete Tatsachen zu schaffen: Dieser Fisch sollte ihr nicht von der Angel gehen. Glaser sollte frei für sie sein; und da Ehescheidungen in der damaligen Zeit nicht vorgesehen waren, musste das andere Weib beseitigt werden.

Anna heckte einen perfiden Plan aus: Sie begann die Aussöhnung der Eheleute zu betreiben. Ihren Dienstherren versuchte sie zu überzeugen, seine Frau wieder aufzunehmen, und seiner Gattin schrieb sie – ohne Glasers Wissen – Briefe, um sie zur Rückkehr zu überreden. Auch wenn beide skeptisch waren, glückte der Aussöhnungsversuch: Ende Juli 1808 kehrte Frau Glaser heim. Anna feierte das als ihren Erfolg, inszenierte die Heimkehr der auf Abwege geratenen Frau mit einem großen Willkommensempfang, zu dem das ganze Dorf geladen war, und schmückte Haus und Schlafzimmer mit Blumen wie für eine Hochzeitsnacht. Ans Ehebett heftete sie einen Zettel mit der Inschrift: »Der Witwe Hand / knüpft dieses Band.« Schwer muss ihr das gefallen sein, war sie sich doch Glasers Liebe sicher und überzeugt davon, dass der Platz in seinem Bett ihr zustand. Doch die Tarnung musste sein.

Etwa drei Wochen lang verhielt die Haushälterin sich nun unauffällig und freundlich. Dann, am 13. oder 14. August, kippte sie einen Teelöffel Mückenstein – unter diesem Namen war graues Arsen in jenen Jahren als Insektenmittel erhältlich – in den Tee ihrer Herrin. Der wurde fürchterlich übel, doch sie erholte sich. Anna war lernfähig und erhöhte die Dosis: In den folgenden Tagen erhielt Frau Glaser noch mehrere Rationen Mückenstein verabreicht. Am 28. August 1808 starb die zuvor kerngesunde Frau unter schrecklichen Magenkrämpfen.

Man hielt die Todesursache für eine natürliche, und niemand kam auf die Idee, dass etwas nicht stimmen könne mit diesem plötzlichen Dahinscheiden oder dass gar Anna etwas damit zu tun haben könnte. Ihr Plan war voll aufgegangen. Nur eine Sache ging gründlich daneben: Der frisch verwitwete Glaser machte nicht im Mindesten Anstalten, sich Anna zuzuwenden. Das hatte sie sich anders vorgestellt.

Also auf zum nächsten Mann. Genau einen Monat nachdem sie die Frau ihres Dienstherrn heimtückisch ermordet hatte, wurde Anna eine neue Stelle als Haushälterin angeboten, wieder bei einem Justizamtmann. Der 38-jährige Grohmann aus Sanspareil in der Nähe von Kulmbach war ein idealer Kandidat: Er war ledig, und er kränkelte. Anna trat die Stelle an.

Aufopferungsvoll pflegte sie nun den von heftigen Gichtanfällen geplagten Grohmann, und die Dankesbekundungen des zehn Jahre Jüngeren interpretierte sie einmal mehr als verkappte Liebesschwüre. Dieser Mann würde sie heiraten, da war sie sicher. Es durfte nur niemand mehr dazwischenkommen – dafür musste sie sorgen. Eifersüchtig überwachte sie jeden Außenkontakt Grohmanns, witterte hinter jedem Brief, den er erhielt, eine Frau und wurde ihm gegenüber immer zudringlicher. Zwei Gerichtsdienerburschen, die in Grohmanns Haus ein und aus gingen und denen Anna unterstellte, gegen sie zu intrigieren, bekamen kurzerhand vergiftetes Bier vorgesetzt – nicht genug, um sie zu töten, aber doch ausreichend, um sie fortan von Grohmann fernzuhalten.

Doch dann geschah das Undenkbare: Anna erfuhr, dass Grohmann Heiratspläne hegte, mit einer anderen Frau, der Tochter eines Kollegen. Anna versuchte, ihrem Herrn die Hochzeit auszureden. Und nicht nur ihm: Seine Verwandten bekamen ebenso wie normale Besucher ungebeten von ihr, der Haushälterin, zu hören, für was für eine dumme Idee sie diese Hochzeit halte. Anna wurde immer aufdringlicher, Grohmann immer gereizter.

Dass sie selbst sich keine Hoffnungen mehr zu machen brauchte, von ihm geheiratet zu werden, muss ihr längst klar gewesen sein. Insofern ist ihr nächster Mord nicht mehr (wie bei der Vergiftung von Glasers Frau) Teil eines Plans, sondern eine rein destruktive Tat, ein Akt der Rache und des Hasses: Als Anna im April 1809, nach etwa einem halben Jahr bei Grohmann, erfuhr, dass das Aufgebot bestellt war und die Braut in acht Tagen in Sanspareil erwartet wurde, setzte sie ihrem Arbeitgeber umgehend mit Mückenstein vergiftete Speisen vor. Nach einem elf Tage dauernden Todeskampf starb Grohmann am 8. Mai 1809. Obwohl die Symptome mit seiner Gicht partout nichts zu tun hatten, wurde auch sein Tod für natürlich erklärt.

Es dauerte nur fünf Tage, bis Anna ihre nächste Stelle fand: Die hochschwangere Frau des Justizamtmanns Gebhardt, ebenfalls aus Sanspareil, sprach sie am 13. Mai an, ob sie ihr nicht bei der Niederkunft zur Seite und danach als Haushälterin und Kindermädchen zur Verfügung stehen könne. Anna konnte und zog umgehend bei den Gebhardts ein. Noch am selben Tag kam der kleine Fritz auf die Welt.

Hoffnungen auf ihren Arbeitgeber konnte Anna sich hier nicht machen; die Gebhardts führten offensichtlich eine glückliche Ehe. Vielleicht hatte sie ihre Heiratspläne ja begraben, vielleicht hatte sie eingesehen, dass kein einigermaßen gutsituierter Mann sich für sie, ein eher hässliches, buckliges, fast 50-jähriges Weib ohne jedes Vermögen, mehr interessierte. Vielleicht hätte sie hier einfach die nächsten Jahre gearbeitet und ihr Auskommen gehabt, solange es eben ging. Vielleicht.

Doch es kam anders, einfach weil die junge Mutter von Anfang an unzufrieden mit ihrer Haushälterin war. Anna fühlte sich ungerecht behandelt, fand die Vorwürfe, sie würde den Haushalt verwahrlosen lassen, empörend und beschloss voller Zorn, ihre Herrin zu vergiften. Gerade einmal vier Tage arbeitete sie da im Haus der Gebhardts.

Anna vergiftete zwei im Keller gelagerte Bierkrüge mit Mückenstein: Dem einen setzte sie eine vergleichsweise leichte, dem anderen eine tödliche Dosis zu. Am 17. Mai bekam die Gebhardt aus dem ersten Krug zu trinken – ihr nichtsahnender Mann schenkte ihr noch fröhlich nach –, am 19. Mai aus dem zweiten. Am 20. Mai war sie tot, genau eine Woche nach ihrer Niederkunft. Der Arzt, wir erraten es, kam nur auf das Naheliegende: Sie sei im Wochenbett gestorben, sehr bedauerlich, aber das passiere nun mal.

Und wieder fiel kein Verdacht auf Anna, obwohl dies innerhalb eines Dreivierteljahres der dritte ähnliche Todesfall in einem Haushalt war, in dem sie arbeitete, und die drei Justizamtmänner sich gekannt hatten, ja Kollegen gewesen waren. Justitia ist blind; ihre irdischen Vertreter sind es oft auch.

Wie gut für den so plötzlich verwitweten Gebhardt, dass er Anna im Haus hatte – sie blieb selbstverständlich, half ihm mit dem Säugling und war ihm auch sonst eine große Stütze. Doch etwas in ihr war außer Kontrolle geraten. Fast wahllos und scheinbar ohne jede Hemmung verabreichte sie nun jedem, von dem sie sich gekränkt fühlte, eine Dosis Arsen; manchmal genügte ihr schon ein schiefer Blick oder dass jemand zu einer ungünstigen Zeit zu ihr kam. Andere Hausangestellte, Nachbarn, Freunde ihres Dienstherrn – niemand war vor ihr sicher. Im Sommer 1809 verließ im Grunde jeder Besucher das Gebhardt'sche Haus gekrümmt und sich vor Magenschmerzen windend.

Nach einigen Wochen fiel das dann doch auf, und nachdem am 1. September Gebhardt selbst und fünf seiner Freunde, mit denen er einen vergnügten Abend auf seinem Kegelplatz verbrachte, nach dem Genuss des von Anna herbeigeschafften Bieres fürchterlich übel geworden war, legten ihm seine Kumpane nahe, doch endlich etwas gegen diese Haushälterin zu unternehmen, die alle krank mache. Gebhardt unternahm tatsächlich etwas – allerdings ging er nicht zur Polizei, sondern kündigte Anna lediglich. In dem Arbeitszeugnis, das er ihr mit auf den Weg gab, lobte er noch ihre »Treue und Bravheit ihres Betragens«.

Anna schien die Kündigung mit Fassung zu tragen, ja sie sorgte sich offensichtlich sogar höchst pflichtbewusst darum, den Haushalt in bester Ordnung zu verlassen: Unter anderem füllte sie kurz vor ihrem Weggang noch einmal das Salzfass auf. Dass sie bei dieser Gelegenheit ordentlich Arsen beimischte, ahnte zunächst niemand. Als sie dann zum Abschied mit den beiden Mägden noch einen Kaffee trank, versetzte sie auch diesen mit Mückenstein. Und zur Krönung steckte sie Gebhardts 20 Wochen altem Baby Fritz beim Lebewohlsagen noch einen Biskuit in den Mund, den sie zuvor in vergiftete Milch getunkt hatte. Dann ging sie.

Die eine Stunde nach ihrer Abreise einsetzenden Erbrechensanfälle ließen Gebhardt dann doch keine Ruhe: Er brachte das Salzfass zum örtlichen Apotheker. Der brauchte ein paar Tage für seine Untersuchung, stellte dann aber zweifelsfrei einen hohen Arsenikgehalt fest. Am 29. September 1809 zeigte Gebhardt beim zuständigen Kriminalsenat in Bayreuth seine ehemalige Haushälterin an.

Die Untersuchung konzentrierte sich zunächst darauf zu rekonstruieren, wo Anna Margaretha Zwanziger in den letzten anderthalb Jahren überall gearbeitet und wer wann wo gestorben oder erkrankt war. Als eine klar mit der Haushälterin zusammenhängende Spur der Vergiftungen erkennbar war, wurde sie am 18. Oktober 1809 in Nürnberg verhaftet, wohin sie inzwischen zurückgekehrt war. Anna reagierte empört und wies jede Schuld von sich. Also wurden die drei Leichen exhumiert.

Schon bei der ersten Leiche, der am 23. Oktober obduzierten Frau des Justizamtmannes Glaser, waren alle Anzeichen, die für eine Arsenikvergiftung sprachen, deutlich sichtbar: Die Leiche war, obschon seit 14 Monaten begraben, kaum verwest; der ganze Körper schien, wie es im Obduktionsbericht hieß, »gleichsam zu einer Mumie erhärtet zu sein«, und die Haut hatte, »nachdem der Schimmel entfernt worden war, eine dem Mahagoniholz ähnliche braune Farbe«. Der Unterleib war aufgebläht; schlug man mit einem Stock darauf, war ein hohler, dumpfer Laut zu hören.

Die Obduktion der beiden anderen exhumierten Leichen, der von Grohmann und der von Frau Gebhardt, ergab ein ähnliches Bild, wobei die Symptome bei Grohmann weniger ausgeprägt waren, sein Leichnam war stärker verwest. Die Mediziner legten sich daher nur bei den Frauen auf eindeutige Vergiftung fest, und so wurde Anna auch nur dieser beiden Morde angeklagt.

Ein halbes Jahr lang, bis in den April 1810 hinein, leugnete Anna hartnäckig, irgendetwas mit den Morden zu tun zu haben. Dann, ganz unerwartet, änderte sie ihre Strategie: Sie gestand plötzlich den ersten Mord, behauptete aber, ihr Arbeitgeber, Justizamtmann Glaser, habe sie angestiftet, seine Frau zu töten: »Da, geben Sie ihr das, um das Luder ist nicht schade«, soll er ihr gesagt und ihr dabei das Gift in die Hand gedrückt haben. Die Taktik ging nicht auf. Glaser wurde zwar verhaftet, aber seine Unschuld konnte nach kürzester Zeit zweifelsfrei nachgewiesen werden.

Nun wurde der Prozess eröffnet, und im Lauf der Verhandlungen gestand sie sämtliche Morde und auch all die anderen Vergiftungen, die glimpflich ausgegangen waren. Für jede einzelne Tat hatte Anna eine Ausrede, Erklärung, Begründung parat, aufrichtig wirkte sie in keiner Sekunde des Verfahrens, wirklich schuldig fühlte sie sich offensichtlich nicht. Doch das spielte keine Rolle. Am 7. Juli 1811 wurde sie vom Appellationsgericht Bamberg wegen zweifachen Mordes und vielfachen Mordversuchs schuldig gesprochen; zur Strafe sollte sie »mit dem Schwert vom Leben zum Tode befördert« werden. Anna soll sehr gelassen gewirkt haben, als das Urteil verkündet wurde.

Die Hinrichtung wurde auf den 17. September 1811 festgesetzt. Auf dem Schafott fragte der Scharfrichter sie noch einmal, ob sie nicht jetzt, in der letzten Minute ihres Lebens, die verleumderischen Anschuldigungen gegen Glaser zurücknehmen wolle, um reinen Gewissens zu sterben. Anna verneinte. Sie starb so uneinsichtig und verstockt, wie sie während der gesamten zwei Jahre seit ihrer Festnahme gewesen war.

Einen einzigen ehrlichen, aufrichtigen Satz hatte sie aber doch von sich gegeben. Nach der Verkündung des Todesurteils hatte sie gesagt: »Vielleicht ist es für alle besser, wenn ich sterbe. Ich hätte unmöglich damit aufhören können, Menschen zu vergiften.«

Auf der Suche nach Mr. Perfect

Nannie Doss (1905–1965)

Ein abschreckenderes Beispiel, wie Liebesschnulzen im Fernsehen und romantische Groschenromane die Erwartungen einer Frau an ihr Leben ins Unerfüllbare treiben können, ist kaum denkbar: Nannie Doss war eine freundliche Frau, die vom Leben eigentlich nur eines wollte: eine große Liebe, wie die, die in ihren Heftchen beschrieben waren. Doch keiner der Männer, die sie heiratete, entpuppte sich als Traumprinz – ein Problem, das sie stets aufs Neue mit dem Griff zur Rattengiftdose löste. Im Verlauf von 26 Jahren tötete Nannie Doss vier Ehemänner und noch mindestens sieben weitere Menschen, die ihr auf die eine oder andere Art im Weg waren, darunter ihre Mutter, eine Schwiegermutter, zwei ihrer Kinder und einen Enkelsohn.

Als die Polizeibeamten von Tulsa, Oklahoma im Oktober 1953 die 47-jährige Nannie Doss wegen Mordverdachts an ihrem Ehemann Samuel Doss festnahmen, ahnten sie nicht, dass sie gerade einmal an der Spitze des Eisbergs kratzten. Nach kurzer Vernehmung gestand Nannie den Mord (unbeschwert kichernd wie ein Schulmädchen, was ihr den Spitznamen »Giggling Granny«, »Kichernde Omi«, einbrachte) und im weiteren Verlauf des Verhörs noch drei weitere Morde an früheren Ehemännern. Sie seien halt die Falschen gewesen, sagte Nannie sinngemäß, sie habe stets nach der wahren Romanze ihres Lebens gesucht, sie aber nie gefunden – was hätte sie denn tun sollen? Und dann kicherte sie wieder.

Geboren wurde Nancy Hazle (aus dem Vornamen wurde bald »Nannie«) als Kind armer Bauern im ländlichen Alabama. Ihre Kindheit war wenig glücklich; sie fürchtete und hasste ihren tyrannischen Vater, der sie auf der Farm arbeiten ließ, statt ihr den Schulbesuch zu gestatten, und der ihr im Teenageralter sowohl den Kontakt mit Jungen als auch das Tragen von Make-up, Seidenstrümpfen und hübschen Kleidern verbot. Trost fand sie einzig in der Lektüre der Zeitschriften mit romantischen Liebesgeschichten, die ihre Mutter in großer Zahl las. Mit 15 lernte sie in der Fabrik, in der sie inzwischen arbeitete, Charles Braggs kennen, der kaum älter war als sie. Nannies Vater, der die Beziehung nicht verhindern konnte, reagierte in umgekehrter Richtung: Er arrangierte die Hochzeit. 1921 heirateten Nannie und Charles, da war sie 16. Auch wenn sie ihren Angetrauten erst seit ein paar Wochen kannte, dürfte sie froh gewesen sein, ihrem Vater zu entkommen.

Doch sie geriet vom Regen in die Traufe: Denn Charles schaffte es nicht, sich von seiner alleinstehenden Mutter zu emanzipieren, die mit in das gemeinsame Häuschen zog und Nannie fortan das Leben zur Hölle machte. Charles entpuppte sich zudem als außerehelicher Schürzenjäger – eine Disziplin, in der Nannie ihm aber in nichts nachstand.

Es krachte oft zwischen den beiden, Wutanfälle waren an der Tagesordnung, mehrfach verschwand einer von ihnen für Tage. Und doch hielt die Ehe acht Jahre. Vier Töchter wurden zwischen 1923 und 1927 geboren, und Nannie war mehr und mehr überfordert. Anfang 1927, die jüngste Tochter Florine war gerade zur Welt gekommen, geschah dann das Unfassbare: Die beiden mittleren Kinder starben. Beim Frühstück waren sie noch gesund und munter gewesen, mittags waren sie tot. Der Arzt gab Lebensmittelvergiftung als Todesursache an, doch es besteht kaum ein Zweifel daran, dass Nannie, vierfache Mutter mit gerade einmal 21 Jahren, die beiden Kleinkinder getötet hat.

Charles scheint das gespürt zu haben. Sein Misstrauen Nannie gegenüber war inzwischen ohnehin grenzenlos (an Tagen, an denen sie sich gestritten hatten, aß und trank er nichts, was seine Frau zubereitet hatte!), und als er an diesem Nachmittag vom Tod seiner beiden Töchter erfuhr, sah er vielleicht etwas in Nannies Augen, das ihm grausige Gewissheit verschaffte. Er packte sich die älteste Tochter Melvina und floh.

Die Schwiegermutter war inzwischen gestorben (eines natürlichen Todes, angeblich), sodass Nannie allein mit dem Baby zurückblieb. Über ein Jahr lebte sie so, ungewiss, ob ihr Mann wiederkommen würde (und vermutlich auch im Unklaren darüber, ob sie sich das wünschen sollte). Dann stand er im Sommer 1928 plötzlich vor der Tür – mit Melvina an der einen und einer fremden Frau an der anderen Hand, die ihrerseits ein Kind im Arm hielt. Nannie verstand. Nur wenige Worte wurden gewechselt. Sie packte ihre Sachen, nahm ihre beiden Töchter und ging. Wenig später wurde die Scheidung rechtskräftig.

Nannie zog zurück zu ihren Eltern. Doch diesmal war es etwas anderes, sie war erwachsen, ihr Vater konnte ihr nicht mehr viel anhaben, und ihre Mutter passte mit Freude auf die beiden Mädchen auf. Es dürfte eine gute Zeit für Nannie gewesen sein, sie genoss es, sich ohne Schuldgefühle in der Bar von Männern zu einem Drink ein-

Nannie Doss im Gerichtsaal während ihres Prozesses 1955

laden zu lassen. Natürlich suchte sie auch wieder einen Ehemann, doch ein untreues Bengelchen mit Mutterkomplex sollte es diesmal nicht sein. Ihr neuer Mann sollte perfekt sein – so wie in ihren Liebesromanen.

Nannie studierte die Kontaktanzeigen in der Zeitung und antwortete auf einige von ihnen. Die Rückantwort des 23-jährigen Fabrikarbeiters Frank Harrelson elektrisierte sie: Er schien gut auszusehen, wie ein echter Gentleman, und er hatte ihr ein Liebesgedicht geschrieben. Sie lud ihn zu sich ein. Das Treffen schien beide zufriedengestellt zu haben, Frank machte ihr einen Heiratsantrag, Nannie nahm an. 1929 wurde Hochzeit gefeiert.

Doch Nannies zweite Ehe verlief ähnlich ernüchternd wie die erste. Frank sah zwar aus wie ein Gentleman, doch er benahm sich nicht so. Er war Alkoholiker, und es stellte sich heraus, dass er schon ein paar Mal im Gefängnis gesessen hatte. Wieder kein Märchenprinz.

Aber Nannie hielt ihn aus, trotz seiner Alkoholexzesse, trotz seiner Schläge, trotz seiner Ausfälle gegen ihre heranwachsenden Töchter. 16 Jahre bestand die Ehe. Aber nicht, weil Nannie duldsam oder gar zufrieden gewesen wäre. Nein. Sie war nur noch nicht auf den Trichter gekommen, wie sie Frank loswerden konnte.

Doch nach 16 Jahren Ehe muss es »Klick« gemacht haben. Wir machen einen Zeitsprung ins Jahr 1945, Nannie ging inzwischen auf ihren vierzigsten Geburtstag zu. Aus der Ehe mit Frank waren keine Kinder hervorgegangen; ihre Töchter aus erster Ehe waren erwachsen, beide verheiratet. Die Ältere, Melvina, hatte bereits einen kleinen Sohn, Robert, und erwartete das nächste Kind.

Die Schwangerschaft setzte der zierlichen Frau zu. Als die Wehen einsetzten, war nicht nur Melvinas Mann, sondern auch ihre Mutter, Nannie, an ihrer Seite. Die Entbindung dauerte lang und war schmerzhaft. Nach vielen Stunden gebar Melvina endlich ein Mädchen. Sie stieß mit ihrem Mann und ihrer Mutter auf das neue Leben an, dann schliefen die beiden jungen Eltern erschöpft ein.

Kurz darauf hatte Melvina einen Traum, jedenfalls glaubte sie, dass es einer war. Sie sah, wie ihre Mutter dem Säugling eine Hutnadel ins Köpfchen stach, ganz tief hinein. War es ein Traum, oder hatte Melvina zwischendurch die Augen geöffnet und ein tatsächliches Geschehen beobachtet? Das wird sich nie mehr herausfinden lassen. Jedenfalls war das arme Baby eine Stunde später tot, ohne dass der Arzt eine Erklärung dafür hatte.

Zu behaupten, Nannie habe das schutzlose kleine Wesen ermordet, wäre Spekulation. Man weiß es einfach nicht. Aber immerhin hatte sie 18 Jahre zuvor schon einmal zwei kleine Mädchen getötet, ihre eigenen, nur weil sie genervt hatten. Auszuschließen ist diese bestialische Tat daher nicht, auch wenn man über die Gründe nur rätseln kann: Gönnte sie ihrer Tochter ihr Familienglück nicht? Oder wollte sie umgekehrt das arme Baby dafür bestrafen, dass es Melvina solche Schmerzen bereitet hatte?

Ob Nannie diesen grausamen Mord tatsächlich begangen hat, sei also dahingestellt. Was aber feststeht, ist, dass sie kein halbes Jahr später Melvinas erstes Kind, den inzwischen zweijährigen Robert, tötete: Sie sollte auf ihn aufpassen, als Melvina unterwegs war, wie es Großmütter eben tun. Doch der Junge starb in ihrer Obhut unter mysteriösen Umständen. Der Arzt schrieb »Erstickungstod aus ungeklärten Gründen« in den Totenschein.

Spätestens jetzt also hatte Nannie nach 18-jähriger Unterbrechung wieder ein Kind getötet. Das schien ihr nicht viel auszumachen – Kinder waren nichts, weswegen man sich den Kopf zerbrach; sie waren lästig, und wenn sie zu lästig wurden, räumte man sie aus dem Weg. Aber dieser erneute Kindsmord nach fast zwei Jahrzehnten Pause löste wahrscheinlich das besagte »Klick« in ihrem Kopf aus. Was bei Kindern so leicht ging – sollte das nicht auch bei ihrem Ehemann funktionieren?

Als Frank zwei Monate später an einem Abend sturzbetrunken nach Hause kam (er hatte, wie so oft in diesen Tagen, mit ein paar aus Übersee heimgekehrten GIs das Ende des Weltkriegs gefeiert) und seine Frau zum Sex zwang, sollte dies sein Ende besiegeln. Am nächsten Morgen nahm Nannie Franks Whiskeyflasche aus dem Versteck, von dem er glaubte, dass sie es nicht kennen würde, und füllte eine ordentliche Portion Rattengift (Arsen) hinein. Lange musste sie nicht warten, bis Frank wieder zur Flasche griff: Er starb am selben Abend nach schrecklich schmerzhaften Krämpfen. Nannie leerte die Flasche aus, warf sie weg, wischte sich die Hände ab. So einfach ging das.

Zwei Jahre lang reiste sie nun durchs Land, vermutlich hauptsächlich mit der Suche nach einem neuen Traumprinzen beschäftigt. Fündig wurde sie schließlich 1947 in einer Kleinstadt in North Carolina. Arlie Lanning hatte sie einmal mehr über eine Kontaktanzeige kennengelernt; ganze zwei Tage nach ihrer ersten Verabredung heirateten die beiden.

Auch Ehemann Nummer drei entpuppte sich als Alkoholiker und Weiberheld, doch er war harmlos und tat ihr keine Gewalt an. In dieser Ehe war es Nannie, die die Hosen anhatte und manchmal für Tage oder Wochen verschwand. Nach außen hin gab sie aber die perfekte, treusorgende Ehefrau, in deren Haus es stets nach frischgebackenem Apfelkuchen roch, deren größtes Laster die Liebesschnulzen im Fernsehen waren und die ihren Alkoholiker-Gatten mit Demut ertrug. Dementsprechend überwältigend waren die Mitleidsbekundungen der Nachbarschaft, als Arlie im Februar 1952 »überraschend« an Herzversagen starb. Nannie hatte auch ihn mit Rattengift getötet.

Vielleicht machte ihr das Töten schon kaum mehr etwas aus, vielleicht war sie auch überrascht davon, wie unbehelligt sie immer davonkam –

jedenfalls erhöhte Nannie nun die Taktzahl und mordete jetzt, um sich zu bereichern. Aber erst einmal brannte unter ungeklärten Umständen das Haus ab, in dem sie mit Arlie gelebt hatte. Geerbt hätte es seine Schwester, doch die Brandversicherung bekam sie als seine Witwe ausbezahlt – wie praktisch. Und ein Zufall aber auch, dass ihr heißgeliebtes Fernsehgerät sich bei dem Brand nicht im Haus befand, sondern in ihrem Auto – angeblich wollte sie es zur Reparatur bringen.

Kurz drauf starb Arlies Mutter im Schlaf, danach zwei von Nannies Schwestern – drei Todesfälle in drei verschiedenen Städten, aber alle mit den gleichen Symptomen von heftigen Magenkrämpfen und alle während Nannies Anwesenheit. Ihre Mordmethode hatte sie inzwischen verfeinert: Sie buk einen Apfel-Rosinen-Kuchen, den sie ihren Opfern zu essen gab; die Rosinen hatte sie über Nacht in Arsen eingelegt.

Noch 1952 – all die zuletzt geschilderten Ereignisse fanden binnen eines halben Jahres statt! – war Nannie wieder auf Bräutigamsschau. Diesmal wurde sie in einem kommerziellen Eheanbahnungs-Club fündig (heute würde man sagen: Singletreff). Sie war mit ihren 47 Jahren, ihrer Brille und ihrem inzwischen deutlich erhöhten Gewicht nicht mehr die Attraktivste, doch Richard Morton aus Emporia, Kansas, war angetan von ihr. Im Oktober wurde er Nannies Ehemann Nummer vier.

Richard trank zwar nicht, doch wie seine Vorgänger war er ein Frauenheld, und er hatte ihr im Hinblick auf sein Vermögen etwas vorgemacht – er war ein verschuldeter Schwindler. Nannies Geduld mit Ehemännern, die sie enttäuschten, war mittlerweile aufgebraucht – schon um Weihnachten herum studierte sie wieder die Kontaktanzeigen. In der Speisekammer werden schon die eingelegten Rosinen bereitgelegen haben.

Doch Richard bekam einen Aufschub: Anfang Januar 1953 starb Nannies Vater in Alabama, und ihre Mutter kündigte brieflich an, zu Richard und ihr nach Kansas ziehen zu wollen. Sie kam – und starb nach ein paar Tagen in Nannies Haus nach schrecklichen Magenkrämpfen. Ob es um das Erbe ging oder ob die Mutter etwas Kompromittierendes entdeckt hatte, ist unklar; sterben musste sie wie mittlerweile fast jeder, der Nannies Weg kreuzte, so oder so. Damit es nicht auffällig wurde, gewährte sie Richard noch ein paar Wochen – doch drei Monate nach seiner Schwiegermutter war auch er vergiftet.

Im April hatte Nannie ihn unter die Erde gebracht, im Juni heiratete sie schon wieder. Der 59-jährige Sam Doss aus Tulsa, Oklahoma war ein solider, gottesfürchtiger Mann, er trank nicht, rauchte nicht, stellte keinen anderen Frauen nach – hatte sie endlich ihren Traumprinzen bekommen? Nein. Denn sie fand Sam schrecklich langweilig. Und was schlimmer war: Er verbot ihr, ihre Liebesromane zu lesen und fernzusehen. »Gläubige christliche Frauen brauchen keinen Fernseher und keine romantischen Zeitschriften, um glücklich zu sein«, hielt er ihr vor – diese Ansicht musste er mit dem Leben bezahlen.

Doch bei Sam beging Nannie den entscheidenden Fehler, der schließlich zu ihrer Überführung führen sollte: Sie vertat sich in der Dosis. Im September 1953, gerade einmal ein Vierteljahr nach der Hochzeit, wurde er nach dem Verzehr von Nannies Apfel-Rosinen-Kuchen mit Magenkrämpfen ins Krankenhaus eingeliefert. Er verlor in den nächsten Tagen acht Kilogramm Gewicht, aber er überlebte. Am 5. Oktober wurde er wieder entlassen.

Die Freude, wieder daheim zu sein, lässt sich in Minuten zählen. Sam war kaum zu Hause, da kredenzte Nannie ihm einen Schweinebraten und eine Tasse Kaffee, damit er wieder zu Kräften komme. In der Tasse muss sich mehr Arsen als Kaffeepulver befunden haben – am Abend war Sam Doss tot.

Der Arzt, der ihn am Vortag im Krankenhaus noch untersucht hatte, konnte sich diesen plötzlichen Tod nicht erklären. Er wurde misstrauisch und ordnete eine Autopsie an. Im Magen des Toten fand er einen halbverdauten Schweinebraten und so viel Arsen, dass es für zehn Männer gereicht hätte.

Nannie Doss wurde verhaftet. »Ich weiß überhaupt nicht, wovon Sie reden!«, kicherte sie zu Beginn der Vernehmung und blätterte in einem ihrer Heftchen namens *Romantic Hearts*. Als die Polizisten ihr vorhielten, dass drei frühere Ehemänner von ihr an den gleichen Symptomen gestorben waren wie Sam Doss, kicherte sie wieder. »Sie sind ein nett aus-

sehender junger Mann«, antwortete sie dem Detective, »aber so töricht!«
Und dann bestritt sie sogar, den Namen ihres vierten Ehemannes, Richard Morton, überhaupt je gehört zu haben.

War das ein Spiel für sie? Fand sie das lustig? Schwer zu sagen. Jedenfalls lenkte sie bald ein und gab alle vier Morde an ihren Ehemännern unumwunden zu. Später vorgenommene Exhumierungen bestätigten ihre Aussagen. Im weiteren Verlauf der Verhöre gestand Nannie auch noch die Morde an ihrem Enkelsohn Robert, ihrer ehemaligen Schwiegermutter, einer ihrer Schwestern und ihrer Mutter. Hier wurden keine Exhumierungen mehr vorgenommen, denn der Staat Oklahoma entschied, sie nur wegen des Mordes an Sam Doss anzuklagen, dem einzigen, den sie in Oklahoma verübt hatte.

Im Vorfeld des Prozesses wurde Nannie von vier unabhängigen Psychologen untersucht. Alle vier Gutachter kamen zu demselben Ergebnis: voll zurechnungsfähig. Als die Verhandlung begann, machte Nannie allen, die sich auf einen aufsehenerregenden Strafprozess gefreut hatten, einen Strich durch die Rechnung: Sie bekannte sich schuldig, ohne Wenn und Aber. Damit musste gar nicht erst groß verhandelt werden; direkt am ersten Prozesstag, dem 17. Mai 1955, wurde Nannie zu lebenslanger Haft verurteilt. Die Todesstrafe blieb ihr nur aufgrund ihres Geschlechts erspart, wie der Richter trocken anfügte.

Zehn Jahre lebte Nannie noch im Gefängnis. Am 2. Juni 1965 starb sie im Gefängniskrankenhaus an Leukämie. Kurz vor ihrem Tod hatte Nannie noch Besuch von einem Reporter. »Wenn in der Gefängnisküche Not am Mann ist, biete ich immer an auszuhelfen«, erzählte sie ihm. »Aber sie lassen mich nicht.« Und dann kicherte sie.

Eine Viertelmillion Freier

Aileen Wuornos (1956–2002)

Zwischen Dezember 1989 und November 1990 wurden in Florida sechs männliche Leichen aufgefunden: Alle Männer waren alleinreisend gewesen, alle waren mit mehreren Schüssen aus einem Revolver getötet worden, alle Leichen lagen in unmittelbarer Umgebung eines Highways. Sieben Wochen nach dem letzten Mord dieser Serie wurde die Täterin gefasst: Es handelte sich um die 34-jährige Aileen Wuornos, die als Straßenprostituierte tätig gewesen war und die Männer, ihre Freier, erschossen und ausgeraubt hatte. An dieser Aileen Wuornos, die nach eigenen Angaben in ihrem Leben eine Viertelmillion Freier bedient hatte, schieden sich die Geister: Für die einen war sie eine brutale, kaltblütige Kriminelle, die keine Gnade verdient hatte, für die anderen ein Opfer schlimmer Lebensumstände und ein typisches Beispiel für die Machtlosigkeit von Prostituierten gegenüber gewalttätigen Männern.

»Monster« hieß bezeichnenderweise der Film, der das Leben der Serienmörderin Aileen Wuornos – in hollywoodtypischer melodramatischer Zuspitzung – in aller Welt bekannt machte. Als die Schauspielerin Charlize Theron für ihre Darstellung der Aileen am 29. Februar 2004 den Oscar als beste Hauptdarstellerin überreicht bekam, war Aileen Wuornos seit 16 Monaten tot: hingerichtet durch die Injektion tödlichen Gifts im Staatsgefängnis von Florida. Mit der Vollstreckung der Todesstrafe war ein Leben beendet worden, das man als traurige Geschichte eines chancenlosen, gepeinigten Menschen betrachten konnte – oder als eine einzige Abfolge immer schwerwiegenderer Straftaten, verübt durch eine notorische, bösartige Verbrecherin.

Welchen Standpunkt man dazu auch einnahm: Dass die Kindheit der Aileen Wuornos schwer war, ist unbestritten, ja, der Begriff »schwere Kindheit« scheint hier fast eine Untertreibung zu sein. Als sie am 29. Februar 1956 in einer Kleinstadt in Michigan geboren wurde, war ihre Mutter Diane gerade einmal 16 Jahre alt (Aileen war bereits ihr zweites

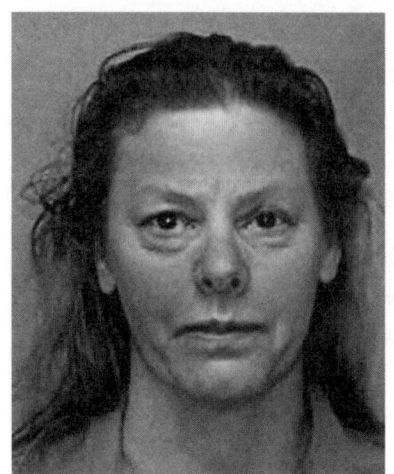

Kind!) und frisch geschieden von ihrem Mann Leo Pittman, den sie mit 14 geheiratet hatte. Diesen Mann, ihren Vater, lernte Aileen gar nicht erst kennen, und das war sicher auch besser so: Pittman war ein psychopathischer Pädophiler, der wegen Vergewaltigung und Mordversuchs an einem siebenjährigen Jungen im Gefängnis saß. 1969, als Aileen 13 war, nahm er sich in seiner Zelle das Leben.

Undatiertes Polizeifoto von Aileen Wuornos nach ihrer Festnahme 1991

Die minderjährige, alleinerziehende Mutter Diane war mit Aileen und ihrem ein Jahr älteren Bruder Keith heillos überfordert. Im Januar 1960 verließ sie ihre Kinder; Aileen war da noch nicht einmal vier Jahre alt. Zu ihrem Glück nahmen Dianes Eltern Lauri und Britta Wuornos, also ihre Großeltern, Keith und Aileen auf, adoptierten sie und zogen sie wie ihre eigenen Kinder auf, was vom Alter her gut möglich gewesen wäre. Aileen erfuhr erst mit zwölf, dass »Mom« und »Dad« eigentlich ihre Großeltern waren.

Aileen war schon als junges Mädchen sexuell aktiv, sie hatte Geschlechtsverkehr mit vielen Partnern, nach eigenen Angaben auch mit ihrem Bruder. Als sie 14 war, wurde sie schwanger; ihre Großeltern schoben sie daraufhin in ein Heim für ledige Mütter ab, wo sie am 23. März 1971, vier Wochen nach ihrem 15. Geburtstag, einen Sohn gebar. Sie gab ihn zur Adoption frei und hat ihn nie wieder gesehen.

Ab diesem Zeitpunkt war Aileen auf sich allein gestellt. Ohne Wohnung und ohne Geld, begann sie sich zu prostituieren: Sie stellte sich irgendwo an den Straßenrand, hielt den Daumen raus und gabelte Freier auf, bevorzugt solche, die sie mit nach Hause oder in ein Hotelzimmer nahmen, denn dort konnte sie duschen. Wenn sie nicht das Glück hatte, bei einem Kunden die ganze Nacht verbringen zu dürfen, schlief sie meist im Wald: am Stadt- oder Straßenrand. Fünf Jahre lang führte Aileen dieses Leben zunächst; und es ist fast müßig zu erwähnen, dass sie dabei immer wieder mit dem Gesetz in Konflikt geriet: Ihre ersten Verhaftungen hatte sie wegen Trunkenheit am Steuer und dem Abfeuern einer Schusswaffe aus einem fahrenden Auto. Eine minderjährige obdachlose Straßenprostituierte, die wegen kleinerer Delikte schon ein paar Festnahmen hinter sich hatte – man musste kein Prophet sein, um den weiteren Verlauf ihres Lebens vorauszusehen.

1976, mit 20, trampte sie nach Florida, vermutlich einfach weil es ihr in Michigan zu kalt war. Hier, im warmen Süden, bekam sie die vielleicht einzige echte Chance, den vorgezeichneten Weg in die Kriminalität zu verlassen: Ein 69-jähriger Yachtclub-Präsident namens Lewis Fell griff sie auf, verliebte sich unsterblich in sie und heiratete sie. An diesen Strohhalm hätte sie sich klammern sollen, hier wäre der Ausweg gewesen. Doch Aileen vermasselte es. Sie trieb es weiter wild, geriet in Kneipenschlägereien und verprügelte sogar Lewis mit seinem eigenen Krückstock. Der verstand binnen Tagen, auf was für einen Menschen er sich in seiner blinden Verliebtheit da eingelassen hatte, erwirkte eine gerichtliche Kontaktsperre gegen Aileen und reichte die Scheidung ein. Elf Wochen nach der Hochzeit war die Ehe annulliert. Und Aileen stand wieder auf der Straße.

Die nächsten zehn Jahre waren bewegt und könnten hier mehrere Seiten füllen; sie lassen sich aber auch einfach in dem Begriff »Abwärtsspirale« zusammenfassen. Aileen hielt sich mal in Michigan, meist jedoch in Florida auf, und wo auch immer sie war, wurde sie wegen Prostitution und zunehmend schwerer werdenden Delikten auffällig. Sie verbüßte mehrere Gefängnisstrafen, unter anderem wegen Körperverletzung (einmal hatte sie einem Barkeeper eine Billardkugel an den Kopf geworfen, ein anderes Mal einen Mann mit einer abgebrochenen Bierflasche verletzt), Scheckbetrugs, versuchten Raubes, schweren Autodiebstahls und bewaffneten Raubüberfalls. Eine ihrer zahlreichen Vorladungen aus dieser Dekade enthielt die vielsagende Aktennotiz: »Keine Einsicht. Denkt, sie steht über dem Gesetz.«

1986 änderte sich Aileens Leben grundlegend, als sie in einer Schwulenbar in Daytona Beach die 24-jährige lesbische Tyria Moore kennenlernte, eine kleingewachsene, stämmige, eher maskulin wirkende Frau. Die beiden verliebten sich ineinander, und zum ersten Mal in ihrem

Leben hatte Aileen so etwas wie eine echte Beziehung. Sie war stolz, ihre sechs Jahre jüngere Freundin ernähren zu können; Tyria kündigte ihren Job als Zimmermädchen, und es folgten unbeschwerte Monate, in denen das Paar durch die Gegend zog und mal hier in einem billigen Motel, mal da in einem Wohnwagen Unterschlupf fand. Aileen verdiente den Lebensunterhalt für sie beide, indem sie sich weiterhin an die Straße stellte.

Auch wenn die Liebe und die sexuelle Anziehungskraft nach ein, zwei Jahren nachließen, blieben die beiden Frauen, die beide auf ihre Art höchst liebesbedürftig waren, ein Paar. Doch für Aileen wurde es zunehmend schwieriger, Geld zu verdienen – sie war über 30, und die langen Jahre auf der Straße hatten ihre Spuren hinterlassen. Wollte sie ihr kleines Glück mit Tyra nicht verlieren, musste sie etwas unternehmen.

Am 13. Dezember 1989 suchten zwei junge Männer in einer verlassenen, von den Leuten als Müllabladeplatz missbrauchten Seitenstraße des Highway 95 nordwestlich von Daytona Beach nach Altmetall. Was sie fanden, war die Leiche eines Mannes, dem drei Revolverkugeln Kaliber .22 im Körper steckten. Die Polizei identifizierte ihn als den 51-jährigen Besitzer eines Elektroladens Richard Mallory aus Palm Harbor, der seit 13 Tagen vermisst wurde und dessen Auto man schon am 1. Dezember verlassen aufgefunden hatte. Mallory war fünfmal verheiratet gewesen, galt als starker Trinker, sexbesessen und paranoid – doch die Polizei konnte keinen kriminellen Hintergrund ermitteln, der mit seiner Ermordung hätte zu tun haben können. Das Motiv für den Mord blieb unklar, nach einigen Monaten wurden die Ermittlungen faktisch eingestellt.

Etwa ein halbes Jahr nach dem Mord an Mallory, am 1. Juni 1990, fand man die Leiche des 43-jährigen Angestellten einer Wintergartenbaufirma in der Nähe des Highway 19. David Spears war mit sechs Revolverschüssen Kaliber .22 getötet worden. Bis auf eine Baseballmütze war die Leiche nackt; in unmittelbarer Nähe lag ein gebrauchtes Kondom. Fünf Tage später wurde eine weitere männliche Leiche gefunden: die des 40-jährigen Charles Carskaddon, ein Gelegenheits-Rodeoreiter. In seinem Rumpf steckten neun Kugeln des Kalibers .22, die Leiche war nackt. Der Fundort war unweit des Highway 75.

Diese beiden Morde waren sich so ähnlich, dass die Polizei einen Zusammenhang vermutete. Auch in die Ermittlung bezüglich des Mordes an Richardy Mallory kam wieder Schwung, wegen des ähnlichen Fundortes in Highway-Nähe und des gleichen Kalibers der Mordwaffe. Doch noch tappten die Beamten im Dunkeln.

Das sollte sich nach dem 4. Juli ändern. An diesem Tag saß die Rentnerin Rhonda Bailey auf ihrer Veranda in Orange Springs und sah, wie direkt vor ihrem Haus ein Auto ins Schlingern geriet, von der Fahrbahn abkam und ins Unterholz krachte. Zwei Frauen stiegen aus, warfen Bierdosen ins Gebüsch und beschimpften sich gegenseitig. Die ältere der beiden blutete. Als Rhonda ihre Hilfe anbot, baten die beiden Frauen sie, nicht die Polizei zu rufen, es sei alles in Ordnung. Sie stiegen wieder ein, manövrierten das Auto auf die Straße und fuhren davon.

Weit kamen sie nicht: Ein paar Hundert Meter weiter gab der Wagen seinen Geist auf. Die beiden Frauen ließen ihn stehen und gingen zu Fuß weiter. Als die Polizei den liegengebliebenen Pontiac fand, identifizierten die Beamten ihn schnell als das Auto eines 65-jährigen Mannes namens Peter Siems, der seit über vier Wochen vermisst wurde. Es lag nahe, dass die Frauen, die seinen Wagen zu Schrott gefahren hatten, etwas mit seinem Verschwinden zu tun hatten. Dummerweise waren sie verschwunden. Doch man hatte dank Rhonda Bailey eine ziemlich gute Beschreibung der beiden. Und man hatte an einem Haltegriff im Inneren des Wagens einen blutigen Handabdruck. Das war ein Anfang.

In den nächsten vier Monaten wurden drei weitere männliche Leichen aufgefunden: die des 50-jährigen Wurstverkäufers Troy Burress, die des 56-jährigen Air-Force-Majors im Ruhestand Charles Humphreys und die des 62-jährigen Truckers Walter Antonio. Alle waren sie mit einer Kaliber-22-Waffe erschossen worden. Alle lagen in verlassenen Stichstraßen am Highway, genau solchen Straßen, wie man sie für ein verschwiegenes Schäferstündchen im Auto auswählen würde. Allen waren ihre Habseligkeiten gestohlen worden.

Sechs Männer waren tot, alle auf nahezu identische Weise ermordet. Das Muster lag auf der Hand, und der Polizei von Florida war klar, dass man es mit einem Serienkiller zu tun hatte. Doch viel weiter war man noch nicht. Dann tauchten Wertgegenstände, die den Mordopfern gehört hatten, bei Pfandleihern auf. Die Polizei stellte einige davon sicher und untersuchte sie auf Fingerabdrücke. Man fand Abdrücke, die identisch waren mit denen im Auto des vermissten Peter Siems: Die Frau, die das Auto des seit Monaten verschollenen Mannes gefahren hatte, war auch in die Highway-Morde verwickelt. Was niemand so recht zu denken gewagt hatte, lag plötzlich auf der Hand: Man suchte keinen Serienmörder. Man suchte eine Serienmörderin.

Jetzt war es eine Fleißarbeit. Die Phantomzeichnungen, die man aufgrund der Zeugenaussage der Rentnerin Rhonda Bailey angefertigt hatte, wurden ab Mitte November 1990 in ganz Florida in der Presse und im Fernsehen veröffentlicht. Massenweise Anrufe gingen ein; wie immer in solchen Fällen kamen viele von Spaßvögeln, Psychopathen oder Denunzianten, andere – die meisten – waren ernst gemeint, führten aber ins Nichts, einige jedoch enthielten verwertbare Hinweise. Bald hatte man Tyria Moore und Aileen Wuornos, die inzwischen mehrere falsche Namen benutzte, eingekreist. Am 9. Januar 1991 wurde Aileen in der Rockerkneipe »Last Resort« in Harbor Oaks festgenommen, einen Tag später Tyria im Haus ihrer Schwester.

Aileen wies zunächst jede Schuld an den Morden von sich. Tyria konnte schnell als Tatverdächtige ausgeschlossen werden, und sie erklärte sich bereit, mit der Polizei zusammenzuarbeiten, um Aileen zu einem Geständnis zu überreden. Mehrmals am Tag durfte sie mit der inhaftierten Aileen telefonieren – die Gespräche wurden abgehört und mitgeschnitten –, und obwohl Aileen dies vermutlich klar war, knickte sie am siebten Tag nach ihrer Verhaftung ein und gestand ihrer Freundin Tyria am Telefon, alle sieben Morde (also auch den an Peter Siems) begangen zu haben.

Mit dem Mitschnitt dieses Telefonats konfrontiert, war Aileen bereit, auch den Kriminalbeamten gegenüber ein Geständnis abzulegen. Ohne Umschweife gab sie nun zu, alle sieben Männer getötet zu haben. Dabei betonte sie jedoch immer wieder, dass sie unschuldig sei: Sie habe in allen Fällen in Notwehr gehandelt, die Männer hätten sie mit Gewalt bedroht und versucht, sie zu vergewaltigen. Aufgrund ihrer Profession schenkte jedoch niemand dieser Version Glauben (warum sollte man eine billige Straßenprostituierte vergewaltigen?), und da sie ihre Opfer nach den tödlichen Schüssen jeweils bestohlen hatte, galt sie als gewöhnliche Raubmörderin.

Ihre Verhaftung, ihr Geständnis und der bevorstehende Prozess sorgten in den gesamten Vereinigten Staaten, ja weltweit für ungeheure Aufregung. Aileen wurde als erste weibliche Serienmörderin dargestellt (was sie natürlich nicht war), und bereits zwei Wochen nach ihrer Festnahme hatte sie mithilfe ihres Pflichtverteidigers die Filmrechte an ihrer Lebensgeschichte verkauft. (Peinlicherweise hatten auch drei mit dem Fall betraute Kriminalbeamte Angebote aus Hollywood für die Rechte an ihrer Version der Geschichte vorliegen und ließen diese von ihren Anwälten prüfen, noch während die Ermittlungen liefen – das kam heraus und sorgte für einen mittleren Skandal.)

Interviews, die Aileen in Untersuchungshaft gab, vergrößerten den Medienzirkus nur noch. Äußerungen wie die, dass sie eine Viertelmillion Freier gehabt hätte, waren ein gefundenes Fressen für die sensationslüsterne Journaille. (Nebenbei bemerkt, kann diese Zahl kaum stimmen – denn dann hätte sie in den 20 Jahren ihrer Tätigkeit als Prostituierte 35 Freier pro Tag haben müssen –, aber sie erlaubt einen guten Einblick in ihre Selbstwahrnehmung.) Zahllose Fernsehtalkshows behandelten den Fall Wuornos, in denen Hardliner, die die Todesstrafe für dieses »Monster« forderten, Frauenrechtlerinnen, lesbischen Aktivistinnen und Vertreterinnen von Gruppen, die sich für die Rechte Prostituierter einsetzen, gegenübersaßen. Viele sahen in Aileen ein machtloses Opfer männlicher Gewalt, und sie stilisierten den anstehenden Prozess zum Exempel dafür, was Frauen bevorsteht, wenn sie »zurückschlugen«. An Aileen entzündete sich eine hitzige Grundsatzdebatte über Geschlechterdifferenzen, über die Diskriminierung Homosexueller und Prostituierter sowie über die Todesstrafe. Die Stimmung war hysterisch.

Einen skurrilen Höhepunkt fand der Medienzirkus, als eine Frau namens Arlene Pralle durch die Talkshows zu tingeln begann, eine 44-jährige wiedergeborene Christin, die Kontakt zur in Untersuchungshaft sitzenden Aileen aufgenommen hatte, weil »Jesus es ihr befohlen hatte«.

Die beiden Frauen standen seitdem in enger Verbindung, was Arlene dazu veranlasste, sich in der Öffentlichkeit medienwirksam als Aileens »Seelenverwandte« und engagierteste Fürsprecherin zu gebärden. Dass sie mit ihren Beteuerungen, Aileen sei ein herzensguter Mensch und werde völlig zu Unrecht angeklagt, weit übers Ziel hinausschoss und eher als bizarre Kuriosität in die Talkshows eingeladen wurde denn als seriöse Gesprächspartnerin, dürfte ihr entgangen sein. Ihre »Show« gipfelte darin, dass Arlene Pralle und ihr Mann Aileen am 22. November 1991 – da hatte der Prozess bereits begonnen – rechtskräftig adoptierten. Genützt hat Aileen ihre neun Jahre ältere Adoptivmutter nicht: Im Nachhinein zeigte sich, dass es auch Arlene Pralle hauptsächlich um den lukrativen Verkauf ihrer Story gegangen war.

Aileen wurde zunächst nur wegen des Mordes an Richard Mallory angeklagt, dem ersten der Serie. Gegen den Rat ihrer Verteidiger wiederholte sie ihr Tateingeständnis, bezeichnete sich aber weiterhin als unschuldiges Opfer, das in Notwehr gehandelt habe. Doch das überzeugte die Jury nicht: Am 27. Januar 1992 erklärten die Geschworenen sie nach nur eineinhalbstündiger Beratung einstimmig für schuldig. Aileens Wutanfall nach der Verlesung des Schuldspruchs, bei dem sie die Jurymitglieder wüst beschimpfte, dürften diese noch im Ohr gehabt haben, als sie sich am nächsten Tag zur Beratung über das Strafmaß zurückzogen: Sie empfahlen dem Vorsitzenden Richter, die Todesstrafe zu verhängen. Der Richter folgte der Empfehlung.

Im Lauf des Jahres 1992 wurden auch die anderen fünf Morde verhandelt. Aileen gestand sie alle. Das Todesurteil wurde jeweils bekräftigt.

Nur der Fall des verschwundenen Peter Siems, in dessen Pontiac Aileen und Tyria den Unfall gehabt hatten, kam nicht vor Gericht – es gab keine Leiche, also auch keinen Mord. Aileen beharrte zwar darauf, auch ihn erschossen zu haben, doch als sie aufgefordert wurde, die Kriminalpolizei zu seiner Leiche zu führen, konnte sie das nicht: Sie ließ sich zwar in einer aufwendigen Aktion nach South Carolina fliegen, wo sie Siems in einem Waldstück verscharrt haben wollte, doch dort fand sich keine Spur. Die Behörden vermuteten, Aileen habe einfach noch mal aus dem Gefängnis kommen wollen – ein kleiner Knasturlaub sozusagen.

Etwa zehn Jahre lang saß Aileen Wuornos dann in der Todeszelle. Alle Versuche ihres Anwalts, per Gnadengesuch die Umwandlung der Todes- in eine lebenslange Haftstrafe umzuwandeln, scheiterten. Das Einzige, was noch erreicht werden konnte, war, dass sie die Art der Vollstreckung wählen durfte. Aileen entschied sich, statt des eigentlich vorgesehenen Elektrischen Stuhls, für die Todesspritze. Am 9. Oktober 2002 um 9 Uhr 45 wurde ihr das tödliche Gift injiziert. Um 9 Uhr 47 machte Aileen Wuornos ihren letzten Atemzug.

Frauen werden in den USA eher selten hingerichtet – Aileen Wuornos war seit der Einführung der Todesstrafe erst die zehnte Verurteilte, an der sie auch vollstreckt wurde. Viele, sehr viele Menschen waren und sind der festen Überzeugung, dass sie diese Strafe verdient hat. Für sie war Aileen Wuornos tatsächlich ein Monster. Doch die (erst nach dem Prozess veröffentliche) Enthüllung eines Journalisten lässt Zweifel zu – nicht an Aileens Täterschaft, aber an ihrem Motiv: Der NBC-Reporter fand heraus, dass Richard Mallory, Aileens erstes Opfer, nicht nur ein sexsüchtiger Paranoiker war, sondern in einem anderen Bundesstaat eine zehnjährige Gefängnisstrafe wegen brutaler Vergewaltigungen abgesessen hatte. Das hatten die Kriminalbeamten in Florida nicht herausgefunden. War also doch etwas dran an ihrer Notwehr-Geschichte?

Während des zweiten Mordprozesses, an einem Tag im März 1992, hatte Aileen eine interessante Bemerkung gemacht: »Ich will noch mal sagen, dass Richard Mallory mich brutal vergewaltigt hat, wie ich's schon gesagt hab. Aber die anderen haben das nicht gemacht. Sie fingen nur an.« Diese Aussage ging unter, weil Aileen direkt im Anschluss wieder zu schimpfen begann und den Stellvertretenden Staatsanwalt anschrie: »Ich hoffe, deine Frau und Kinder werden von Vergewaltigern in den Arsch gefickt!« Doch hätte damals jemand genau zugehört und nachgefragt, wäre vielleicht ans Licht gekommen, dass Mallory sie tatsächlich misshandelt hatte und sie ihn aus Notwehr erschoss. Und es wäre vielleicht ans Licht gekommen, dass sie die folgenden Morde vor allem aus Angst begangen hatte, sie könnte wieder vergewaltigt werden. Vielleicht hätte sich herausgestellt, dass das, was Aileen da so nebenbei gesagt hatte, der Wahrheit am nächsten kam. Vielleicht.

Die Banditin auf dem Abgeordnetensessel

Phoolan Devi (1963–2001)

*Bei uns herrscht Hysterie, wenn bekannt wird, dass der amtierende Au-
ßenminister in jungen Jahren auf Demonstrationen Pflastersteine geworfen hat. In Indien saß eine Frau im Parlament, die wegen mehrfachen
Mordes, Raubüberfällen und Entführungen im Gefängnis gesessen hatte
und einst die meistgesuchte Verbrecherin des Landes gewesen war. Und
das Volk war nicht etwa empört, sondern lag ihr zu Füßen.*

Am 13. Februar 1983 legte die gerade einmal 19-jährige Phoolan Devi
in der indischen Stadt Bhind demonstrativ die Waffen nieder und ergab
sich der Polizei. Zehntausende waren gekommen, um sich das anzusehen:
Denn Phoolan Devi war die meistgesuchte Verbrecherin in der Geschichte Indiens seit der Unabhängigkeit des Staates. Sie war eine berüchtigte Banditin, sie hatte getötet, entführt, geraubt. Doch die Menge
war nicht etwa gekommen, um sie zu schmähen oder gar zu lynchen –
die Leute waren da, um ihr zu huldigen. Phoolan Devi war für die
Ärmsten der Armen eine Art weiblicher Robin Hood.

Zur schwerbewaffneten Bandenführerin war sie geworden, weil die
Gesellschaft ihr kaum eine andere Wahl gelassen hatte. Minus mal
minus ergibt plus – das gilt in der Mathematik, doch nicht im Indien
der 1970er-Jahre. Phoolan Devi war eine Frau, und sie stammte aus
einer der ärmsten Kasten des offiziell zwar abgeschafften, de facto aber
immer noch gültigen indischen Kastensystems – benachteiligter konnte
man kaum sein. Ihre Kindheit und Jugend war ein Martyrium, eine
einzige Aufeinanderfolge von Unterdrückung, Gewalt und Missbrauch.
Später betonte sie immer wieder, dass ihr Schicksal in keiner Weise ungewöhnlich gewesen sei – Abertausenden Mädchen im armen ländlichen
Indien erginge es genauso wie ihr. Der einzige Unterschied war: Phoolan
hatte eine Mordswut im Bauch.

Geboren wurde sie im August 1963 als eines von fünf Geschwistern
in einem Dorf im indischen Bundesstaat Uttar Pradesh. Die Familie

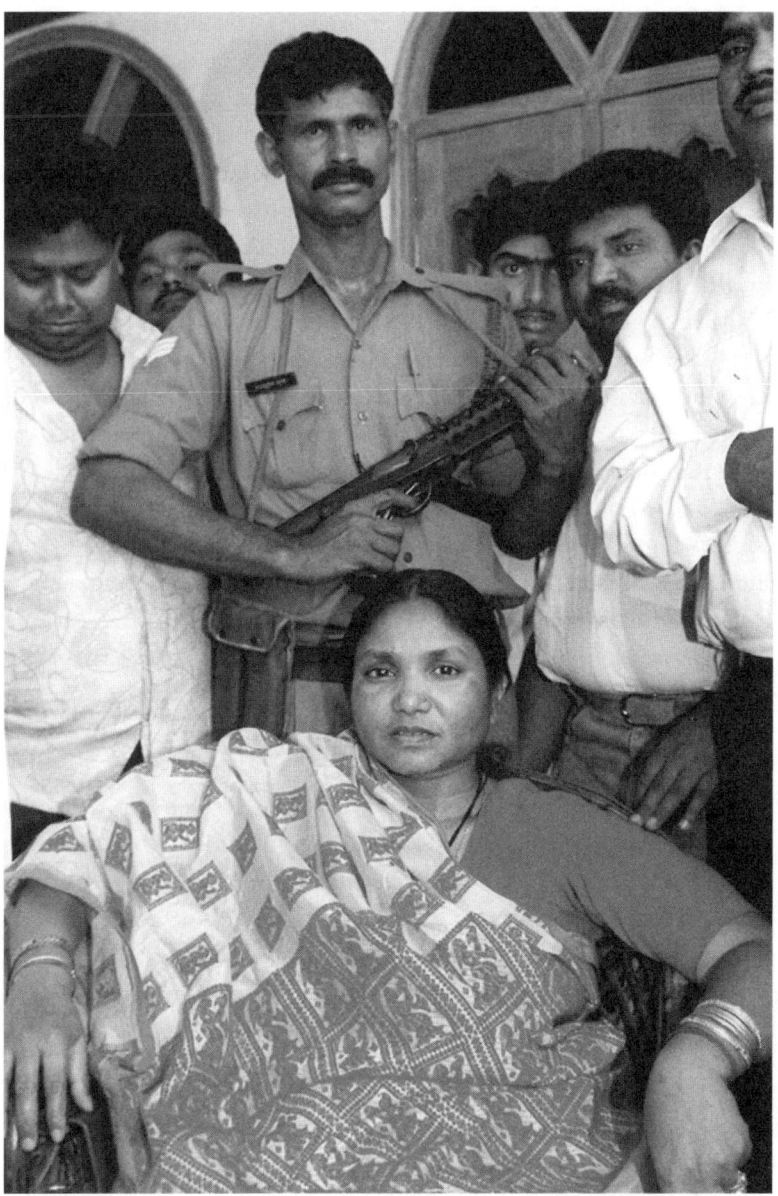

Die 33-jährige Phoolan Devi zur Zeit ihrer Kandidatur für die Wahl ins Unterhaus in Neu-Delhi, 1996

gehörte den Mallahs an, einer der ärmsten Kasten, deren traditionelle Erwerbstätigkeit als Bootsbauer und Fährleute durch den Bau von Brücken über die Flüsse quasi überflüssig geworden war. Phoolans Vater verdingte sich daher als Arbeiter bei einer Familie aus der Thakur-Kaste. Die Thakurs waren die Landbesitzer – die Klassenunterschiede waren so groß, dass kein Mallah aus einem Thakur-Brunnen trinken durfte. Phoolans Vater dürfte seinen Arbeitslohn von seinem Herrn aus der Entfernung zugeworfen bekommen haben – kein Thakur wollte einem Mallah zu nahe kommen.

Mit elf wurde Phoolan ins Nachbardorf an einen Mann aus ihrer Kaste verheiratet. Ihr Ehemann war Mitte 30. Drei Monate nach der Vermählung machte er erstmals seine ehelichen Rechte geltend. Er zwang sie zur Hausarbeit, schlug sie, vergewaltigte sie. Normalität für ein Mädchen in Phoolans Alter.

Aber Phoolan war nicht normal. Sie begehrte auf und lief zu ihren Eltern zurück. Nach der absurden Logik des gesellschaftlichen Systems machte sie das zu einer Entehrten. Der Ehemann verstieß sie, für ihre Familie war sie ein Schandfleck. Versuchen, sie wiederzuverheiraten, widersetzte sie sich. Sie wurde zu einem Onkel abgeschoben, der sie fast wie eine Sklavin behandelte. Der Sohn des Onkels, ihr Cousin, war eifersüchtig und bezichtigte sie des Diebstahls. Phoolan wurde, mittlerweile 15 oder 16 Jahre alt, verhaftet – und im Gefängnis von den Polizisten mehrfach brutal vergewaltigt. Nach 20 Tagen kam sie frei, nachdem zwei Freunde ihres Vaters die Kaution gestellt und sie zum »Dank« ebenfalls missbraucht hatten.

Phoolan kam in einem anderen Dorf unter, doch das Stigma der Verstoßenen haftete an ihr. Sie war Freiwild und bekam das zu spüren: Wer wollte, konnte sie sich nehmen. Als 1979 eine der vielen Banden, die die Gegend unsicher machten, das Dorf überfiel, entführten die Männer Phoolan, vielleicht ging sie auch freiwillig mit. Vermisst haben wird sie im Dorf keiner.

Phoolan Devi schloss sich den Banditen an, die im Tschambal-Tal im Dreieck der indischen Bundesstaaten Madhja Pradesh, Uttar Pradesh und Rajasthan ihr Unwesen trieben. Dieses Flusstal war ein Dorado von Räuberbanden; schon seit Jahrhunderten raubten hier Banditen, wie selbstverständlich unterstützt von der armen Landbevölkerung, diejenigen aus, bei denen es etwas zu holen gab, entsprechend der Logik: Wer etwas besaß, das gestohlen werden konnte, dem geschah es recht, dass er bestohlen wurde – ausgleichende Gerechtigkeit sozusagen. Es traf nie den Falschen.

Phoolans neues Leben verhieß zwar Abenteuer, doch noch lange keine Freiheit oder Selbstbestimmung: Der Bandenführer, ein Mann namens Babu Gujar, betrachtete sie als sein Eigentum und missbrauchte sie, wann immer es ihm gefiel, oft vor den Augen seiner Männer. Ihr Leben war anders, aber nicht besser geworden.

Der große Wendepunkt kam in Person des Banditen Vikram, ein Mallah wie sie, der als eine Art Unterführer – heute würde man sagen: Juniorchef – ebenfalls zu Babu Gujars Bande gehörte. Vikram war vielleicht der erste Mann, der mehr in Phoolan sah als nur jemanden, an dem man nach Belieben seine Triebe befriedigen konnte. Er erschoss kurzerhand Babu Gujar – man war nicht zimperlich in diesen Kreisen – und nahm Phoolan Devi zur Frau. Mit 15 oder 16 Jahren war sie also zum zweiten Mal verheiratet. Diesmal, so darf man annehmen, glücklich. Doch was noch wichtiger war als die Ehe: Vikram gab Phoolan ihr erstes Gewehr.

Das war die Geburtsstunde der berühmten Vikram-Phoolan-Bande. Ganz gleichberechtigt dürften die beiden nicht gewesen sein, Vikram galt den rund 25 Bandenmitgliedern vermutlich als oberster Hauptmann, aber Phoolan war doch nicht weniger als die Mitanführerin. Zum ersten Mal in ihrem Leben war sie in einer Position, in der Männer ihr Respekt zu zollen hatten, sogar – und das war das wirklich Spektakuläre daran – Männer aus höheren Kasten. Wie man sich vorstellen kann, war das für einige der Kerle inakzeptabel – auch für Banditen galt das Kastenwesen. Ein paar Männer verließen die Bande, unter ihnen die Brüder Shri Ram und Lala Ram, Angehörige der Thakur-Kaste – von ihnen wird noch zu reden sein.

Die Vikram-Phoolan-Bande beging tollkühne Überfälle und machte sich rasch einen Namen. Andere Bandensprengsel schlossen sich ihnen an. Opfer ihrer Raubzüge waren meist Angehörige der landbesitzenden Thakur-Kaste, wie sich das gehörte. Doch nicht nur Begüterte waren Ziel ihrer Gewaltstreiche; auch Phoolans erster Ehemann bekam Besuch, anderen Männern, die ihre Frauen misshandelten, soll sie den Penis abgeschnitten haben. Phoolan war auf Rache aus.

Es muss eine gute Zeit gewesen sein für sie, vielleicht ihre beste. Doch sie währte nur etwa ein Jahr. Dann begingen Phoolan und Vikram den verhängnisvollen Fehler, bei einem ihrer Überfälle auf einen Landbesitzer einen Thakur zu erschießen. Dass ein Mallah die Waffe gegen einen Thakur erhob, war an sich schon ein Sakrileg – auch unter Banditen –, zu allem Überfluss war der Getötete auch noch ein Verwandter der beiden abtrünnigen Brüder gewesen. Die fackelten nicht lange, lauerten dem Paar auf und erschossen am 19. August 1980 hinterrücks Vikram.

Phoolan, die ein paar Tage zuvor 17 geworden war – nach unseren Maßstäben immer noch ein halbes Kind –, nahmen sie mit. Die Brüder verschleppten sie in ihr Dorf Behmai, wo sie drei Wochen lang fast ununterbrochen vergewaltigt wurde – öffentlich, auf dem Dorfplatz. Eine Tortur, wie sie kaum zu ertragen gewesen sein dürfte, und eine Demütigung, die Phoolans weiteren Weg bestimmen sollte.

Nach 22 Tagen gelang ihr mithilfe eines Brahmanen die Flucht. Rache stand jetzt über allem, was sie tat, Rache war ihr einziger Gedanke, ihr einziges Motiv, ihr Leitstern. Sie baute eine neue Bande auf, die rasch Zulauf erhielt. Die Phoolan-Bande, an die 40 Männer, verbreitete Angst und Schrecken; Opfer ihrer Überfälle waren fast ausnahmslos Thakurs.

Der große Tag der Vergeltung kam am 14. Februar 1981. Phoolans Bande stürmte Behmai. Mit einem Megafon forderte Phoolan die etwa 450 Dorfbewohner auf, aus ihren Häusern zu kommen. Die Thakurs des Dorfes, 24 Männer, wurden auf dem Dorfplatz zusammengetrieben, sie mussten am Dorfbrunnen ihre Gesichter in den Schmutz tauchen – eine böse Erniedrigung. Phoolan brüllte sie an, Shri Ram und Lala Ram auszuliefern. Doch die Brüder waren nicht da. Phoolan ließ das Feuer eröffnen. 22 Menschen starben im Kugelhagel.

Das hatte es vielleicht in der ganzen indischen Geschichte noch nicht gegeben, dass ein Mallah sich in einem solch gewalttätigen Ausmaß gegen Thakurs erhob. Und Phoolan war dazu noch eine Frau – ein unerhörter Vorgang.

Phoolan Devi wurde zur meistgesuchten Verbrecherin Indiens, an die 5000 Polizisten jagten die Banditin. Hubschrauber kreisten unentwegt über der Region, Polizeiboote patrouillierten auf den Flüssen, am Ende bot Ministerpräsidentin Indira Gandhi sogar die Unterstützung der Armee an. Je länger die Suche dauerte, desto hysterischer und unangemessener reagierte die Polizei: An die 100 Menschen wurden niedergeschossen; ein ganzes Dorf, in dem man Phoolan vermutete, wurde beim Zugriff der Polizei zerstört; vermeintliche Verstecke der Banditin wurden vom Hubschrauber aus mit Bomben angegriffen.

Doch Phoolan blieb unauffindbar. Ganze zwei Jahre lang konnte sie sich der Polizei entziehen, und in diesen zwei Jahren wurde sie zum Mythos. Man nannte sie »Banditenkönigin«, »Blumenkönigin« und »die Unverwundbare«; viele hielten sie für eine Inkarnation der Rachegöttin Durga. Sie verübte weiterhin Raubüberfälle auf Thakurs; die Leute liebten sie dafür. Auch wenn sie vermutlich nicht den Armen gab (das dürfte eine Legende sein), so nahm sie doch den Reichen, und das allein machte sie zu einer Volksheldin, einer Art Robin Hood. Wo Phoolan auftauchte, wurde sie umjubelt, die Menschen in den Dörfern boten ihr Verstecke an, obwohl sie damit ihr eigenes Leben riskierten, und sie steckten ihr immer wieder Blumen in den Gewehrlauf.

Nach zwei Jahren war Phoolan Devi bereit, über ihre Kapitulation zu verhandeln, kein unüblicher Vorgang in Indien, wenn jemand flüchtig war. Die Bedingungen, die ihr versprochen wurden, wenn sie sich stellte, sahen vor, dass keiner aus ihrer Bande gehenkt und keiner länger als acht Jahre ins Gefängnis gesteckt würde, auch sie selbst nicht. Phoolan war einverstanden.

Und so legte Phoolan Devi, 19 Jahre alt, am 13. Februar 1983 in Bhind öffentlich die Waffen nieder. Zehntausende waren dorthin gepilgert, die meisten von ihnen stammten aus niedrigen Kasten – es war eine politische Demonstration. Doch als sie die eigens zusammengezimmerte Bühne betrat, herrschte zunächst Enttäuschung: Das sollte Phoolan Devi sein, die Rächerin der Armen? Wer da stand, war kein strahlender Racheengel mit blitzenden Augen, sondern eine kleine, verdreckte, auf 35 Kilo abgemagerte, verängstigt wirkende und sichtlich fiebernde Person mit verhärmtem Gesicht. Erst als sie die auf der Bühne stehenden Porträts von Mahatma Gandhi und der Rachegöttin Durga mit Blumenkränzen behängte, kam Jubel auf. Phoolan legte ihr Gewehr und den schweren Patronengürtel vor den Bildnissen nieder, dann ging sie vor dem Regierungschef von Madhja Pradesh in die Knie. Die Anführerin der gefürchtetsten Räuberbande Zentralindiens hatte sich ergeben.

Alle 1983 mit ihr verhafteten Bandenmitglieder waren nach acht Jahren wieder frei, so wie es versprochen worden war. Nur Phoolan Devi nicht. Man hatte es nicht geschafft, ihr einen ordentlichen Prozess zu machen: 48 verschiedene Taten wurden ihr zur Last gelegt, doch zu einer Verhandlung war es nie gekommen – zu groß war die Angst, dass dabei Übergriffe der Polizei ans Tageslicht kommen würden. Und so saß sie auf unbestimmte Zeit im Gefängnis – ohne Prozess keine Verurteilung, ohne Verurteilung kein Strafmaß, ohne Strafmaß kein Entlassungstermin. Nur ein Gnadenakt konnte ihr helfen.

Ausgerechnet ein Politiker brachte schließlich die Rettung: Denn der Mythos der Rächerin der Armen hatte ungebrochen fortgelebt (in den Spielzeugläden Indiens konnte man sogar Phoolan-Devi-Puppen kaufen), und dem schlauen Vertreter der sozialistischen Samajwadi-Partei, die sich vor allem für die Rechte der Inder aus den unteren Kasten einsetzte, fiel auf, dass man die Volksheldin hervorragend vor den politischen Karren spannen könnte. Phoolan willigte ein. Und so bewarb sich die ehemalige Bandenkönigin, die seit fast zehn Jahren ohne Prozess in Haft saß, 1992 aus dem Gefängnis heraus um einen Abgeordnetensitz im Unterhaus, dem indischen Parlament.

Sie verlor diese Wahl, doch sie gewann Aufmerksamkeit, die sie weltweit in die Medien brachte. Die Begnadigung war nun nur noch Formsache: Im Februar 1994, nach elf Jahren im Gefängnis, kam Phoolan Devi frei. Auch zu ihrer Entlassung strömten Tausende.

1996 zog Phoolan Devi, die nicht einen Tag ihres Lebens die Schule besucht hatte und vollständige Analphabetin war, tatsächlich für die Samajwadi-Partei ins Parlament ein, 1999 ein weiteres Mal. Sie errang bei dieser zweiten Wahl in ihrem Wahlkreis 37,7 % der Stimmen; im ganzen Bundesstaat erreichte ihre Partei nur 3,3 %. Die Leute wählten nicht Samajwadi, sondern Phoolan.

Sie war nun eine Politikerin, wenn auch Hinterbänklerin, die vieles von dem, was verhandelt wurde, gar nicht verstand. Sie kämpfte gegen die Ungerechtigkeiten des Kastensystems, für Menschenrechte und insbesondere für die Rechte der indischen Mädchen und Frauen. Wo sie auftrat, war Hoffnung. 1998 war sie Gerüchten zufolge sogar unter den Anwärterinnen auf den Friedensnobelpreis.

Doch die Thakur-Brüder aus Behmai, wo sie 1981 das blutige Massaker verübt hatte, hatten Rache geschworen. Seit ihrer Entlassung aus dem Gefängnis lebte Phoolan unter Polizeischutz. Einmal waren die Beamten unaufmerksam: Am 25. Juli 2001 mittags wurde sie vor ihrem Haus in Neu-Delhi von drei maskierten Männern auf offener Straße erschossen. Die Täter entkamen.

Phoolan Devi, schweres Opfer ungezählter Misshandlungen, Angst und Schrecken verbreitende Bandenführerin, Gefängnisinsassin für mehr als ein Jahrzehnt, populäre Politikerin und Ikone der Unterdrückten, hat so viel erlebt, dass es für zehn Leben ausreichen würde.

Phoolan Devi wurde 37 Jahre alt.

Ausgewählte Literatur

Edelgard Abenstein: *Frauen die gefährlich leben. Geschichten von Mut und Abenteuer.* München 2011 (2. Auflage).
Stephan Harbort: *Wenn Frauen morden. Spektakuläre Kriminalfälle.* München 2010 (2. Auflage).
Peter Hiess / Christian Lunzer: *Die zarte Hand des Todes. Wenn Frauen morden...* Berlin 2004.
Michael Kirchschlager: *Historische Serienmörder. Menschliche Ungeheuer vom späten Mittelalter bis zum Ende des 19. Jahrhunderts.* Arnstadt 2007.
Peter und Julia Murakami: *Lexikon der Serienmörder. 450 Fallstudien einer pathologischen Tötungsart.* Berlin 2003 (9. Auflage).
Michael Newton: *Die große Enzyklopädie der Serienmörder.* Graz 2009 (5., aktualisierte u. erweiterte Auflage).
Hans-Dieter Otto: *Lexikon der ungesühnten Morde. Unaufgeklärte Fälle, unentdeckte Verbrechen, umstrittene Freisprüche.* München 2007.

Bildnachweis

Archiv Bucher: S. 29, 40, 63, 107, 139, 169, 201; picture-alliance / United Archives / TopFoto: S. 32; © dpa – Bildarchiv: S. 71 (Horst Pfeiffer), 89, 175 (Votava); © dpa – Fotoreport: S. 208 (epa afp), 217 (epa afp); picture-alliance / Mary Evans Picture Library: S. 99, 118; picture-alliance / akg-images: S. 111; picture alliance / Everett Collection: Umschlagvorderseite, S. 134 (CSU Archives / Everett Collection), 153 (CSU Archives / Everett Collection), 163 (Courtesy Everett Collection)

Impressum

© 2011 Bucher Verlag, München
Alle Rechte vorbehalten

www.bucher-verlag.de

Produktmanagement: Juliane Steinbrecher
Lektorat: Michael Konze, Köln
Satz und Gestaltung: Comtex Mediendesign, Augsburg
Umschlaggestaltung: Studio Schübel Werbeagentur GmbH, München
Lithografie: Repro Ludwig, Zell am See
Herstellung: Bettina Schippel
Druck und Bindung: CPI books GmbH, Ulm

Bibliografische Angaben der Deutschen Nationalbibliothek
Die deutsche Nationalbibliothek verzeichnet diese Publikation in der Deutschen Nationalbibliografie; detaillierte bibliografische Daten sind im Internet über http://dnb.d-nb.de abrufbar.

ISBN 978-3-7658-1883-7